Jan Demas

60 Minuten deutsche Geschichte

HERDER spektrum

Band 6191

Das Buch

Deutsche Geschichte erzählt in 60 Ereignissen, Knotenpunkten, die die Entwicklung Deutschlands entscheidend prägten – am Anfang jedes Kapitels steht die „Minute“: ein ganz besonderer Moment, an dem sich das Geschehen verdichtete.

Von der Kaiserkrönung Ottos I. und dem Räuber Schinderhannes wird hier erzählt, von der ersten Eisenbahn, der Ermordung Rosa Luxemburgs bis hin zur Eröffnung des Potsdamer Platzes. 60 Augenblicke aus Politik, Wirtschaft, Kultur und Alltag – bewegende Momente, die zeigen, wie viel Geschichte in Geschichten steckt.

Der Autor

Jan Demas, geboren 1969 in Iserlohn, studierte englische und amerikanische Literatur, Philosophie und Staatsrecht. Er lebt als freier Autor in Berlin.

Jan Demas

60 Minuten deutsche Geschichte

Große Ereignisse – bewegende Augenblicke

HERDER

FREIBURG · BASEL · WIEN

ISBN 978-3-451-29642-0

www.herder.de

Umschlagkonzeption und -gestaltung:
R·M·E Eschlbeck / Hanel/ Gober
Umschlagmotiv: © Onidji – Fotalia.com

Satz: Barbara Herrmann, Freiburg
Herstellung: fgb · freiburger graphische betriebe
www.fgb.de

Gedruckt auf umweltfreundlichem, chlorfrei gebleichtem Papier
Printed in Germany

ISBN 978-3-451-06191-2

Für Oliver

Inhalt

Eine Minute vorweg

Wie oft spiegelt sich das Große im Kleinen! Da sagt etwa die Art, wie sich zwei Menschen begrüßen, schon viel über ihre Beziehung. Das Schreiben, mit dem eine Firma einer Mitarbeiterin kündigt, offenbart auf einer halben Seite mehr über die Unternehmenskultur als hundert Seiten der Imagebroschüre. Und wie jemand in ein Taxi steigt, soll so manchem altgedienten Fahrer eine Menge über dessen Charakter verraten.

Wenn König Heinrich IV. mitten im Winter auf Knien vor einem italienischen Burgtor herumrutscht und der Papst drinnen am warmen Kamin ihn nicht hereinlässt, so sagt das viel über kirchliche Macht und weltliche Regierung im Mittelalter. Als die Räuberbande des „Schinderhannes“ 1803 in Mainz hingerichtet wird, ist auch dem letzten klar, was Napoleon für ein Chaos gestiftet hat. Und wenn die Künstlerwitwe Martha Liebermann im März 1943 das Schlafmittel Veronal nimmt, dann tut sie das nicht, um besser einschlafen zu können.

Das Kleine herauszugreifen und es in den Zusammenhang des Großen zu stellen ist der Grundgedanke dieses Buchs. Es erwartet Sie eine Mischung aus historischen Erzählstücken und knappen, erläuternden Essays.

„60 Minuten deutsche Geschichte“ wirft Schlaglichter auf gut 1000 Jahre Politik, Wirtschaft, Kultur und Alltag eines Landes in der Mitte Europas. Am Anfang jedes Kapitels steht – mal buchstäblich, mal mehr symbolisch – eine besondere „Minute“, in der sich Geschehen verdichtet.

Es folgen einige Gedanken zur Einordnung. Hin und wieder sind es auch persönliche Eindrücke, mit denen ich Sie ein wenig zum Nachdenken bringen möchte. Letztlich sei es aber ganz Ihnen überlassen, sich aus den Mosaiksteinen Ihr persönliches Geschichts-Bild zusammenzusetzen. Dazu wünsche ich Ihnen ein paar angenehme und anregende Lesestunden!

Berlin, im Sommer 2007 *Jan Demas*

00:01

Als die Deutschen Römer wurden

König Otto I. bekommt die Krone des römischen Kaisers aufgesetzt

Eine Minute am 2. Februar 962

Es ist kalt in Rom. Doch der großgewachsene Mann, der gerade auf seinem Pferd in die Ewige Stadt geritten ist, friert nicht. In seiner eigenen Residenzstadt Magdeburg treiben zu dieser Jahreszeit Eisschollen auf der Elbe, der scharfe Wind kommt aus Osten, und auf den Dächern sammelt sich Pulverschnee. Gemessen daran ist der römische Winter mild. Nein, das Wetter wird dem entschlossen blickenden Sachsen die gute Laune gewiss nicht verderben. Nicht heute, da er am Ziel seiner Pläne ist.

Mit kraftvollen, aber bedächtigen Schritten steigt Otto, der im kommenden November 50 Jahre alt wird, eine Freitreppe hinauf. Sie führt zu drei meterhohen Rundbögen, die den Vorhof der Peterskirche vom Treiben der Stadt abschotten. An seiner Seite ist seine zweite Frau Adelheid. Dahinter folgen Höflinge und Soldaten, auch diese eben erst in Rom eingetroffen. Man ist entspannt. Es hat beim Einmarsch der rohen Krieger keine Gewalt gegeben.

Otto und Adelheid lassen das mit immergrünen Pflanzen bewachsene Atrium hinter sich und kommen in die gewaltige fünfschiffige Basilika. Der Hüne aus dem Norden mit seinen ergrauten, aber immer noch dichten schulterlangen Haaren, seinem ungestutzten Vollbart, seinem wie der Blitz funkelnden Blick betritt die Herzkammer der christlichen Kirche.

Hier, wo Christen das Grab des Apostels Petrus vermuten, erwartet ihn sein neuer Verbündeter. Papst Johannes XII. wird ihm einen Traum erfüllen, ihn zum Kaiser machen, zum römischen Imperator. Johannes, ein schlanker italienischer Adelsspross, ist kaum älter als 20. Stolz und aufrecht steht er da, aber sein hübsches Gesicht hat etwas Verschlagenes. Das Volk redet schlecht über ihn. Mord, Vetternwirtschaft, Sexaffären, Spielsucht – davon handeln die Geschichten, die man sich in den Gassen Roms erzählt.

Die heilige Messe, die gleich beginnt, wird feierlich sein und lange dauern. Es ist Lichtmess, ein Fest zu Ehren der Mutter Jesu, das die Weihnachtszeit beschließt. Gegen Ende der Liturgie wird der Papst den Deutschen mit einem kostbaren Öl salben und ihm dann die Krone des römischen Kaisers aufsetzen. Danach wird er sich Adelheid zuwenden und auch sie salben und krönen. Kurz blickt Otto zur mächtigen Apsis der Kirche. Er hat es geschafft, endlich.

Wer sich heute mit dem Auto der Stadt Magdeburg nähert, findet wenig Anlass, ans Mittelalter zu denken. Von einem überdimensionierten Autobahnkreuz führt eine mehrspurige Schnellstraße in die Innenstadt, vorbei an riesenhaften Quadern in Großplattenbauweise. Auffällig breit für eine mittelgroße deutsche Stadt sind die Straßen im Zentrum. Alles wirkt rechtwinklig, aus massiven Blöcken errichtet, mit viel Platz drum herum. Eine sozialistische „Modellstadt" sollte es werden, damals, nach den Zerstörungen des Zweiten Weltkriegs. Diejenigen, denen das zugehörige Modell noch geläufig ist, mögen das vielleicht als gelungen empfinden, wer weiß.

Den Magdeburger Dom findet der Ortsfremde selten auf Anhieb. Die Kirche zählt zu den bedeutendsten Sakralbauten nördlich der Alpen – und scheint doch mit der heutigen Stadt wenig zu tun zu haben. Oft ist es selbst an Werktagen in der Umgebung des Doms nahezu menschenleer. Hier, in dieser perfekt restaurierten gotischen Kathedrale, befindet sich das Grab Ottos I. Und möglicherweise liegt hier mehr begraben als nur irgendein gekröntes Haupt. Denn wenn man so will, findet sich hier der Ursprung des spezifisch Deutschen am deutschen Mittelalter. Und das hat nun tatsächlich wenig mit der Stadt Magdeburg, dafür aber umso mehr mit Rom zu tun.

Was am 2. Februar 962 geschah, war bereits der zweite Anlauf zu einer Neuauflage des römischen Kaisertums nach den Wirren der Völkerwanderung. Den ersten Versuch machte Karl der Große, der sich zu Weihnachten 800 in Aachen vom Papst zum römischen Kaiser krönen ließ. Aber sein Reich der Franken hatte nur gut 100 Jahre Bestand. Dann zerstritt sich die Erbengemeinschaft und alles glitt wieder auseinander. Zum Frankenreich hatten auch die Sachsen gehört, die aber Anfang des 10. Jahrhunderts immer mehr ihr eigenes Ding machten. Bald war absehbar, dass sich auf einem Gebiet, das etwa dem heutigen Deutschland entspricht, eine neue Macht etablieren würde.

Otto, der 912 bei Sangerhausen geboren wurde, wuchs schon in diesem Bewusstsein auf. Sein erster entscheidender Spielzug gelang dem Sachsenherzog 936, als er die anderen Oststämme auf seine Seite gebracht hatte und sich in Aachen zum König des Ostfränkischen Reiches krönen ließ. Aachen? Die Wahl des Ortes war kein Zufall. Die Fußstapfen Karls des Großen schienen dem kriegstüchtigen Willensmenschen, der kein Latein konnte und erst spät im Leben lesen lernte, keineswegs zu groß.

Erzbischof Hildebert von Mainz, der Otto gemeinsam mit seinen Kollegen aus Trier und Köln die Krone aufsetzte, meinte unbescheiden, das Ziel dieser Aktion sei „der Friede für alle Christen". Und Ottos Ehrgeiz war tatsächlich immens. Er wollte die römische Kaiserkrone, eben jene, die Karl den Großen zum Schutzherrn der gesamten Christenheit gemacht hatte. Doch diese Krone gab es bei keinem rheinischen Bischof, sondern nur beim Papst.

Im Jahr 951 unternahm Otto den ersten Feldzug nach Italien, um ordnend in die chaotische Politik dieses Landes einzugreifen. Er gewann die Oberherrschaft über den Stiefel, heiratete die Königswitwe Adelheid und machte den einstigen

Unruhestifter Berengar zu seinem Statthalter. Spätestens jetzt verfolgte er auf vielen Ebenen sein Ziel, römischer Kaiser zu werden. Zehn Jahre später schien die Konstellation dann günstig. Der Papst in seinem Kirchenstaat hatte Angst vor dem wieder aufmüpfig gewordenen Berengar und brauchte dringend einen Beschützer. Dafür kam eigentlich nur der mächtige Deutsche in Frage.

Im Sommer 961 machte sich Otto über den Brenner auf den Weg nach Italien. Eigentlich wollte er zu Weihnachten die Kaiserkrone tragen und es damit Karl dem Großen gleichtun. Aber der Kuhhandel mit der Kirche zog sich hin. Otto und sein Gefolge saßen in Pavia fest. Erst an Lichtmess war klar, welchen Schutz Otto den Päpsten in Zukunft garantieren musste und welche Mitspracherechte bei der Kirchenpolitik die Deutschen ab sofort hatten. Dann ging alles ganz schnell. Otto zog mit seiner Entourage in Rom ein, stieg vom Pferd, schritt, begleitet von seiner Gattin, in die Peterskirche, den frühromanischen Vorgängerbau des heutigen Petersdoms, und wurde vom Papst zum römischen Kaiser gekrönt.

Aber was machte diese Krone eigentlich so wertvoll? Warum wollten die Deutschen unbedingt Römer werden? Und warum nannten sie ihr regnerisches Land noch Jahrhunderte später „Römisches Reich Deutscher Nation“? Dazu muss man die Bibel kennen. Im Buch Daniel wird die Zukunft prophezeit. Da ist, so deutete man es, von vier aufeinanderfolgenden Weltreichen die Rede – dem der Babylonier, dem der Perser, dem Alexanders und dem der Nachfolger Alexanders. Anschließend soll die Welt untergehen.

Das vierte und letzte Reich musste deshalb möglichst lange Bestand haben. Da in der Politik aber nichts von Dauer ist, war das ein Problem. Daher erklärte man das Reich für „übertragbar“. Die alten Römer waren in diesem Sinn die Nachfolger der Nachfolger Alexanders. Dann folgte Byzanz. Darauf folgte Karl der Große. So lange die Stafette weitergegeben würde, war die Zukunft der Christen gesichert. Mehr noch: Wer die römische Kaiserkrone besaß, durfte sich als weltlicher Schutzherr der Kirche, als Oberaufseher der gesamten Christenheit verstehen. Selbst der mächtigste Mann der Welt – der Papst – ließ sich von so jemanden ab und zu etwas sagen.

Otto aus dem kalten und zugigen Sachsen bewarb sich also um die wichtigste politische Aufgabe im Abendland. Mit Erfolg. Und im Gegensatz zu den Nachfolgern Karls des Großen konnten die Deutschen jene mit der Kaiserwürde verbundene Rolle als Vormacht der Christenheit über viele hundert Jahre verteidigen.

Was soll aber nun das spezifisch Deutsche an Otto sein? Die christliche Frömmigkeit wohl kaum, denn die entsprach im Europa des Mittelalters der Normalverteilung. Ich denke, typisch deutsch war seine Unzufriedenheit mit der bloßen politischen Macht. Diese schnöde Macht musste erst in den Dienst eines höheren Ideals gestellt werden. Und die römische Reichsidee war das höchste verfügbare Ideal.

Bis heute sind die Deutschen ja nicht glücklich, wenn die Politik sich darauf beschränkt, passable Rahmenbedingungen zu schaffen. Nein, es muss schon ein bisschen weihevoller zugehen. Soziale Gerechtigkeit soll herrschen, und am besten retten wir gleich die ganze Welt. Die mittelalterliche Reichsidee ist dabei längst vergessen. Aber auch die Idee des Sozialismus, deren steinernes Denkmal das heutige Magdeburg ist, hat mächtig Staub angesetzt. Mal sehen, welche Ideale die politische Macht der Deutschen in Zukunft noch so krönen werden.

00:02

Der Monarch in Sack und Asche

König Heinrich IV. versöhnt sich in Canossa mit Papst Gregor VII.

Eine Minute am 25. Januar 1077

Schon wieder ein Berg! Als wären Heinrich und sein Gefolge auf ihrer vierwöchigen Reise von Burgund an den Nordrand des Apennin nicht schon genug Abhänge hinaufgekrochen, ragt die Burg der Mathilde von Tuszien auf einem felsigen Hügel vor ihnen auf. Das Wetter ist immer noch unerträglich. Die Wege sind vereist, und es schneit permanent. Doch auf dieser Burg südlich von Parma hält sich Papst Gregor auf. Und der deutsche König muss sich schnell mit ihm versöhnen, wenn der Machtkampf zwischen den beiden Männern das römisch-deutsche Reich nicht zerreißen soll.

Schon haben Heinrich die ersten Gefolgsleute verlassen und sich ihm buchstäblich in den Weg gestellt. Deshalb konnte der Deutsche nicht wie gewohnt über den Brenner nach Italien reisen, sondern musste den weiten Umweg über den Mont Cenis nehmen, einen gefährlichen Alpenübergang, den die ihm treuen Burgunder kontrollieren. Es war auch keine Zeit, um auf besseres Wetter zu warten. Auf Heinrich lastet der Kirchenbann, und wenn der Papst diesen jetzt nicht aufhebt, ist der König für immer aus der Gemeinschaft der Christen ausgeschlossen. Er hat dann jeden Machtanspruch im Abendland verloren.

Und so sind König und Gefolge auf Händen und Füßen über die verschneiten Alpen gekrabbelt. Sie sind die Abhänge hinuntergerutscht und haben die Königin und die anderen Frauen des Gefolges auf Rinderhäuten über das Eis gezogen. Sie haben ihren Pferden die Beine zusammengebunden und sie die vereisten Hänge hinuntergeschleift. Nur wenige Pferde haben diese Tortur überlebt.

Und jetzt also schon wieder ein Berg. Felsig, eisig und abweisend ist er. Heinrich legt all seine königlichen Gewänder und Insignien der Macht ab. Barfuß, ohne etwas zu essen im Bauch, kraxelt er den steilen, rutschigen Weg hinauf zur Burg. Zusammen mit anderen Büßern, die beim Papst Vergebung suchen, lässt man Heinrich bis in den zweiten der drei Burghöfe vor. Hier bleibt das Tor vor ihm verschlossen. Drei Tage lang wird der König hier ausharren. Fasten, frieren und flehen. Dann, endlich, wird der Papst ihn vorlassen. Gregor wird mit ihm sprechen, ihn vom Bann lossagen, ihm den Friedenskuss aufs Gesicht drücken und mit ihm gemeinsam die heilige Messe feiern.

Der da im Bußgewand den Papst um Vergebung anfleht, hatte ein Jahr zuvor noch ganz andere Töne gespuckt. „Steige herab, steige herab!“, rief Heinrich IV. auf dem Reichstag in Worms im Januar 1076 vor den versammelten deutschen Bischöfen und Fürsten dem mächtigsten Mann der Christenheit zu – und forderte ihn damit zum Rücktritt auf. „Du hast unsere Demut mit Angst verwechselt und bist nicht davor zurückgeschreckt, dich gegen die mir von Gott gegebene Königsgewalt zu stellen“, dröhnte der 25-jährige König. „Du hast zu drohen gewagt, mir diese Gewalt wegzunehmen, als ob das in deiner und nicht in Gottes Hand läge. So steige denn herab und verlasse den Stuhl des Apostels Petrus, den du dir angemaßt hast.“

Kurz vor Ostern hatte Papst Gregor die Angriffe des deutschen Königs schriftlich. Er reagierte prompt in einer Predigt auf der Fastensynode in Rom: „Ich untersage dem Sohn des Kaisers Heinrich, der sich gegen deine Kirche, heiliger Petrus, in unerträglichem Hochmut aufgelehnt hat, die Herrschaft über das Reich der Deutschen und über Italien und entbinde alle Christen von den Eiden, die sie ihm geschworen haben.“ Doch damit nicht genug. „Weil er meine Ermahnungen in den Wind geschlagen und sich von deiner Kirche, heiliger Petrus, getrennt und sie zu spalten versucht hat", fährt das Oberhaupt der Christen fort, „belege ich ihn in deinem Namen mit dem Kirchenbann!" Damit ist Deutschlands König von der Gemeinschaft der Christen und allen Sakramenten der römischen Kirche ausgeschlossen.

Hundert Jahre, nachdem der deutsche König Otto I. alles daran gesetzt hatte, mit dem Segen des Papstes in Rom der weltliche Schutzherr der Christenheit zu werden, waren Deutsche und Römer, politische Machthaber und kirchliche Würdenträger, heillos zerstritten. König und Papst waren so weit, die Legitimation des jeweils anderen zu bestreiten und sich gegenseitig für abgesetzt zu erklären. Wie war es dazu gekommen?

Es ging um Macht. Worum auch sonst? Papst, Bischöfe und Äbte begnügten sich nicht damit, den Menschen die friedliche und menschliche Botschaft von Jesus Christus zu verkünden. Wenn ich es einmal zuspitzen darf, dann war Jesus schon ab dem Zeitpunkt nicht mehr so wichtig, da das Christentum im Römischen Reich Staatsreligion geworden war. Das war jetzt über 500 Jahre her, und seitdem hatte sich ein Klerus herausgebildet, der es verstand, sich seine eigene und sehr weltliche Machtbasis zu schaffen. Und der es sich nicht nehmen ließ, auch das irdische Geschehen mitzubestimmen. Wenn man Gott, dem Allmächtigen, so nahe war, warum sollte man dann anderen die politische Macht überlassen?

Die deutschen Könige wiederum sahen nicht ein, warum die Kirche ihre Ämter komplett nach eigenem Gutdünken besetzten sollte. Schließlich hatten die Kleriker eine solche Macht über jeden einzelnen Christen, dass ihr Handeln immer auch politisch war. Außerdem galt es längst als normal, Kirchen und Klöster, Bischofsämter, Pfründe, Reliquien und Sakramente an den Meistbietenden zu verkaufen. So war ein reger Handel entstanden, den kritische Christen an der Basis, die ihren Glauben ernst nahmen – und die gab es reichlich –, als „Simonie" geißelten.

Und dann gab es da noch die lachenden Dritten in diesem Machtspiel zwischen Krone und Krummstab. Es waren die deutschen Fürsten. Eigentlich war der Adel ganz von König und Papst abhängig. Aber je länger der Streit dauerte, desto mehr nutzten die Provinzfürsten ihre Chancen, sich eine neue Machtbasis zu schaffen. Sie legten sich eine eigene Infrastruktur zu und setzten eigene Verwaltungen ein. Irgendwann waren sie so mächtig, dass weder König noch Papst sich auf Dauer ohne ihre Unterstützung halten konnten.

So kam es zu dem verhängnisvollen Dreieck des deutschen Mittelalters, in dem die Machtansprüche von König, Papst und Fürsten immer wieder aufeinanderprallten und die politische Entwicklung lahmzulegen drohten. Und während sich in Frankreich oder England die Monarchen durchsetzten und eine starke Zentralgewalt schufen, die ihre Länder für den Aufbruch in die Neuzeit bestens gerüstet sein ließen, machte das ewige Gerangel der Interessengruppen und Kirchturmpolitiker die deutschen Lande mehr und mehr zu einem Anwärter auf die Rolle des Schlusslichts in Europa.

Worüber der Streit zwischen Heinrich IV. und Papst Gregor VII. eskalierte, spielt also letztlich keine so große Rolle, da er tiefere – heute würde man vielleicht sagen „systemische" – Ursachen hatte. Tatsächlich war man sich über das genaue Verfahren bei der Einsetzung von Bischöfen, der sogenannten „Investitur", in die Haare geraten. Der Krach, der mit Heinrichs Bußgang nach Canossa entschärft – aber nicht beendet – wurde, ist deshalb als „Investiturstreit" in die Geschichte eingegangen. Heinrich blieb hier am Schluss kaum etwas anderes übrig, als einen Rückzieher zu machen, weil er in dem komplizierten Kräftespiel keine Chance mehr hatte, sich im Alleingang durchzusetzen.

Erst 1122 sollte es mit dem so genannten Wormser Konkordat zu einem förmlichen Kompromiss im Streit um die Ernennung von Bischöfen kommen. Aber zunächst einmal hatte sich nach „Canossa" das Machtgefüge deutlich zugunsten der Päpste verschoben. Und diesen gelang bald ein – machtpolitisch gesehen – genialer Schachzug, indem sie einen äußeren Feind ins Spiel brachten. Nämlich die Muslime, die die heiligen Stätten der Christen und Juden in Jerusalem unter ihre Herrschaft gebracht hatten. Im Jahr 1095 rief Papst Urban II. zum ersten Kreuzzug auf.

Der nächste Papst belegte Heinrich IV. dann zum zweiten Mal mit dem Kirchenbann. Diesmal wollte Heinrich sich als Kreuzfahrer in Jerusalem rehabilitieren. Dort geriet er aber 1105 in die Hände seines eigenen Sohnes, der sich auf die Seite der Päpste geschlagen hatte, und starb 1106. Der Machtkampf konnte in die nächste Runde gehen.

00:03

Ich sehe was, was du nicht siehst

Die Mystikerin Hildegard von Bingen hat eine Vision

Eine Minute an einem Tag im Jahr 1141

Sie ist eingeschlossen, aber sie will auch eingeschlossen sein. Hildegard sitzt in ihrer Klosterzelle auf dem Disibodenberg. Hier, wo Glan und Nahe zusammenfließen, haben der iro-schottische Wandermönch Disibod und seine Gefährten sich vierhundert Jahre zuvor niedergelassen. Und hier lebt Hildegard seit ihrem achten Lebensjahr in einer Frauenklause direkt neben dem Männerkloster. Inzwischen ist sie 42. Seit über drei Jahrzehnten verbringt sie einen großen Teil ihres Tages im Gebet.

Hildegard sitzt auf einem Stuhl in ihrer Klosterzelle und ist wach und nüchtern. Sie hat nicht gefastet. Sie hat sich nicht mit stundenlangen Ritualen in Trance versetzt, wie es in den ersten Jahrhunderten unter Christen weit verbreitet war. Und sie hat auch keine Kräuter, keine Pilze, keine berauschenden Elixiere zu sich genommen. Hildegard sitzt da wie viele in dieser Zeit, irgendwo im ländlichen Europa, fernab der geistigen Zentren. Sie ist ganz bei sich, in ihrer engen Welt, in ihrem kleinen Raum mit Wänden aus grobem Stein.

Plötzlich sieht Hildegard ein Licht. Sie sieht ein Licht aus dem offenen Himmel auf sie herabkommen. Und in dem Augenblick, da sie das Licht sieht, spürt sie das Licht auch. Durch ihren Kopf dringt es in sie ein. Das Licht ist wie ein Blitz und wie eine Flamme. Aber es verbrennt diese Frau nicht. Nein, Hildegard spürt, wie das Licht sie wärmt. Das Licht durchdringt erst ihren Kopf, und dann fließt es von ihrem Kopf in ihr Herz. Das Licht ist wie die Sonne, die eine Pflanze nährt.

Es ist eine Energie, die zum Leben erweckt, die diese Ordensfrau durchströmt und innerlich erfüllt.

Dann hört Hildegard eine Stimme. Sie hört die Stimme nicht so, als ob jemand mit ihr im Raum wäre und zu ihr spräche. Sie hört die Stimme auch nicht so, wie wenn sie beim Lesen ihre eigene innere Stimme hört. Sie hört die Stimme als eine Stimme vom Himmel. Und doch ist diese Stimme in ihr, denn das Licht vom Himmel ist in ihr. Und die Stimme spricht: „Sage und schreibe, was du siehst und hörst."

Da wird Hildegards Atem flach, und ihr Herz schlägt schneller. Sie bekommt Angst. Sie will niemandem erzählen, was sie gerade erlebt. Was sollen die Leute denken? Schon als Kind hat man sie so oft ausgelacht. Doch die Stimme wiederholt: „Sage und schreibe, was du siehst und hörst."

Fast zehn Jahre vergingen, bis eine breite Öffentlichkeit in ganz Europa von dem erfuhr, was Hildegard von Bingen sah und hörte. Für Hildegard waren es Jahre des Zweifels und der Angst, aber auch des Trostes. Eines Trostes, den nur sie in dieser Form erlebte. Denn das Licht kam immer wieder. Und es kamen Bilder hinzu, mächtige Bilder. Und die Stimme erklärte ihr, mehr und mehr, was es mit Gott und den Menschen auf sich hatte und welcher große Plan die Welt und den Kosmos zusammenhielt. So zumindest hat es Hildegard in ihren Schriften überliefert.

Nach dem plötzlichen Ereignis irgendwann im Jahr 1141, als der Himmel sich für sie geöffnet hatte, wurde Hildegard erst einmal krank. Es ging ihr so schlecht, dass sie das Bett hüten musste. Hildegard, die einer Familie aus dem fränkischen Hochadel entstammte, war schon als Kind oft schwächlich. Und als kleines Mädchen war sie anders als die anderen Kinder gewesen. Sie glaubte, ein „drittes Auge" zu haben, mit dem sie sah, was andere nicht sahen. Damals sah sie Lichter und so etwas wie die Aura anderer Menschen, aber sie glaubte, das sei ganz normal. Erst als die anderen sie auslachten, merkte die kleine Hildegard, dass nicht alle so viel sahen wie sie. Da wurde sie schüchtern und schweigsam.

Mit acht Jahren kam Hildegard auf den Disibodenberg. Sie war das zehnte Kind ihrer Eltern, und man deutete das alttestamentliche Gebot, „den Zehnten" seines Ertrags an Gott zu spenden, so, dass auch das zehnte Kind Gott gehören sollte. Die sechs Jahre ältere Jutta von Sponheim kümmerte sich um Hildegard.

So vergingen die Jahre, und aus der kleinen Frauengemeinschaft wurde ein richtiges Kloster. Hildegard verschaffte sich so gut es ging ein wenig Bildung, konnte aber kein Latein. Damit war sie von der mittelalterlichen Gelehrsamkeit ausgeschlossen. Doch wer hätte es ihr beibringen sollen? Theologie und Philosophie galten als Männersache. Frauen hatten sich da rauszuhalten.

Doch dann tat sich plötzlich diese andere Wissensquelle auf. Es war die Stimme, die aus dem Licht kam. Und es waren die Bilder, die Hildegard sah. Die Stimme sprach Deutsch, nicht Latein. Und sie erklärte Hildegard die Welt so, wie auch eine Frau sie verstehen konnte. Ja, wie jeder sie verstehen konnte, auch wenn er keine Universität besucht hatte. Und die Stimme verlangte von Hildegard, dass sie dieses Wissen nicht für sich behielt, sondern aufschrieb und weitererzählte.

Als Hildegard ihre Angst überwand und ihren Widerstand dagegen aufgab, besserte sich ihr Gesundheitszustand schnell. Mit Unterstützung ihrer gebildeten Mitschwester und Freundin Richardis von Stade sowie des Disibodenberger Mönches Volmar, der die lateinische Sprache beherrschte, brachte Hildegard ihre Informationen zu Papier. Aber immer wieder hatte sie Zweifel, ob das alles richtig war. Schließlich wandte sie sich hilfesuchend an Bernhard von Clairvaux, den wohl größten Theologen dieser Zeit.

Nach anfänglichem Zögern unterstützte Bernhard die Frau aus Deutschland ausdrücklich. Die Abschriften Hildegards hatten ihn überzeugt. Er sah sie nicht nur als widerspruchsfrei mit der Lehre der Kirche an, sondern erblickte in ihnen eine große spirituelle Kraft. Bernhard traute sich aber erst, sich öffentlich auf die Seite Hildegards zu stellen, nachdem der Papst auf der Trierer Synode von 1148 die Sehergabe der Nonne anerkannt und sie ermutigt hatte, weiterzumachen und ihre Visionen zu veröffentlichen.

Danach wurde Hildegard von Bingen berühmt. Sie gründete ihr eigenes Kloster. Sie reiste durch ganz Deutschland. Dabei trat sie sowohl als Volkspredigerin wie als Beraterin der Mächtigen in Erscheinung. Per Brief stand sie mit den Geistesgrößen Europas in Kontakt. Sie mischte sich in die Politik ein. Dabei bekämpfte sie entschieden die aufkommenden „Bettelorden" – junge Leute auf der Suche nach einer neuen Spiritualität – und verteidigte die konservative Allianz zwischen Hochadel und Klerus.

Und sie handelte sich viel Ärger ein, wie alle Prominenten. Vielen passte nicht, dass sie Ordensregeln lockerte. Dass in ihrem Kloster die Nonnen in langen, weißen Seidengewändern mit offenem Haar und goldenen Krönchen vor dem Altar knieten, empfanden andere als elitäre, geschmacklose Inszenierung. Sie hielten Hildegard längst für abgehoben. Aber das Volk liebte sie. Ihre Visionen, ihre moralischen Schriften begeisterten ihre Anhänger ebenso wie ihre Auffassungen über die Medizin oder ihre Musik. Ja, Musik schrieb sie auch noch. Sie war am Schluss ein richtiger Popstar.

Und ihre Visionen? Sie sind ein großer Spiegel des mittelalterlichen Weltbilds, wenn auch mit individuellen Zügen. Die ganze Welt, ja der ganze Kosmos ist durchströmt von göttlichem Geist, und der Mensch ist untrennbar Teil davon. Gott Vater, das ist der Höchste, der Schöpfer, und Jesus Christus ist sein Sohn, der die Menschen mit dem Vater versöhnt hat. Hildegard sieht Christus in einer Vision als menschliche Gestalt, durchströmt vom Geist des Vaters, ganz Gott und doch vom Vater unterscheidbar. In anderen Visionen sieht Hildegard Gott als Rad oder als sich drehende Kugel. Das heißt, so deutet sie es, Gott ruht ganz in sich und ist dennoch in ständiger Bewegung.

Bei aller Nähe zum Göttlichen bekennt Hildegard sich aber auch immer zum Hier und Jetzt. Der Mensch ist seinem Leib auf der Erde verwurzelt und soll dies bejahen. „Wer seinem Gott vertraut, wir auch den Bestand der Welt ehren“, schreibt Hildegard und fährt fort: „Einen anderen Halt hat der Mensch nicht; gibt er diese Welt auf, dann wird er von Dämonen vernichtet und aus dem Schutz der Engel entlassen.“ An anderer Stelle betont sie die Einheit des Menschen, die Ganzheit von Leib und Seele: „Wo Leib und Seele in rechter Übereinstimmung miteinander leben, da erreichen sie in einmütiger Freude den höchsten Lohn.“ Und darauf beruht auch ihre Heilkunst. Krankheit ist für sie immer ein Mangel, ein Leersein und Verdorren.

Doch braucht es Visionen, um solche Dinge zu erkennen? War das alles nicht schon das Denken der Antike, die Weisheit der Bibel, die Überzeugung der ersten Christen? Sicher. Bloß war Hildegard von Bingen eine Frau. Und im 12. Jahrhundert hätte niemand einer Frau zugehört, wenn sie einfach behauptet hätte, zu alledem etwas zu sagen zu haben. Allein ihre Visionen verschafften ihr Gehör.

00:04

Hier lasst uns zwei Türme bauen

Erzbischof Konrad von Hochstaden legt den Grundstein für den Kölner Dom

Eine Minute am 15. August 1248

Der Philosoph Albert von Lauingen – in Köln, wo er lehrt, ehrfurchtsvoll Albertus Magnus genannt – steht am Rand einer neun Meter tiefen Grube und blickt hinunter. Was er sieht, ist mehr als bloß Lehm und Dreck. Die Fundamente für eine neue Kirche sind bereits gelegt. Albert staunt, denn er findet sie ungewöhnlich aufwändig. Er wird das später ebenso notieren wie seine Bewunderung der prächtigen Fußböden aus „heidnischer Zeit“, die da auf dem Grund der Baugrube zu sehen sind. Köln war schon zu Zeiten der römischen Kaiser die größte Stadt nördlich der Alpen. Das ist sie jetzt, wo Deutsche die Kaiser des Abendlands sind, immer noch.

Albert lässt seinen Blick schweifen. Er steht nicht weit vom Ufer des Rheins, dem die Stadt einen großen Teil ihres Auskommens verdankt. Bis hierher kommen die Schiffe von der Nordsee her, hier wird umgeladen in kleinere Binnenschiffe. Das bietet Gelegenheit zu ausgedehntem Handel. Westlich der Baugrube, mehr zur Stadt hin, stehen die Reste des alten Domes. Man wollte ihn Zug um Zug abreißen und hat dafür Anfang des Jahres eine der Kapellen in Brand gesteckt, um sie niederzulegen. Aber dann geriet das Feuer außer Kontrolle, und fast die ganze Kirche brannte ab. Notdürftig hat man einen Teil wiederhergestellt, um Messen feiern zu können.

Höchste Zeit für eine neue Kirche. Für eine Kathedrale. Es soll das größte und schönste Bauwerk der Christenheit werden. Denn Köln ist reich. Und es kommen Pilger in Massen, um an einem Schrein zu beten, der die Gebeine der biblischen drei Könige enthalten soll. Hunderte warten gespannt, dass Konrad von Hochstaden heute, am Fest der Himmelfahrt Mariens, den „primarium lapidem“, den ersten Stein, legt. Da kommt der Erzbischof, im prachtvollen Gewand trotz der sommerlichen Wärme. Albert beugt die Knie, wie alle anderen auch.

Erzbischof Konrad von Hochstaden war ein Kirchenfürst und Machtpolitiker, wie ihn später nur noch die italienische Renaissance hervorbringen konnte. Er war – zu dieser Zeit freilich nichts Ungewöhnliches – nicht nur der Oberhirte seiner Diözese, sondern auch weltlicher Herrscher über das Rheinland und Teile Westfalens. Doch das reichte ihm nicht. Gleich nach seiner Amtsübernahme hatte er dem deutschen Kaiser Friedrich II. die Treue aufgekündigt, zwischenzeitlich Gegenkönige aufgestellt und zuletzt den mit seiner Hilfe an die Macht gekommenen Wilhelm von Holland vollkommen von sich abhängig gemacht. Er konnte sich das leisten, weil er nicht nur der mächtigste Reichsfürst war, sondern auch die Rückendeckung von Papst Innozenz IV. hatte. Konrad, so viel scheint klar, wollte einen größeren Eintrag im Geschichtsbuch. Die größte Kirche des Abendlandes zu bauen war da als flankierende Maßnahme genau das Richtige.

Allerdings hatte Konrad weder die Idee zum Kölner Dom noch war er der Bauherr. Letzterer war und blieb das Domkapitel. Jenen Klerikern ging es vor allem darum, den Pilgern etwas zu bieten, die in immer größerer Zahl nach Köln kamen und ein beträchtlicher Wirtschaftsfaktor waren. Nicht erst der katholische Weltjugendtag 2005, sondern auch schon mittelalterliche Pilgerreisen nach Köln hatten Eventcharakter.

Die Leute mussten schlafen, essen und trinken. Und wenn man schon mal eine so weite Reise machte, wollte man auch etwas erleben. Dabei nahmen es viele mit den Fasten- und Keuschheitsgeboten nicht immer ganz genau. Nicht zu vergessen die Opfergaben, die reiche Pilger auf den Dreikönigsschrein legten. So was besorgte man sich sicherheitshalber erst vor Ort – da auf dem Pilgerweg mit Überfällen zu rechnen war –, zur Freude der hiesigen Kunsthandwerker.

Die Idee zu einer Kathedrale im „neuen" – also gotischen – Stil hatte schon Erzbischof Engelbert von Berg gehabt, doch hat er seine Pläne nicht umsetzen können. Er wurde 1225 ermordet – auch das konnte einem mittelalterlichen Bischof passieren. Seine Idee blieb aber im Domkapitel wach. Und einem weiteren Vorgänger Konrads, dem Erzbischof Rainald von Dassel, war der ganze Pilgerbetrieb überhaupt zu verdanken.

Rainald war ebenso wie Konrad ein politisch ehrgeiziger Kirchenfürst. Dem damaligen Kaiser Friedrich Barbarossa diente er als Kanzler. Als im Jahr 1162 die Stadt Mailand gegen ihre deutsch-römischen Machthaber aufbegehrte, eroberten Barbarossa und sein Kanzler die oberitalienische Domstadt. Sie mussten nicht lange nach einer Möglichkeit suchen, die aufmüpfigen Italiener zu bestrafen – man nahm ihnen die Reliquien der „Heiligen Drei Könige" weg und brachte sie nach Köln.

Dazu muss man wissen, dass den Rang einer Kirche zu damaliger Zeit nicht allein der zugehörige Bischof und schon gar nicht die Baugestalt ausmachte, sondern vor allem, welche Gebeine dort aufbewahrt wurden. Irgendwann war ja das Christentum von einem Weg für Menschen, Gott zu begegnen, zu einer Staatsreligion geworden. Und Zug um Zug hatte sich diese Staatsreligion ihre Machtsymbole geschaffen. Dazu zählten die Gebeine der großen Heiligen, die in Schreinen aufbewahrt wurden, zu denen man pilgerte.

Jeder glaubte also, die Überreste jener drei Orientalen, von denen die Autoren des Neuen Testaments erzählen, sie seien, einem Stern folgend, zur Geburtsstätte Jesu gepilgert, hätten den Weg nach Mailand gefunden. Und jetzt waren sie eben in Köln, zum Ruhm und Wohl der Stadt.

Die geplante Kathedrale sollte wie eine zweite Hülle um den kostbaren, goldenen Schrein sein, den Nikolaus von Verdun für die Gebeine der „Heiligen Drei Könige“ geschaffen hatte. Tatsächlich fand sich mit Meister Gerhard ein genialer Baumeister, der die großen französischen Kathedralen der Zeit eingehend studiert hatte. Vor allem aus Amiens bezog er sein Wissen. Sein zweiter Nachfolger, Meister Arnold, zeichnete dann auf einen vier Meter großen Plan jene Westfassade, wie sie mit ihren über 7000 Quadratmetern bis heute von keiner Kirche der Welt übertroffen worden ist.

Die Baugrube von 1248 galt zunächst nur dem Chor im Osten mit seinen zahlreichen Kapellen. Abschnitt für Abschnitt wollte man das gewaltige Bauwerk verwirklichen. Eine Aufgabe für Jahrhunderte, sollte die Kirche doch – das ist die Grundidee der gotischen Kathedrale – ein Abglanz der Ewigkeit sein. Was sind da schon 100 Jahre?

Trotz dieses Langmuts geriet das Bauprojekt irgendwann ins Stocken. Der Pilgerstrom ließ nach. Das Interesse erlahmte. Und Köln stieg wirtschaftlich ab. Die Stadt am Rhein konnte ihren mittelalterlichen Wohlstand nicht in die Neuzeit retten. Sie kam erst im 19. Jahrhundert als nunmehr preußische Industriestadt zu neuer Blüte. Ab 1560 ruhten die Bauarbeiten. Der Baukran auf dem unvollendeten Südturm wurde zu einem Symbol der Stadt. Und auf der Straße kursierte der Spruch: „Wenn der Dom fertig ist, geht die Welt unter.“

Die Welt steht noch. Aber der Dom steht auch. Es waren die Romantiker mit ihrer Begeisterung für die Gotik, die sich im 19. Jahrhundert die Vollendung des Domes auf die Fahnen schrieben. Der Publizist Joseph Görres und die kunstsinnigen Brüder Boisserée rührten die Werbetrommel für den Weiterbau. Nicht ohne nationalistische Untertöne, sollte der Dom doch nun ein Symbol für Deutschlands Einheit werden.

Ein emsiger Dombauverein und die kulturbeflissenen Preußenkönige sorgten schließlich dafür, dass der Bau zwischen 1842 und 1880 nach – teilweise – alten Plänen vollendet wurde. Wenn diese Kirche trotz aller politischen Verstrickungen doch noch ein spiritueller Ort wurde, so liegt das wahrscheinlich an den Kölnern, die ihn über die Jahrhunderte ins Herz schlossen und zu einem Teil ihrer Identität machten. Den Zweiten Weltkrieg überstand der Dom mit Schrammen, aber intakt – obwohl sämtliche Gebäude in der Umgebung zu 90 Prozent zerstört wurden und die Treffgenauigkeit britischer Bomben kaum unter einem halben Kilometer lag.

00:05

Der „Bischof mit den Bundschuhen“

Albertus Magnus kommt als Oberhirte ins heruntergewirtschaftete Regensburg

Eine Minute am 29. März 1260

Der Tag ist schon vorüber, als ein Mann in der Dunkelheit das Stadttor von Regensburg durchschreitet. Bereits zu Ostern, das ist Ende der Woche, wird er das höchste Amt bekleiden, das Stadt und Umgebung zu vergeben haben. Er wird das Oberhaupt der örtlichen Christen sein und den Rang eines Reichsfürsten besitzen. Das bedeutet Macht, geistliche und politische Macht. Doch er betritt die Stadt allein. Niemand erkennt den Mann mit seiner schlichten braunen Kutte, den fest geschnürten Sandalen und dem schmalen Gepäck.

Albert kommt aus Köln, und er kommt zu Fuß. Der mittlerweile vielleicht 60-Jährige hat alle Reisen seines Lebens derart mühsam absolviert. Von seiner Heimatstadt Lauingen an der Donau ins norditalienische Padua, um zu studieren. Nach Paris, um dort einer der renommiertesten Professoren zu werden. Von der Seine an den Rhein, eben nach Köln, um dort die einzige deutsche Hochschule aufzubauen, die etwas taugt. Zwischendurch dann immer mal auf Besuch zum Papst nach Rom, natürlich ebenfalls zu Fuß.

Als Albert von Lauingen, den Bewunderer Albertus Magnus nennen, das Stadttor von Regensburg durchschreitet, kann ihn jeder an der Tracht als Dominikaner erkennen. Er ist ein Bettelmönch, der gelobt hat, auf privaten Besitz zu verzichten. Aber der schlanke, groß gewachsene Mann trägt seine schlichte Kutte mit Würde. Er betritt die Stadt als jemand, der sich seines Werts bewusst ist. Und tatsächlich – er ist ein Aristokrat des Geistes, ein Mann, von dem man sagt, dass er die gesamte Bildung seiner Zeit in sich vereine.

Albert geht durch die spärlich beleuchteten Gassen. Ruhig und beschaulich scheint es hier zuzugehen, ganz anders als in der Weltstadt Köln, in der er so viele Jahre seines Lebens verbracht hat. Besonders wohlhabend wirkt dieses Regensburg nicht. Eher etwas vernachlässigt, seit Albert als junger Mann zum ersten Mal hier war. Endlich steht er vor der Kirche St. Blasius. Nebenan wohnen seine Ordensbrüder. Hier ist er vor vielen Jahren einige Zeit Lektor gewesen. Und hier will er den Abend unerkannt im Kreis alter Freunde verbringen. Morgen, am Dienstag der Karwoche, wird die Amtseinführung sein.

Albert ein Bischof – ausgerechnet Albert! Historiker rätseln, was den bedeutendsten deutschen Philosophen und Naturwissenschafter des Mittelalters, den Starprofessor in Paris und Köln, dazu getrieben haben könnte, sich auf einen Bischofsstuhl zu setzen. Nach gut einem Jahr warf er in Regensburg hin. Aber warum war er gekommen? Sicher, der Papst hatte ihn geschickt. In Köln hatte Albert mehrfach sein Talent als Schlichter in heiklen politischen Situationen unter Beweis gestellt – und warum sollte er da nicht auch ein abgewirtschaftetes Bistum sanieren können? Aber Albert schuldete dem Papst nicht jenen absoluten Gehorsam, der in späteren Heiligenlegenden so gerne behauptet wurde. Ein Mann in seiner Position, ein europaweit bekannter Vordenker, hätte Nein sagen können. Er muss den Krummstab auch gewollt haben.

Hatte Albert genug von seinem Bettelorden? Natürlich ist es nicht einfach, berühmt zu sein und die Früchte des Erfolgs nicht genießen zu dürfen. Die strengen Ordensregeln brachten Albert bis vor kurzem schon in Bedrängnis, wenn er wieder einmal Bücher anschaffen wollte. Aber er hatte sich ja für diese Lebensform entschieden und stand dazu. Oder war er den ewigen Streit an den Universitäten leid? Albert war vielen ohnehin suspekt, weil er sich nicht nur mit Theologie und Philosophie, sondern ebenso leidenschaftlich mit Naturforschung beschäftigte. Die galt vielen Klerikern als „sündhafte Neugier".

Vielleicht suchte Albert, dieses Genie und Multitalent, auch einfach eine neue Herausforderung. Wir wissen es nicht, aber das würde zu seinem Lebenslauf passen. Der Spross aus gutem süddeutschen Hause war 1223 in Padua dem Orden der Dominikaner beigetreten. Diesen christlichen Männerverein gab es da gerade einmal fünf Jahre. Und er war so etwas wie eine revolutionäre Bewegung. Junge Leute mit reichen Eltern, die dem Privateigentum abschworen, auf Sandalen quer durch Europa wanderten und sich ganz der Spiritualität und der Bildung verschrieben – so etwas schockte das Establishment. Nur zögernd gab Rom dem Orden seinen Segen.

Dabei war es zunächst einmal nichts Ungewöhnliches für junge Männer und Frauen, in einer gleichgeschlechtlichen Gruppe zu leben – mit viel spiritueller Sehnsucht und ohne Sex. Die Familien hatten viele Kinder, aber bei weitem nicht alle davon konnten es sich finanziell leisten, als Erwachsene einen eigenen Hausstand zu gründen. Ohnehin war die Familie im Mittelalter nicht das Nonplusultra christlicher Lebensführung, vielleicht sogar eher zweite Wahl. Entscheidend war, dass man sein ganzes Leben auf Gott hin ausrichtete, um nach dem irdischen Tod in Gemeinschaft mit ihm zu leben. Und da hatten Priester, Einsiedler, Ordensbrüder oder Beginen – eine Art spirituelle Frauenbewegung – mindestens so gute Chancen wie Familienoberhäupter.

Bloß hatten die Orden, die es schon jahrhundertelang gab, mittlerweile ein ziemlich schlechtes Image. Das galt insbesondere für die Benediktiner mit ihren schlossähnlichen Klöstern und riesigen Ländereien. Sie galten als materialistisch, moralisch verkommen und an den Nöten einer einzelnen Seele nicht mehr interessiert.

Die Jugend schuf sich deshalb die Alternative, die sie brauchte. Die Bettelorden wollten alles richtig machen. Nicht auf Landgütern Reichtümer anhäufen, sondern in die Städte gehen und sich dort den sozialen Problemen stellen. Und sie wollten Wissenschaft! Aber das Wissen dann auch an das einfache Volk weitergeben. Daher wurden die Dominikaner bald „Predigerorden“ genannt.

Der Wissenschaftler und Prediger Albert hatte es in Paris nach nicht einmal fünf Jahren zum gefeiertsten Professor gebracht. Und Paris war die wichtigste Universitätsstadt der Christenheit. Dabei war Albert immer ein Querdenker und Individualist, jemand, der auf der Suche nach der Wahrheit nicht bloß den Autoritäten glauben, sondern selber alles durchdenken wollte.

Als Albert 1248 nach Köln kam, um für seinen Orden eine Hochschule aufzubauen, die das Niveau von Paris erreichen sollte, entschied er sich bewusst für das Leben in der Großstadt. Die Studenten kamen aus ganz Europa – nicht nur wegen der Bildungschancen in einer Forschergemeinschaft, sondern auch wegen des zeitgemäßen Lebensstils.

Albert blieb der christlichen Lehre stets treu – aber betonte auch, dass für ihn grundsätzlich jede These diskussionswürdig sei. Dabei hieß sein geistiger Leuchtturm Aristoteles, ein Philosoph der griechischen Antike, der die Bibel nicht kannte. In seiner Schrift „Über die Einheit des Verstandes“ schrieb Albert einleitend, er wolle sein „Problem erörtern, ohne dabei zunächst in Betracht zu ziehen, was die christliche Religion dazu vorschreibt“. Dann führt er 30 Argumente für die eine und 30 Argumente für die andere Sicht auf. Auf diese Art diskutierte er auch täglich mit seinen Studenten. Diese Offenheit fanden nicht alle Kleriker gut. Doch Albert hat dem Denken des Aristoteles einen zentralen Platz in der christlichen Kultur verschafft. Und damit Geistesgeschichte geschrieben.

Übrigens meisterte Albert seine kurze Amtszeit als Bischof in Regensburg mit Bravour. Er sorgte dafür, dass wieder Geld in die Kasse kam und schlichtete gleichzeitig die alten Fehden.

Vor allem war er nah an den Menschen. Der erste Bettelmönch als Bischof und Reichsfürst schnürte, so oft es ging, seine Sandalen und machte sich zu Fuß auf den Weg kreuz und quer durch seinen Machtbereich. Die Leute nannten ihn bald den „Bischof mit den Bundschuhen", und vielleicht können wir uns diesen klerikalen Spitzenpolitiker ja wirklich wie eine mittelalterliche Mischung aus Joschka Fischer und Karl Carstens vorstellen. Jedenfalls war er ebenso beliebt wie erfolgreich. Und wandte sich bald wieder anderen Herausforderungen zu.

00:06

In Konstanz gescheitert

Die Asche des Theologen Jan Hus wird in den Rhein gestreut

Eine Minute am 6. Juli 1415

Es ist ein Akt der Demütigung über den Tod hinaus. Zwei Männer, Knechte, Handlanger in staubiger Alltagskleidung, ziehen eine offene, wannenförmige Schubkarre durch wucherndes Gras, durch Schmutz, über Steine. Sie ziehen den Karren bis zum Ufer des Rheins, der hier in Konstanz aus dem Bodensee in Richtung Schaffhausen abfließt. Sie halten kurz inne, doch nur, um sich den Schweiß von der Stirn zu wischen. Dann nimmt jeder von ihnen eine hölzerne Schaufel. Sie schaufeln die Asche aus der Schubkarre und schleudern sie in hohem Bogen in Richtung Fluss.

Die schweren Teilchen der Asche prasseln sofort auf das Wasser, die feinen und leichten wehen weit über die Oberfläche des Flusses. Es ist die Asche von Holzscheiten. Es ist die Asche von Stricken. Es ist die Asche von Büchern. Und es ist die Asche eines Menschen. Die beiden Männer schaufeln mit versteinerten Mienen. Man hat ihnen befohlen, dies zu tun. Und sie tun es.

Der Mensch, dessen Asche hier in den Rhein gestreut wird, hieß Jan Hus und kam aus Prag. Er war Priester, Theologe, Universitätsprofessor. Er kam nach Konstanz, wo sich ein umstrittener Papst, Bischöfe und weltliche Fürsten zu einem großen Konzil versammelt hatten. Kam, um über seine Vorstellungen von der Zukunft der Kirche zu diskutieren. Er war der Meinung, dass die Christen sich neu orientieren müssten. Er hielt die Kirche der Päpste und Bischöfe für abgewirtschaftet.

Doch die Mächtigen sahen keinen Grund, mit Jan Hus zu diskutieren. Sie verhafteten ihn. Sie forderten ihn auf, seine Positionen öffentlich zu widerrufen. Als er sich weigerte, als er sagte, er könne nur seinem Gewissen und der Wahrheit folgen, errichteten sie für ihn den Scheiterhaufen und verbrannten ihn. Seine Bücher gleich mit. Er war jetzt kein Christ mehr. Er sollte kein Begräbnis erhalten. Und seine Asche sollte verstreut werden, damit auch seine Seele keine Möglichkeit mehr habe, zu ewigem Leben aufzuerstehen. Er sollte ausgelöscht sein. Für immer.

Als im Oktober 1918 die Tschechoslowakische Republik gegründet worden war, erklärte die Regierung in Prag kurze Zeit später den 6. Juli, den Todestag des Tschechen Jan Hus, zu einem gesetzlichen Feiertag. Auch in der heutigen Tschechischen Republik wird an dem Tag, an dem sich die Verbrennung des Theologen auf dem Konstanzer Konzil jährt, nicht gearbeitet. Und wer häufiger in Konstanz ist, weiß, wie viele Tschechen im Sommer in die Stadt am Bodensee kommen, um jene Orte zu besuchen, die an den aufsässigen Kirchenmann erinnern – den Gedenkstein auf seinem vermuteten Richtplatz westlich der Altstadt, das Hus-Museum nahe dem Schnetztor oder das Dominikanerkloster und heutige Inselhotel am See, wo ihn Papst, Bischöfe und Fürsten wochenlang unter erbärmlichen Umständen einkerkern ließen.

An diesen Nachwirkungen ist noch heute deutlich ablesbar, wie sich in der Zeit um 1400 Theologie und Kirche mit nationalstaatlichen Bestrebungen vermischten – zu einem immer explosiveren Cocktail. Das europäische Hochmittelalter hatte weder Nationalismus noch Rassismus gekannt. Unabhängig von ihrer Herkunft, Sprache oder Hautfarbe waren alle unter dem Dach der Kirche zur „res publica Christiana" – einer christlichen Einheit aus Volk und Staat – vereint gewesen.

Im Spätmittelalter rückte nun mehr und mehr das Individuum in den Blick. Die „devotio moderna" – neue Frömmigkeit – kam langsam auf, eine spirituelle Bewegung vor allem in Flandern, Holland und im Rheinland, in welcher der Einzelne eine direkte, persönliche Beziehung zu Jesus Christus aufbaute. Die Gläubigen wollten nicht mehr nur Zuschauer einer klerikalen Inszenierung sein, sondern selber beten und ihr Leben gestalten. Das passte zu einem wirtschaftlich zunehmend erfolgreichen und entsprechend selbstbewussten Bürgertum in den Handelsstädten.

Mit dieser spätmittelalterlichen Individualisierung traten die Unterschiede zwischen Menschen stärker hervor. Das waren einerseits Unterschiede des Denkens, des Gewissens und der Lebensführung. Und es waren andererseits Unterschiede der regionalen Herkunft, der Mentalität und der Sprache. Innerhalb des deutsch-römischen Reiches kam es in Prag erstmals zum dramatischen Konflikt zwischen dem nach Freiheit strebenden Individuum und den Vertretern der alten Ordnung.

Die Machthaber waren zwar selbst längst zerstritten – zur Zeit des Konzils gab es drei Gegenpäpste –, versuchten aber Einheit und Tradition mit allen Mitteln zu wahren. Querdenker wie der Engländer John Wyclif und der Tscheche Jan Hus nahmen dagegen für sich in Anspruch, allein ihrem Gewissen zu folgen. Hus, der darin unbeugsam war und dessen streng asketischer Lebensstil im auffälligen Kontrast zum Wohlleben der Kirchenoberen stand, wurde beim tschechischen Volk schnell populär. Denn es ging nun ebenso sehr um Politik wie um Religion.

Prag war einerseits eine deutsche Stadt. Mehr noch, sie war die vielleicht wichtigste Residenz des Kaisers – der im Mittelalter noch keine feste „Hauptstadt“ hatte – und mit ihrer Universität das geistig-kulturelle Zentrum der Deutschen. Andererseits war Prag eine Vielvölkerstadt. Hier lebten Sachsen und Bayern, Tschechen und Polen. Nun besetzten allerdings die Deutschen sämtliche Schlüsselpositionen in Staat, Verwaltung, Universität und Kirche. Und die Tschechen fühlten sich als das eigentlich einheimische, hier verwurzelte Volk, als die Mehrheit auf der Straße, die von einer fremden Elite beherrscht wird.

An solche Konstellationen sind wir heute gewöhnt. Studien zufolge sind es Anfang des 21. Jahrhunderts über 1000 ethnische Gruppen, die im Sinne des „Selbstbestimmungsrechts der Völker", wie es seit Woodrow Wilson heißt, einen eigenen Staat fordern. Nordirland, Kurdistan, Sri Lanka – die spektakulärsten Fälle kennt jeder Zeitungsleser.

Im Spätmittelalter waren ethnische und nationale Unruhen hingegen etwas zunächst Überraschendes. Denn die Einheit der Kirche, die römische Theologie und die lateinische Sprache hatten die Volkszugehörigkeit ja immer als etwas Zweitrangiges erscheinen lassen.

Als Theologe verließ Jan Hus – zumindest teilweise – den Boden der römischen Lehre, da er nur noch seinem Gewissen folgen wollte. Als Tscheche wurde er zu einer Symbolfigur der Auflehnung seines Volkes gegen die deutsche Oberschicht. Beides ist kaum voneinander zu trennen. Deshalb wurde Hus vor das Konstanzer Konzil zitiert. Deshalb wollten Bischöfe und Fürsten unbedingt erreichen, dass er seine Lehren wiederrief. Und deshalb gab ihm ein kaiserlicher Beamter, noch kurz bevor der Scheiterhaufen in Brand gesteckt wurde, eine allerletzte Chance, seine „Ketzerei" öffentlich zurückzunehmen und damit sein Leben zu retten. Es ging eben nicht allein um Theologie. Die gesamte politische und soziale Ordnung stand auf dem Spiel.

Vor diesem Hintergrund hatte auch niemand auf dem Konstanzer Konzil ein Interesse, mit Jan Hus eine theologische Diskussion zu führen. Dabei waren seine Gedanken nicht ganz neu. Auch John Wyclif, der längst tot war – weshalb das Konzil beschloss, nachträglich seine Gebeine zu verbrennen –, hatte in die gleiche Kerbe geschlagen. Den Klerikern hätte klar sein müssen, dass ein großer Konflikt über die Inhalte des christlichen Glaubens kommen würde. Ein letztes Mal gelang es ihnen, eine Neubesinnung der Kirche mit politischer Macht zu unterdrücken.

Jan Hus wurde vor allem wegen dreier theologischer Thesen zum Tode verurteilt. Einmal, weil er allein Jesus – nicht den Papst – als das Oberhaupt der Kirche ansah. Dann, weil er nur die Bibel als Quelle der Wahrheit anerkannte – und damit die gesamte antik-mittelalterliche Philosophie auf den Müllhaufen beförderte. Und drittens, weil er lehrte, Gott habe für jeden Menschen schon von Geburt an festgelegt, ob dieser einmal in den Himmel oder die Hölle kommen werde. Die wahren Christen sind damit eine Gemeinschaft der Auserwählten – die man an ihren tugendhaften Taten, nicht an ihren Kutten und Bischofsmützen erkennt.

Ich habe mich oft gefragt, wie man auf diese „Vorbestimmtheitslehre" kommen kann. Vielleicht passte sie einfach perfekt in die Zeit. Wenn man so will, ist sie ein Kompromiss zwischen mittelalterlicher Ordnung und neuzeitlicher Individualisierung. Immer noch ist alles von Gott genau festgelegt – aber eben für jeden Menschen anders. Nun mag jeder für sich die Bibel zur Hand nehmen, sein Leben daran messen und herausfinden, welches Los er gezogen hat.

00:07

Ein Mann mit starken Thesen

Martin Luther wird nach seiner Ächtung zum eigenen Schutz entführt

Eine Minute am 4. Mai 1521

Die Kutsche rumpelt und schwankt und ruckelt und stößt. Die Wege werden nicht besser, hier, am Rande des Thüringer Waldes. Nur die Täler werden enger, der Baumbestand wird dichter, das Licht fahler. Der Abend naht, dann wird es Zeit sein, Rast zu machen. Doch noch geht es weiter, vorbei an frischem Maigrün, entlang der Werra auf Schloss Altenstein zu. Der Weg von Worms nach Wittenberg ist weit, und es gilt, keine Zeit zu verlieren.

Den Mann in der Kutsche interessieren weder die Landschaft noch die Tageszeit. Seit Stunden ist der knochige Enddreißiger, bei dem noch nichts auf die spätere Leibesfülle hindeutet, in seine Schriften vertieft. In der ganzen Kutsche hat er Papiere ausgebreitet. Auf ihnen sind lateinische, griechische und hebräische Buchstaben zu erkennen. Denn Martin Luther, der Augustinermönch, ist Theologe. Seine Leidenschaft gilt den Texten der Bibel in ihrer Originalsprache.

Luther hat auf dem Reichstag in Worms eine schwere Niederlage erlitten. Er könnte längst tot sein, wenn sein Landesfürst Friedrich nicht freies Geleit für in erwirkt hätte. Die deutschen Fürsten haben den aufsässigen Theologen ein letztes Mal angehört. Und als er seine starken Thesen nicht widerrufen wollte, haben sie ihn geächtet. Sie haben allen Deutschen verboten, Luther zu beherbergen oder ihm zu helfen, seine Schriften zu drucken oder auch nur zu lesen. Und sie haben ihn selbst zum Vogelfreien gemacht. Wer den Mann umbringt, muss keine Strafe fürchten. Luther trägt es mit Fassung. Die Texte der Heiligen Schrift interessieren ihn mehr als das.

Dann plötzlich Pferdegetrampel, Rufe, Radau. Ein heftiger Ruck, und die Kutsche steht. Luther blickt von seiner Lektüre auf. Da reißt ein Soldat auch schon die Tür auf und befiehlt dem Passagier auszusteigen und mitzukommen. Hastig sucht Luther seine Texte zusammen. Jetzt bloß nichts verlieren! Nur das zählt. Dann nehmen die Soldaten den Mönch in Gewahrsam und reiten mit ihm in die Dämmerung. Am nächsten Tag wird Luther auf der Wartburg sein. Dort werden sie ihn Junker Jörg nennen. Zur Tarnung.

Als Martin Luther von den Soldaten seines eigenen Landesherrn und Mentors, des sächsischen Kurfürsten Friedrich, entführt wird, ist er längst in ganz Deutschland bekannt. Der von Johannes Gutenberg im vorangehenden Jahrhundert perfektionierte Buchdruck hat dazu geführt, dass sich politische und religiöse Schriften in nie gekannter Geschwindigkeit vervielfältigen und verbreiten lassen. Die deutsche Reformation ist damit der erste gesellschaftliche Umbruch, der von Anfang an publizistisch flankiert wurde und dessen Erfolg schon viel von der Macht der Öffentlichkeit ahnen lässt, die das am Horizont aufziehende Medienzeitalter mit sich bringen wird.

Wenn jemand landauf, landab so bekannt ist wie Martin Luther, dann ist Vogelfreiheit noch um einiges heikler als ohnehin. Friedrich von Sachsen, genannt „der Weise“, musste sich schnell etwas einfallen lassen, um den aufmüpfigsten Theologen seiner unruhigen Wittenberger Universität in Sicherheit zu bringen. Viel Porzellan war schon zu Bruch gegangen zwischen Wittenberg, dem Papst in Rom und der Mehrheit der deutschen Fürsten, angeführt von den Kaisern aus dem Haus Habsburg.

Am 31. Oktober 1517 hatte Luther in Wittenberg mit der Veröffentlichung von 95 Thesen gegen den Ablasshandel gewettert. Das war jene kirchliche Praxis, bei der man sich vermeintlich gegen Geld von göttlichen Bewährungsauflagen im Fegefeuer – der Probezeit im Leben nach dem Tod – befreien konnte. Getreu dem damals populären Motto: „Wenn das Geld im Kasten klingt, die Seele aus dem Feuer springt.“

Daraufhin hatte Luther eine Reform der Kirche „an Haupt und Gliedern“ gefordert. Auf dem Reichstag in Augsburg 1518 hatte er die Autorität des kirchlichen Lehramts in Frage gestellt. Er wollte nur Argumente anerkennen, die direkt aus der Bibel abgeleitet sind. Bei einem Streitgespräch mit dem Theologen Johannes Eck in Leipzig legte er nach und bezweifelte offen die Autorität des Papstes. Ein jahrelanger Hickhack begann, den Rom mit Bannstrafen bestritt, während Luther und seine Wittenberger Freunde mit Pamphleten konterten.

Weil der sächsische Kurfürst geschickt verhandelt hatte, konnte Luther am 17. April 1521 in Worms ein letztes Mal seine Ansichten vortragen. Eindringlich forderten die papsttreuen deutschen Fürsten ihn zum Widerruf auf. Doch Luther berief sich auf die Freiheit seines Gewissens und weigerte sich. Dadurch galt er endgültig als Unperson.

Friedrich ließ also seine Soldaten eine Entführung inszenieren und Luther auf die Wartburg in Sicherheit bringen. Dort setzte der Theologe seinen publizistischen Feldzug fort. Innerhalb von nur elf Wochen übersetzte er das Neue Testament ins Deutsche. Oder besser: In eine Art sächsische Gelehrtensprache, denn eine deutsche Schriftsprache sollte sich erst auf der Basis dieser Übersetzung – zu der bald noch das Alte Testament hinzukam – herausbilden. Man schätzt, dass innerhalb weniger Jahre gut ein Drittel aller lesekundigen Deutschen die „Lutherbibel“ besaß.

Dass der theologische Dauerstreit kein Ende nahm und es irgendwann nicht nur eine deutsche und eine lateinische Bibel, sondern auch eine deutsch-evangelische und eine römisch-katholische Kirche gab, ist bekannt. Viel interessanter ist die Frage, warum der Kurfürst von Sachsen einen enttäuschten und wütenden Theologen, dessen Gedankengebäude äußerst komplex und nicht frei von Widersprüchen war, so massiv unterstützte und fürsorglich beschützte?

Ging es Friedrich um den wahren Glauben? Um das Seelenheil der Christen? Vielleicht. Aber nicht nur. Friedrich hatte vielmehr als erster unter den deutschen Fürsten erkannt, welche machtpolitische Chance darin lag, dass da eine Clique von Akademikern anfing, sich mit Papst und Kaiser anzulegen und das Volk mit Pamphleten aufzuwiegeln. „Teile und herrsche", säe Zwietracht und ziehe deinen Nutzen daraus – das wird ein politischer Leitspruch der beginnenden Renaissance sein.

Schon im Hochmittelalter waren die deutschen Fürsten im Machtkampf zwischen Papst und Kaiser die lachenden Dritten gewesen. Wenn jetzt der Aufruhr nur groß genug sein würde, hätten sie die Chance, das Machtgefüge endgültig zu ihren Gunsten zu verschieben. Und so kam es denn auch. Nachdem sie Mitte der 1520er Jahre auch in den Kriegen gegen die aufständischen Bauern gesiegt hatten, gingen die Landesfürsten als die großen politischen Gewinner aus der Reformation hervor.

Die Welt des Mittelalters war endgültig zerbrochen. In den reformierten Regionen fielen kirchliche Besitztümer an den Staat und mehrten die Macht der Fürsten, die sich mehr und mehr als die absoluten Herrscher auf ihren Territorien fühlten. Der Kulturhistoriker Eugen Rosenstock-Huessy hat die Reformation unter dem Gesichtspunkt ihrer politischen Folgen deshalb als eine „Fürstenrevolution" bezeichnet.

Die „Arbeitsteilung zwischen Luther und seinem Landesherrn", so nannte es Rosenstock-Huessy, wird Deutschland nun für Jahrhunderte prägen. Pfarrer und Professoren kümmern sich um die geistige Erbauung des Volkes. Gleichzeitig wird der Staat enorm aufgewertet und soll mit harter Hand im Sinne der christlichen Ethik für soziale Gerechtigkeit sorgen.

Diese „Allianz von Thron und Altar", wie sie später heißen wird, gipfelt innerhalb der deutschen Philosophie des 19. Jahrhunderts, insbesondere bei Georg Wilhelm Friedrich Hegel, in der Vorstellung von einem Staat, der fast schon gottgleiche Züge trägt. Das Individuum besitzt zwar in religiösen Dingen Gewissensfreiheit, hat sich aber in praktischen Dingen gänzlich staatlichen Vorgaben zu fügen.

„Die geistige Befreiung war im Luthertum mit weltlicher Knechtschaft erkauft", schrieb Franz Borkenau in seinem berühmt gewordenen Buch über Luther. Und weil der Christ im Diesseits nicht erfolgreich sein musste, sondern da ganz seinem Fürsten vertrauen durfte, der die Dinge schon fürsorglich regeln würde, konnte in der Folgezeit „der Deutsche Geist seine Schwingen entfalten" und sich im „Überfliegen des Praktischen" in die höchsten Sphären des Wahren, Schönen und Guten begeben.

Im Ergebnis bildete sich in Deutschland eine ganz andere Mentalität heraus als etwa in den von dem Reformator Johannes Calvin beeinflussten angelsächsischen Ländern. Dort musste sich der christliche Glaube immer auch im praktischen Tun bewähren. Politik und Wirtschaft gingen jeden etwas an, und finanzieller Erfolg galt nicht als Ergebnis gottloser Gier, sondern kluger Lebensplanung.

Bis heute zeigen sich die vom Luthertum geprägten Deutschen von dem angelsächsischen Ruf nach persönlicher Initiative, Verantwortung des Einzelnen und Maximierung des wirtschaftlichen Ertrags zutiefst befremdet. Hierzulande gibt man sich gern unbeschwert seinen Neigungen hin und erwartet von „der Politik", dass sie alles dafür Nötige perfekt organisiert.

00:08

Ein Millionär hat es nicht schwer

Anton Fugger fällt vor Karl V. auf die Knie, damit Augsburg geschont wird

Eine Minute am 29. Januar 1547

Alles ist genau abgesprochen. Tagelang haben die Augsburger Bürger mit den Höflingen des Kaisers ausgehandelt, wann, wo und wie sie vor dem Kaiser auf die Knie fallen sollen und was genau sie dabei sagen müssen. Mit diesem Ritual wollen sie sich der Gnade des Kaisers unterwerfen. Und der Kaiser ist bereit, seinen untreuen Untertanen zu vergeben. Der katholische Habsburger Karl V. sitzt wieder einmal am längeren Hebel, denn er hat den Krieg gegen die zum evangelischen Glauben übergetretenen deutschen Fürsten, die sich zum Schmalkaldischen Bund zusammengeschlossen hatten, gewonnen.

Karl käme aber kaum auf die Idee, den zum Luthertum übergetretenen Augsburger Bürgern so einfach zu verzeihen, wenn sich nicht ein alter Bekannter für die wohlhabende schwäbische Kaufmannsstadt eingesetzt hätte. Anton Fugger, der reichste Mann der Welt, ist aus seinem Tiroler Wohnort Schwaz herbeigeeilt, um sich an die Spitze der Augsburger Gesandten zu stellen. Mehr noch, er hat die ganze Aktion eingefädelt. Und das, obwohl die Augsburger ihn aus ihrer Stadt gejagt haben, in der das weit verzweigte Unternehmen der Familie Fugger verwurzelt ist. Man hatte den reichen Fugger nicht mehr sehen wollen, weil er dem Papst treu geblieben war, statt zum evangelischen Glauben zu wechseln. Jetzt ist man auf ihn angewiesen.

Es ist Nachmittag, als Anton Fugger und seine Augsburger im Haus eines Ulmer Großbürgers auf den Kaiser warten. Der

Monarch hat hier in der Stadt an der Donau Quartier genommen, um von den körperlichen Strapazen der letzten Zeit zu genesen. In schwarzen Bußgewändern stehen die Absandten dicht gedrängt mit über hundert anderen, die alle irgendetwas vom Kaiser wollen, im großen Festsaal des Bürgerhauses. Dann betritt Karl, ein groß gewachsener Südeuropäer, der kaum Deutsch spricht, bestens gelaunt den Raum. Fugger und fünf Augsburger drängeln sich vor zu dem Monarchen, der sich auf einen mit Samt bezogenen Sessel gesetzt hat, fallen auf die Knie und bitten ihn „in alleruntertänigster Demut um Gottes und seiner Barmherzigkeit willen" um Vergebung für Augsburg. Karl berät sich kurz mit seinem Vizekanzler. Dann teilt dieser den Untertanen mit, dass Karl „allen gefassten Zorn und alle Ungnade gegen sie fallen lassen" werde, wenn sie wieder gehorsam sein wollen. Augsburg kann aufatmen – und weiter glänzende Geschäfte machen.

Der reichste Mensch seiner Zeit, der internationale Großunternehmer und Bankier Anton Fugger, hielt sich bei seinem Kniefall vor Karl V. streng an die höfischen Etikette. Wie jeder andere Untertan hatte er sich in Worten und Gesten ganz dem Kaiser zu unterwerfen. Und wenn er einen Wunsch an den Monarchen herantragen wollte, etwa den, dass dieser die besiegte Stadt Augsburg schonen sollte, statt sie auszuplündern und ihre Bürger zu demütigen, so musste er deutlich machen, dass er da nicht etwa irgendwelche Ansprüche erhob, sondern allein auf die Gnade des Herrschers angewiesen war. So waren die Spielregeln. Und kaum mehr als ein Spiel war das Ganze.

Anton Fugger mochte noch so oft vor Karl V. auf die Knie fallen – innerlich war ihm stets bewusst, dass die Machtverhältnisse um einiges komplizierter waren. Da war keineswegs der eine nur ehrfürchtiger Untertan und der andere bloß gnädiger Herr. Seit Jahrzehnten befanden sich die Familie Fugger und das Haus Habsburg in einem Verhältnis wechselseitiger Abhängigkeit.

Karl, der da den Kniefall verlangte, wäre nie zum deutschen Kaiser gewählt worden, hätten die Fugger ihm nicht die unvorstellbare Summe von 850 000 Gulden geliehen, um die wahlberechtigten Kurfürsten bestechen zu können. Das Spiel, das man noch spielte, hieß Mittelalter. Aber ökonomisch war das Mittelalter längst vorbei.

An die Stelle der bloßen Ausbeutung von Leibeigenen traten mehr und mehr die arbeitsteilige Wertschöpfung und der internationale Warenverkehr. Und das bedeutete: Wer jetzt sein Haupt krönen wollte, brauchte Geld. Wer jetzt einen Krieg führen wollte, brauchte Geld. Und wer jetzt in Europa politischen Einfluss nehmen wollte, brauchte Geld. Die Fugger hatten Geld. Sehr viel Geld.

Angefangen hatte die Familie Fugger im 14. Jahrhundert mit handwerklichem Geschick, Risikobereitschaft und harter Arbeit. Hans Fugger war 1367 als Weber nach Augsburg gekommen und hatte es bis 1386 zum Vorsitzenden der Weberzunft gebracht. Sein Sohn Jakob erweiterte die Produktion von Tuch erstmals um den Handel. Damit waren die Fugger durchaus erfolgreich, doch alles blieb im soliden Rahmen eines inhabergeführten Unternehmens mit einem tragfähigen Geschäftsmodell und organischem Wachstum.

Erst Jakobs jüngster Sohn, der ebenfalls Jakob hieß, eigentlich Priester hätte werden sollen und später zur Unterscheidung „Jakob der Reiche" genannt wurde, begriff, dass man sich mit den politischen Machthabern verbünden musste, wenn man das ganz große Geld machen wollte. Denn die Mächtigen regulierten das Wirtschaftsgeschehen und verliehen nach ihrem Gutdünken Patente, Privilegien und Monopole.

Erfolgreich bot sich Jakob Fugger dem Papst 1476 als Dienstleister für die Abwicklung des Ablasshandels an – ein ebenso hanebüchenes wie ertragreiches Geschäft. Und 1483 gaben die Fugger erstmals dem Haus Habsburg Geld, damit der deutsche König Maximilian I. seine Interessen in Holland durchsetzen konnte.

Nebenbei ersann Jakob der Reiche das Erfolgsmodell moderner Finanzinvestoren: Mittels politischer Kontakte übernahm er marode Bergwerke in Ungarn, brachte die Gruben mit Hilfe deutscher Experten technisch auf den neuesten Stand und dirigierte die anschließend sprudelnden Erträge dann nach Augsburg. Die Bergarbeiter hatten davon so wenig, dass es bald zu blutigen Aufständen kam.

Als nach dem Tod des kinderlosen Jakob im Jahr 1525 sein Neffe Anton das Unternehmen erbte, erreichte das System Fugger den Höhepunkt seines Erfolges. Bis zu seinem Tod 1560 häufte Anton Fugger ein Vermögen von gigantischen fünf Millionen Gulden an. Das Erfolgsgeheimnis bestand in einer immer intensiveren Verflechtung mit der Politik und gleichzeitig einer weiteren Ausdehnung der Handelsbeziehungen – bis nach Indien und Südamerika. Anton Fugger war der Strippenzieher einer frühneuzeitlichen Deutschland-AG, in der alles mit allem zusammenhing und jeder von jedem abhängig war.

Immer wieder griff das kaiserliche Haus Habsburg auf die Finanzdienstleistungen der Fugger zurück. Die Eroberung Tirols und die Kriege in Italien wurden auf diesem Weg ebenso finanziert wie die Feldzüge gegen Frankreich und die Türkei. Die Gegenleistungen gingen über Zins und Tilgung weit hinaus: Die Habsburger änderten Gesetze zugunsten der Fugger, verliehen ihnen Handelspatente, Monopole auf Waren und vielfältige Privilegien. Das Fürstenhaus überließ seinen Financiers Ländereien und Schürfrechte an Bergwerken in ganz Europa. Den Kürzeren zogen alle, die auf einem sich entwickelnden Markt faire Wettbewerbsbedingungen erwartet hätten. Es konnte nur einen Fugger geben.

Gegen Ende seines Lebens war Anton Fugger sein eigenes System nicht mehr geheuer. Er versuchte erst, seine Aktivitäten nach England zu verlagern, und als das scheiterte, das Unternehmen langsam aufzulösen und sein Vermögen in Ländereien und Immobilien zu investieren. Aber aus der Verstrickung mit dem Haus Habsburg fand er nicht mehr heraus. Es war eine Illusion zu glauben, man könnte sich erst von der Politik vollkommen abhängig machen und dann das Heft des unternehmerischen Handelns wieder allein in die Hand nehmen.

Mit dem Tod Anton Fuggers endete die Blütezeit des Hauses Fugger schlagartig. Geschäfte, die auf persönlichen Gefälligkeiten beruhen, sind nun einmal wenig nachhaltig. An den Einfluss der Fugger wird aber heute beispielsweise noch jeder Besucher des Vatikan erinnert. Denn es waren die Augsburger Unternehmer, die den Päpsten das nötige Geld liehen, um die Schweizer Garde in ihre Dienste zu stellen.

00:09

Hochmut kommt vor dem Fall

In Prag werden die kaiserlichen Statthalter aus dem Fenster geworfen

Eine Minute am 23. Mai 1618

Es ist ein kühler, feuchter Frühlingstag in Prag. Durch die kleinen Fenster dringt nur wenig Licht in das Amtszimmer der Burg. Wilhelm Slavata und Jaroslav Graf von Martinitz sitzen in ihren dicken, schwarzen Samtkleidern mit weißen Kragen und ihren eindrucksvollen Hüten auf dem Kopf an einem schweren Eichentisch. Überall liegen Papiere ausgebreitet. Ruhig diktieren die beiden kaiserlichen Statthalter ihrem Schreiber Johannes Fabricius Briefe und Aktenvermerke. Böhmen wird mit ruhiger Hand regiert. Das katholische habsburgische Kaiserhaus und die protestantischen tschechischen Adeligen haben sich auf einen Kompromiss geeinigt. Es herrscht Religionsfreiheit, aber die Autorität des Kaisers und seiner Statthalter soll unangetastet bleiben.

Plötzlich entsteht Unruhe auf der Burg. Schreie, Pferdehufe, Waffengeklirr. Slavata und Graf von Martinitz sehen sich verwundert an. Minuten später sind sie im Wladislaus-Saal von fast zweihundert protestantischen Adeligen und ihren bewaffneten Söldnern umringt. Der Wortführer der Eindringlinge, Heinrich Matthias von Thurn, eröffnet den kaiserlichen Statthaltern, dass ihnen auf der Stelle der Prozess gemacht werde. Nach einem kurzen Wortwechsel werden sie zu Verbrechern erklärt.

Da stürzen sich die bewaffneten Protestanten schon auf Slavata. Sie zerren ihn zum Fenster, öffnen es und wollen ihn hinauswerfen. Slavata wehrt sich heftig. Doch er hat keine Chance gegen die Überzahl. Sie packen seine Füße und drücken sie ins Freie. Slavata klammert sich an den Fensterrahmen. Da dreschen sie auf seine Hände ein, bis die Finger bluten und brechen und er loslassen muss. Unter dem Fenster geht es 17 Meter in die Tiefe. Slavata streift ein Fenstersims, trifft dann auf den matschigen Boden, überschlägt sich, verletzt sich an einem Stein den Kopf, verwickelt sich in seinen Mantel und rollt in einen Graben.

Dann zwingen sie Martinitz durch das Fenster. Auch er wehrt sich, auch er muss loslassen, rutscht an der leicht schrägen Mauer herunter, trifft auf den Boden und bleibt einige Meter vor Slavata liegen. Zum Schluss befördern die Eindringlinge auch noch den Schreiber Fabricius aus dem Fenster. Dann drängen sie sich an der Fensteröffnung, schauen in die Tiefe und trauen ihren Augen nicht. Alle drei da unten im Graben stehen nacheinander auf und laufen davon. Hastig legt man die Gewehre an – doch die Schüsse verfehlen ihr Ziel.

Einer Legende zufolge überlebten Wilhelm Slavata, Jaroslav Graf von Martinitz und der Schreiber Johannes Fabricius den „Prager Fenstersturz", weil sie auf einem weichen Misthaufen landeten. Tatsächlich aber dürfte eine ganze Reihe günstiger Umstände dazu beigetragen haben, dass die Vertreter des Kaisers dem versuchten Lynchmord aus eigener Kraft entfliehen konnten.

Erstens sind sie wohl weniger gestürzt als gerutscht, denn die Mauer der Prager Burg weist unterhalb der Fenster des Wladislaus-Saales eine erhebliche Schräge auf. Auch wehrten die drei sich heftig und hielten sich noch am Fenstersims fest, wurden also nicht im hohen Bogen in die Tiefe geschleudert. Hinzu kam die dicke, repräsentative Amtskleidung aus schwerem Samt, die wie ein Schutzanzug gewirkt haben dürfte. Schließlich tat das regnerische Wetter ein Übriges. Der Boden war matschig und aufgeweicht, was dem Aufprall zumindest ein wenig von seiner Härte nahm.

Dennoch bleibt es erstaunlich, dass alle drei nach einem Sturz aus 17 Metern Höhe ohne Knochenbrüche davonkamen, ja sofort aufstehen und fliehen konnten. Trotz des Schocks rannten sie geistesgegenwärtig in das nahe gelegene Haus des streng katholischen Oberkanzlers Lobkowitz. Dessen Frau Polyxena verarztete die Verletzten.

Slavata blutete so stark am Kopf, dass er seine Flucht nicht fortsetzen konnte. Als die Aufständischen ihn entdeckten, verhandelte er geschickt mit ihnen. Sie ließen ihn leben und setzten ihn ein Jahr lang unter Hausarrest. Während eines Kuraufenthalts gelang ihm dann die Flucht ins katholische Bayern. Graf von Martinitz überlistete seine Häscher schneller. Im Haus des Oberkanzlers stellte er sich sterbend und ließ sich von einem Priester die letzte Ölung spenden. Während man auf seinen Tod wartete, verkleidetet er sich als Stallknecht und entkam nach München. Fabricius wurde nicht weiter belangt, weil er nur ein Schreiberling und deshalb uninteressant war.

Die drei hatten also Glück. Europa hingegen stürzte an diesem 23. Mai ins Unglück. Denn die Aktion der protestantischen böhmischen Adeligen war eine kühl kalkulierte Kriegserklärung an Habsburg und wurde auch so verstanden. Der Prager Fenstersturz gilt als der Auslöser – wenn auch nicht die Ursache – des Dreißigjährigen Krieges, der größten europäischen Katastrophe vor Anbruch des 20. Jahrhunderts. Kaum hatten die deutschen Adelshäuser Papst und Kaiser an Macht überflügelt, fielen sie mit ihren Truppen übereinander her. Das Ringen um den wahren christlichen Glauben – spielte es dabei eine Rolle? Ja, unter anderem. Doch „ein reiner Religionskrieg ist dieser Krieg nie gewesen“, stellt der Historiker Heinrich August Winkler lapidar fest.

Als im Jahr 1648 in Münster und Osnabrück der Westfälische Frieden geschlossen wurde, waren im Deutschen Reich rund 40 Prozent der Landbevölkerung und etwa ein Drittel der Stadtbevölkerung ausgelöscht worden. Einstmals blühende

Handelsstädte lagen in Trümmern, und ganze Landstriche waren entvölkert. In den am schlimmsten betroffenen Gebieten Pommern, Mecklenburg, Brandenburg, Schlesien, Sachsen, Thüringen, Württemberg und Kurpfalz überlebte nur ein Drittel der Bevölkerung.

Nicht nur die deutschen Landesherren hatten sich bekriegt. Bald hatten andere europäische Mächte – vor allem Spanien, Frankreich, Dänemark und Schweden – in das Kriegsgeschehen eingegriffen, weil sie die Chance sahen, die europäische Landkarte zu ihren Gunsten zu verändern. Das gesamte Deutsche Reich wurde zu einem Schlachtfeld. Und niemand verschwendete einen Gedanken daran, die Zivilbevölkerung zu schonen.

Wo auch immer die unterschiedlichen Truppen – darunter viele Söldner, die das Kriegshandwerk gegen Geld ausübten – hinkamen, wurden Bauern und Bürger auf bislang unvorstellbar grausame Weise gefoltert und ermordet. Frauen wurden stundenlang vergewaltigt, bevor man sie tötete, kleine Kinder abgeschlachtet, Männer mit Methoden gequält und gedemütigt, die zu erfinden die normale Phantasie nicht ausreicht. Die Neuzeit betrat die Bühne der Geschichte mit einer Brutalität, wie sie das Mittelalter nie gekannt hatte.

Es erscheint grotesk – doch diejenigen, die diesen Flächenbrand gelegt hatten, gingen wiederum als Sieger aus ihm hervor. Die Landesfürsten hatten nun erst recht kein Gegengewicht mehr. Die im Spätmittelalter so stolzen Bürger hatten – wenn sie denn noch lebten – vielerorts ihren Besitz verloren. Die überlebenden Bauern standen nach all dem Plündern und Brandschatzen vor dem Nichts. Die Fürsten installierten sich also als starke politische Gewalt – und eine solche wurde ja tatsächlich gebraucht, um das Land wieder aufzubauen.

So war in Deutschland für die nächsten Jahrhunderte der Weg frei für die uneingeschränkte – absolutistische – Fürstenherrschaft mit ihrem Militär und ihrem Beamtentum als Säulen der Macht und ihren prunkvollen Höfen als Bühnen der

Selbstdarstellung. Erfolgreiche Bürgergesellschaften auf der Grundlage klugen und verantwortlichen Handelns vieler Einzelner bildeten sich anderswo – in England, in Holland, in der Schweiz.

Ein für alle Mal besiegelt war die Spaltung Deutschlands in evangelische und katholische Landstriche. Der Augsburger Religionsfrieden von 1555 wurde jetzt wiederhergestellt. In diesem Abkommen hatte man sich darauf verständigt, die Spannungen der Reformation dadurch zu überwinden, dass künftig der Landesherr – wer sonst? – bestimmen sollte, welchen Glauben seine Untertanen praktizieren durften. Wer also beispielsweise im evangelischen Nürnberg dem Papst treu bleiben wollte, der musste ins katholische Bamberg umziehen. In seiner Heimatstadt bleiben konnte er nicht.

Deutschland war am Ende des Dreißigjährigen Krieges ein Flickenteppich aus einer Fülle von Territorien, in denen sich jeder Graf oder Freiherr auf seiner Streuobstwiese als sein eigener Papst und Kaiser fühlen durfte. Das Heilige Römische Reich Deutscher Nation existierte zwar noch, aber es war kaum mehr als eine leere Hülle. Die wirtschaftlichen Folgen des Krieges waren nach einem Jahrhundert noch spürbar. Da sich anderswo in Europa erfolgreiche Nationalstaaten herausbildeten, entwickelten die Deutschen mehr und mehr einen Minderwertigkeitskomplex, der im Laufe des 19. Jahrhunderts in überhitzten Nationalismus umschlagen sollte.

00:10

Ein Königreich zum Selbermachen

Friedrich von Brandenburg krönt sich eigenhändig zum König in Preußen

Eine Minute am 18. Januar 1701

Die Wintersonne taucht den Festsaal des Königsberger Schlosses in helles Licht und bringt das großzügig verteilte Blattgold zum Glänzen. Noch in der Nacht hatte es geschneit, ja aus einem sich räuspernden Himmel waren Hagelkörner auf den gefrorenen Boden geprasselt. Doch nun, am Dienstagmorgen, kurz vor neun, ist der Himmel königsblau.

Da öffnet sich die Doppeltür am Ende des Saales, und ein schmächtiges Männlein mit einer länglichen Nase und schmalen Lippen tritt herein. Er hat einen dunkelroten Rock an, der über und über mit Gold bestickt ist. Jeder Knopf ist mit einem Diamanten im Wert von 3000 Dukaten verziert. Über dem Rock trägt er einen Mantel aus hellrotem Samt, der mit edelstem Hermelin besetzt ist. Auch der Mantel ist überall mit Adlern und Kronen aus goldener Stickerei verschönert. Zusammengehalten wird der Überwurf von einer prachtvollen Agraffe, geschmückt mit drei riesigen Diamanten. Diese Steine kosten so viel wie eine ganze Tonne Gold.

Trompeten und Posaunen erschallen. Die im Saal versammelten Adeligen und Höflinge, allesamt in Festtagskleidung, halten ehrfurchtsvoll den Atem an. Langsam schreitet Friedrich von Brandenburg auf den großen Thronsessel in der Mitte des Raumes zu. Er genießt jeden Augenblick. Dann, als er Platz genommen hat, reicht ihm sein Oberkammerherr eine golden glitzernde Krone. Friedrich nimmt sie in beide Hände – und setzt sie sich selbst auf den Kopf. Anschließend lässt er den Blick durch den Saal schweifen. Mit einem leisen Raunen verneigen sich die Anwesenden.

Wieder erschallt Musik. Der neue König erhebt sich und begibt sich in einen der angrenzenden Räume. Dort wartet seine Gemahlin Sophie Charlotte auf ihn. Sie trägt ein Kleid aus Goldstoff, das mit Ponceau-Blumen durchwirkt ist. Sämtliche Nähte sind mit Diamanten besetzt, die Brust ist ein einziger Panzer aus Diamanten, daneben rechts ein Strauß schönster Perlen und über alledem ein hellroter Mantel mit goldenen Kronen und Adlern, ganz wie der des Königs. Friedrich setzt auch seiner Frau eine Krone auf. Dann schreiten beide ganz, ganz langsam zur Kirche, um sich unter Orgelbrausen von einem calvinistischen und einem lutherischen Geistlichen salben zu lassen.

Wie ein geschmückter Christbaum trat „Friedrich der Kleine“ – so verspotteten Historiker des 19. Jahrhunderts den ersten preußischen König – zur Krönungszeremonie an. Der überaus eitle und ganz unprotestantisch in die angenehmen Seiten des Lebens verliebte Spross des Hauses Hohenzollern wollte eine Krönungsfeier inszenieren, an die man noch Jahrhunderte später denken würde. Der Erfolg zeigt sich in diesen Zeilen einmal mehr. Doch wozu eigentlich das ganze Theater?

Kurz gesagt: Kurfürst Friedrich von Brandenburg, der Nachfolger des „Großen Kurfürsten“, hatte sich im Machtmonopoly der europäischen Adelshäuser zunehmend als Herrscher zweiter Klasse gefühlt. Und darunter entsetzlich gelitten. Es war zu demütigenden Szenen gekommen, wie etwa der Sache mit dem Stuhl. Bei einem Treffen mit dem englischen König Wilhelm III. von Oranien in Kleve hatte das angelsächsische Protokoll Friedrich doch tatsächlich einen schlichten Stuhl hingestellt. Sein gekrönter Gesprächspartner konnte indessen seine Hände auf bequemen Armlehnen ruhen lassen. Friedrich war stinksauer und zog sich zum Essen auf sein Zimmer zurück.

Aber auch beim Lieblingsspiel der damaligen europäischen Fürsten – Kriege führen und Grenzen verschieben – konnte Friedrich nicht so recht mithalten. Beim Pfälzischen Krieg, dem jüngsten Gemetzel um irgendeinen Gebietsanspruch, der im Laufe eines solchen Routinekrieges auch schon mal in Vergessenheit geraten konnte, hatten die Brandenburger zwar mitkämpfen dürfen. Doch bei den Friedensverhandlungen im holländischen Rijswijk war ihnen schnell klar gemacht worden, dass der Kuchen ohne sie neu verteilt würde.

Friedrich musste sich also dringend etwas einfallen lassen. Auf irgendeinen fremden Thron zu hoffen, wie er alle paar Jahrzehnte mal vererbt wurde, war angesichts der Konkurrenz unter den mächtigen europäischen Fürsten müßig. So hatte der Hohenzoller irgendwann die aberwitzige Idee, eines seiner eigenen Länder zu einem Königreich zu erheben. So würde er in die Rolle eines Königs hineinschlüpfen können, dachte er sich.

Nun hätten ja schon andere auf diese Idee kommen können. Die Sache war nur, dass auch die prachtvollste Krönung ohne anschließende diplomatische Anerkennung nur eine peinliche Entgleisung gewesen wäre. Irgendwann schien Friedrich aber den richtigen Hebel gefunden zu haben. Tief im Osten besaß er ein krisengeschütteltes Agrarland namens Preußen. Er hatte es vom letzten Ordensmeister des Deutschen Ordens, der ein Hohenzoller gewesen war, geerbt. Dieses Land lag praktischerweise außerhalb des Heiligen Römischen Reiches Deutscher Nation, innerhalb dessen die Hackordnung festgelegt war.

Wenn Friedrich sich nun in der Hauptstadt dieses Landes, die sinnigerweise Königsberg hieß, zum König krönen würde, dann wäre er zwar nur in dem entlegenen Preußen ein König, aber sicher hätte niemand etwas dagegen, wenn er seine Krone auch mal zu Hause trüge. Der Kurfürst von Sachsen hatte es schließlich genauso gemacht. Er hatte sich Polen einverleibt, dort die Königskrone empfangen und ließ sich nun von seinen Dresdnern mit „Majestät“ anreden.

Die ganze Sache konnte allerdings nur funktionieren, wenn der allmächtige deutsche Kaiser damit einverstanden war. Der hieß Leopold, saß in Wien, war Chef des Hauses Habsburg und über Friedrichs Plan zunächst nicht amüsiert. Man brauche keinen „neuen Vandalenkönig an der Ostsee", entgegnete er Friedrichs Diplomaten süffisant. Damit schienen die Bestechungsgelder an Wiener Spitzenbeamte in Höhe von 300 000 Talern wirkungslos verpufft zu sein.

Aber Leopold ließ sich dann doch weichkochen, und zwar mit einem überaus attraktiven Gratisangebot. Brandenburg würde Habsburg kostenlos mit 8000 Soldaten im Spanischen Erbfolgekrieg unterstützen. Da sich dieser Krieg langsam zu einer ernsteren Sache entwickelte, nahm der Kaiser das Angebot gerne an. Außerdem schätzte Leopold den Ehrgeiz Friedrichs realistisch ein. Dieser kleine Großkotz hatte offenbar noch einiges vor. Und da war es das Beste, ihn frühzeitig an Habsburg zu binden, um missliche militärische Bündnisse zu verhindern. Am 16. September 1700 stellte der Kaiser das sogenannte Krönungskonkordat für Friedrich von Brandenburg aus.

Da gab es für Friedrich kein Halten mehr. Fast sein kompletter Hofstaat, drei Kompanien des Garde du Corps und hundert Schweizer begleiteten den König und seine Frau ins rund 650 Kilometer entfernte Königsberg. Nach der Krönungszeremonie wurden auf dem Schlossplatz Ochsen gebraten, aus zwei Brunnen sprudelten 4000 Liter Wein, und 6000 Taler in silbernen und goldenen Münzen wurden buchstäblich unters Volk geworfen.

Sophie Charlotte, die ihrem Mann intellektuell weit überlegene Hannoveranerin, fand die ganze „Krönungskomödie", wie sie es nannte, absurd und würde ihrem Mann nie verzeihen. Vom Sterbebett ließ sie ihm sarkastisch übermitteln, er habe ja nun bald „Gelegenheit zu prachtvollen Beisetzungsfeierlichkeiten".

Insgesamt kostete die Krönung sechs Millionen Taler. Der Jahreshaushalt Brandenburgs bezifferte sich auf vier Millionen. In Ostdeutschland sind die Ansprüche eben immer mal wieder höher als die Wirtschaftskraft. Doch dieser Griff in die Geldschatulle zahlte sich am Ende aus. Innerhalb weniger Jahrzehnte wurde das zunächst belächelte Königreich Preußen zu einer echten europäischen Großmacht.

00:11

Die Gelehrten bitten zu Tisch

In Berlin wird die Sozietät der Wissenschaften feierlich eröffnet

Eine Minute am 19. Januar 1711

Leibniz kommt nicht. Und der König auch nicht. Doch den Gelehrten ist das egal. Mehr als zehn Jahre ist es her, dass der damalige brandenburgische Kurfürst Friedrich, der sich mittlerweile in Königsberg mit großem Pomp zum preußischen König gekrönt hat, die Stiftungsurkunde für eine „Sozietät der Wissenschaften" unterschrieben hat, die nach dem Willen ihres geistigen Vaters und Präsidenten Gottfried Wilhelm Leibniz der Royal Society in London und der Académie Française in Paris Paroli bieten soll. Zehn Jahre, das ist eine lange Gründerzeit, in der sich Prioritäten verschoben, Gelder verknappt, Bauvorhaben verschleppt und königliche Befindlichkeiten verändert haben.

So ist es denn nur ein versprengtes Häuflein von Wissenschaftlern, das sich an diesem Januarnachmittag auf den Weg zur Letzten Straße – der heutigen Dorotheenstraße mit den Abgeordnetenbüros des Bundestages – macht, wo in der Konferenzstube des neu errichteten Observatoriums die Eröffnungsfeier der Akademie stattfinden soll. Die beiden Mitglieder des Gründungskonzils, Daniel Ernst Jablonski und Johann Jakob Chuno, haben alles arrangiert, die Statuten kurzfristig noch einmal geändert und den Präsidenten Leibniz, der in Hannover tätig ist, kurz und knapp über die Zeremonie informiert. Das Erscheinen ihres Chefs halten die Wissenschaftler für verzichtbar. Und auch der König gibt sich lieber rauschenderen Festlichkeiten hin. Gestern hat er das zehnjährige Jubiläum seiner Königskrönung gefeiert, heute steht das nicht minder pompöse Ordensfest für die Ritter des Schwarzen Adlers auf dem Programm.

So kommt denn Staatsminister Marquard Ludwig von Printzen, der eigentlich seit dem Vormittag mit der höfischen Prominenz das Ordensfest feiert, zwischen Mittagessen und Kaffee bei den Gelehrten vorbei, um die Akademie der Wissenschaften zu eröffnen. Er wird an der Tür empfangen und dann die steile Holzstiege hinauf begleitet. In der festlich geschmückten Konferenzstube setzt er sich gemeinsam mit den Vorsitzenden der vier Klassen der Akademie – Mathematik, Naturwissenschaften, Sprache, Geschichte – an einen langen Tisch, hält eine kurze Rede und teilt dann die Schlüssel zu den Akademiegebäuden sowie die Siegel aus, die säuberlich aufgereiht auf dem Tisch bereit liegen. Die kleine Gruppe der Anwesenden applaudiert höflich, darunter der Hausgeistliche der englischen Botschaft als protokollarisch ranghöchster Gast. Es gibt noch eine zweite Rede, ein Gedicht wird vorgetragen, die schmucken Schaustücke werden herumgereicht – dann geht man zum gemütlichen Teil über.

Gottfried Wilhelm Leibniz gilt als der letzte Universalgelehrte, der in seinem Kopf den Geist und das gesamte Wissen seiner Zeit vereinte. Der 1646 in Leipzig geborene und dann vor allem in Hannover tätige Wissenschaftler und Diplomat war Philosoph, Mathematiker, Physiker, Historiker, Theologe und Jurist. Unter anderem. Er entdeckte das Unbewusste ebenso wie die Infinitesimalrechnung. Von sich selbst sagte er, er habe „beim Erwachen schon so viele Einfälle, dass der Tag nicht ausreicht, um sie niederzuschreiben“. Und Denis Diderot, der französische Aufklärer und Mitverfasser der berühmten „Enzyklopädie“, meinte Jahrzehnte später: „Dieser Mann allein hat Deutschland so viel Ruhm gebracht wie Platon, Aristoteles und Archimedes zusammen Griechenland.“

In der Philosophie war Leibniz der letzte Metaphysiker. Bei allem offensichtlichen und immer schneller voranschreitenden

Wandel der Erscheinungen glaubte er an die Einheit und Ganzheit der Welt. So wie er für sich selbst keinen Widerspruch darin sah, sich gleichermaßen mit den Naturphänomenen und mit Gott, mit Mathematik und Sprache, Medizin und Seelenkunde zu beschäftigen, wollte er auch den Kosmos als einen großen und auf Harmonie ausgelegten Zusammenhang begreifen. Mit seiner Lehre von der „Monade" als unveränderlichem Wesenskern der Dinge stellte er sich in die Tradition der Substanzmetaphysik des Aristoteles.

Dieser Gottfried Wilhelm Leibniz hatte eine Vision, die zu seinem Denken passte. Er wollte eine Gemeinschaft der besten Gelehrten aus allen Disziplinen schaffen, eine „Sozietät der Wissenschaften", in der sich durch Vernetzung und ständigen Austausch ihres Wissens alle gegenseitig befruchteten. Anders als in England oder Frankreich sollte diese Forschergemeinschaft eben nicht einseitig natur- oder geisteswissenschaftlich ausgerichtet sein. Vertreter aller, wirklich aller Wissensgebiete sollten miteinander diskutieren und voneinander lernen. Und das nicht im Elfenbeinturm, sondern „fürs Leben brauchbar", wie Leibniz schon 1676 in einer Denkschrift forderte.

Am liebsten hätte Leibniz eine gesamtdeutsche Akademie gesehen. Doch mit dem kaiserlichen Hof in Wien war so etwas nicht zu machen, dort regierte um 1700 die Intrige, und es zählte nur der handfeste Machtgewinn. Da kam Leibniz der Geltungsdrang des brandenburgischen Kurfürsten Friedrich zunutze, der gerade plante, sich zum König zu erheben und der auf geeignete Prestigeobjekte erpicht war. Bloß hatte der Kurfürst und spätere König, nachdem er einmal den Stiftungsbrief unterschrieben hatte, dann doch nicht so viel für die Wissenschaft übrig wie für seine höfischen Feste. Und als 1705 Königin Sophie Charlotte – nach der Schloss Charlottenburg benannt ist – starb, verlor Leibniz eine enge Freundin und wichtige Fürsprecherin.

Das Akademieprojekt dümpelte vor sich hin. Als im Januar 1711 endlich alle Gebäude schlüsselfertig waren, geriet die offizielle Eröffnung zu einer halbherzigen Veranstaltung im kleinen Rahmen, bei der Leibniz nicht einmal mehr erwünscht war. Einsam und enttäuscht starb er 1716 in Hannover.

Die Akademie gab es jetzt, aber es fehlte ihr an Gelehrten, um ihr den Geist einzuhauchen, den Leibniz sich gewünscht hatte, es fehlte ihr an Geld, und es fehlte ihr vor allem an Verständnis und Unterstützung seitens der preußischen Obrigkeit. Der nächste König, Friedrich Wilhelm I. – der „Soldatenkönig" –, war ein autoritärer Zuchtmeister und kauziger Frömmler, der die Wissenschaft als „leeren Formelkram und eitles Gepränge" bezeichnete. Als besondere Demütigung legte er der Akademie auf, die Kosten für die königlichen Narren zu bestreiten.

Erst sein Sohn und Thronfolger Friedrich, später „Friedrich der Große" und „der Philosoph von Sanssouci" genannt, verstand die Vision des Gottfried Wilhelm Leibniz und machte die Preußische Akademie der Wissenschaften zu einem geistigen Zentrum von europäischem Rang. Schon kurz nach seinem Regierungsantritt gab Friedrich der Akademie eine neue Struktur und setzte sich zum Ziel, die besten Köpfe nach Berlin zu holen. Die Akademie schrieb jetzt Preisaufgaben aus, mit denen sie ungelöste wissenschaftliche Probleme der Zeit öffentlich zur Diskussion stellte. Zu den Einsendern gehörten unter anderem Jean d'Alembert und Immanuel Kant.

Auch die Namen der Mitglieder konnten sich langsam sehen lassen. Neben Kant und d'Alembert zählten dazu der Mathematiker Leonhard Euler, der Philosoph Voltaire, der Staatswissenschaftler Charles Baron de Montesquieu oder die Schriftsteller Gotthold Ephraim Lessing und Christoph Martin Wieland.

Als 1815 unter dem übernächsten Preußenkönig die Universität Berlin gegründet wurde, musste die Akademie viele Funktionen an diese abtreten. Doch ihren Charakter als Denkfabrik behielt sie. Und die großen wissenschaftlichen Gemeinschaftsunternehmen – die sogenannten Kommissionen – trugen wesentlich zur Blüte der deutschen Wissenschaft im 19. Jahrhundert bei.

Alexander und Wilhelm von Humboldt fanden hier beste Bedingungen für ihre Arbeit vor. Der Historiker Barthold Georg Niebuhr zählte ebenso zu den Mitgliedern wie die Mathematiker Karl Friedrich Gauß und Pierre-Simon de Laplace, der Theologe Friedrich Schleiermacher, der Jurist Friedrich Carl von Savigny, der Altphilologe Friedrich August Wolf, der Zoologe Georges Cuvier oder der Astronom Friedrich Wilhelm Bessel. So hatte Leibniz es sich gewünscht – die besten Köpfe mit den unterschiedlichsten Forschungsschwerpunkten unter einem Dach vereint.

00:12

Zu Hilfe, zu Hilfe, sonst bin ich verloren!

Die junge Erzherzogin Maria Theresia tritt vor die ungarischen Stände

Eine Minute am 11. September 1741

Es ist elf Uhr vormittags im großen Saal des Pressburger Schlosses. Der Raum erstrahlt in barocker Herrlichkeit, die Samtvorhänge an den Wänden dämpfen das Gemurmel der Versammelten. Es sind in der Mehrzahl ergraute Herren, die sich hier, hoch über der Donau, eingefunden haben. Sie tragen pompöse Umhänge, viele davon mit Hermelin besetzt. Am Hosenbund hat jeder der Männer einen Säbel.

Alles blickt auf das Kopfende des Saales. Dort steht, auf einem Podest mit zwei Stufen, ein vergoldeter Thron unter einem gewaltigen dunkelroten Baldachin. Der Thron ist umringt von weiteren Männern, gekleidet in schwarzer Amtstracht und mit langen, weiße Perücken. Noch ist der Thron leer. Diese Männergesellschaft wartet auf ihren Monarchen. Und dieser Monarch ist – eine Frau. Die Erzherzogin von Österreich will die versammelten ungarischen Stände, den Macht ausübenden Adel, um militärische Unterstützung bitten.

Da kommt sie herein. Maria Theresia sieht jung, ja mädchenhaft aus. Durch das Spalier der Männer geht sie zum Thron, in sich gekehrt, und doch entschlossen. Als die Monarchin auf dem Thron sitzt, spricht als erstes der ungarische Hofkanzler. Er beklagt die ungerechten Angriffe auf das habsburgische Reich. Dann sichert der Primas als Sprecher der versammelten Stände der Monarchin die Hilfe Ungarns zu.

Schließlich spricht die Erzherzogin selbst. „Unsere Lage ist so betrübt“, sagt sie, „dass wir sie den Ständen nicht verhehlen können. Es geht um den Erhalt Ungarns, der heiligen Krone, unserer Person ...“ – da bricht ihre Stimme und Tränen laufen ihr übers Gesicht – „ ... und unserer Kinder. Von allen verlassen, vertrauen wir uns und unsere Kinder der Tugend und Treue der Ungarn an. In dieser Gefahr muss das Schwert ergriffen werden. Wir vertrauen fest auf die Stände, ihre Liebe und Treue und ihren Beistand.“

Da geht ein Raunen durch die Reihen der ungarischen Adeligen, und einer ruft: „Moriamur pro rege nostro Maria Theresia!“

Wir wollen sterben für unsere Herrscherin Maria Theresia“ – so oder ähnlich schwuren es die ungarischen Stände nach der wohl berühmtesten Heulszene der deutschen Geschichte. Die junge Maria Theresia war mit den Nerven am Ende. Als neue Chefin des Hauses Habsburg kam sie mit einem Haufen Sorgen im Gepäck nach Pressburg. Das heutige Bratislava, die Hauptstadt Sloweniens, gehörte bis 1919 zu Ungarn und war seit dem Mittelalter der Krönungsort der ungarischen Könige gewesen.

Tatsächlich war die hübsche 24-Jährige ganz schön in der Bredouille. Halb Europa wollte ihr den österreichischen Thron streitig machen. In Paris, Madrid, Berlin, München und Dresden hatte man längst begonnen, an den Rändern des Reiches zu knabbern. In jeder dieser Residenzen wollte man das Habsburgerreich am liebsten komplett übernehmen. Zu allem Überfluss war in Schönbrunn das Staatssäckel leer, die österreichischen Truppen waren weit verstreut, und wegen der dürftigen Besoldung waren die Soldaten wenig zum Kampf motiviert.

Preußens Friedrich II., ebenso neu im europäischen Machtkartell und kaum älter als Maria Theresia, war nun unter allen Feinden Österreichs am weitesten vorgeprescht. Er hatte Wien das wirtschaftlich hoch entwickelte Schlesien weggenommen. Maria Theresia war immer noch erschüttert. Ihr geliebtes Schlesien! Dieses preußische Ungeheuer von König!

Wie war es zu solch einer Situation gekommen? Maria Theresias Leben hatte als große Enttäuschung für den Hof und für die Österreicher begonnen. Leopold, der einzige Sohn Kaiser Karls VI. und damit der designierte Thronfolger, war überraschend gestorben. Alle hatten auf einen weiteren Jungen gehofft. Und dann kam ein Mädchen!

Ohne einen männlichen Thronerben würde die „Pragmatische Sanktion" greifen. Diese Urkunde hatte Karl am 19. April 1713 veröffentlicht. Sie sollte die Unteilbarkeit der Habsburgischen Länder für alle Zeiten sichern. Und sie sah eine weibliche Thronfolge für den Fall vor, dass es keinen männlichen Erben geben würde. Das konnte sich deshalb niemand wünschen, weil klar war, dass die übrigen europäischen Fürsten diese in den Augen einer männerdominierten Gesellschaft wackelige Regelung sofort zum Vorwand für Gebietsansprüche nehmen würden. In einer Zeit, als Boden der wichtigste Produktionsfaktor war, gierten alle nach mehr Land – so wie später, in der Industriegesellschaft, keiner genug Geld haben konnte.

Karl spekulierte nun darauf, dass seine Frau ihm noch einen weiteren Sohn gebären würde. Für den Ernstfall, dass eines Tages tatsächlich Maria Theresia regieren müsste, traf er kaum Vorsorge. Er behandelte seine Tochter vielmehr so, wie es François Fénelon, der Hofpädagoge Ludwigs XIV. in Versailles, in seinem Buch über die Mädchenerziehung empfohlen hatte: „Wer die schwächeren Seiten des weiblichen Geistes kennt, wird es nicht für angezeigt halten, junge Mädchen mit Studien zu beschäftigen, die ihren Kopf verdrehen können. Sie brauchen ja später weder den Staat zu regieren noch Krieg zu führen noch ein geistliches Amt anzutreten."

Von wegen. Alles kam anders. Maria Theresia erbte den Thron und nahm darauf auch Platz. Zur allgemeinen Überraschung traute sich die junge Frau nämlich das Regieren zu. Und ihr Mann Franz Stephan, ein junger, hübscher, aber eher naiver lothringischer Herzog, hatte sich mit dem im Alltag lediglich dekorativen Kaisertitel zu begnügen – den kein deutscher Kurfürst jemals einer Frau überlassen hätte. Ansonsten musste „Franzl“ den Vorstellungen der Gattin folgen.

Die Situation, die Maria Theresia bei ihrem Regierungsantritt vorfand, war nun tatsächlich zum Heulen. Rückblickend schrieb sie, kaum jemals in der Geschichte habe ein gekröntes Haupt seine Regierung unter schwierigeren Umständen antreten müssen. Allerdings schreckte sie davor keineswegs zurück: „Gleich anfangs setzte ich mir vor, die mir obliegenden Regierungsgeschäfte ruhig und standhaft zu unternehmen und allein auf Gott zu trauen, dessen Allmacht ohne mein Zutun noch Verlangen mich zu diesem Stand auserwählt.“

Maria Theresia, der wohl jeder abnahm, wie sehr sie den Frieden liebte, musste das Regierungshandwerk nun in Kriegszeiten lernen. Erst führten die Zweifel an der „Pragmatischen Sanktion“ zum Österreichischen Erbfolgekrieg, dann folgte kurz darauf der Siebenjährige Krieg. Zu ihrem Glück fand Maria Theresia – nicht nur in Ungarn – Verbündete und ließ sich durch all diese Gemetzel nicht unterkriegen. Zu ihren bleibenden Erfolgen zählte, das Habsburgerreich für die nächsten 100 Jahre gefestigt zu haben.

Und als hätte sie nicht Probleme genug gehabt, wurde diese erste Frau an der Spitze eines deutschen Staates auch noch so etwas wie eine Mutter der Nation – geliebt und verehrt vom österreichischen Volk. Innerhalb von 20 Jahren brachte sie 16 Kinder zu Welt. „Man kann nie genug haben“, sagte sie einmal, als sie auf ihren Kinderreichtum angesprochen wurde.

Ihrem Ehemann war sie stets treu. Franz Stephan dagegen nahm es mit dem Eheversprechen nicht ganz so genau, was Maria Theresia dank eines ausgeprägten Spitzelwesens am Wiener Hof auch wusste. Im Jahr 1747 gründete sie deshalb die „Keuschheitskommission“, ein Sonderkommando der Geheimpolizei, das von nun an nicht nur das Intimleben ihres Mannes, sondern gleich das aller Österreicher überwachen sollte. Majestät, die allergnädigste Frau, saß eben immer am längeren Hebel.

00:13

Das „Musikalische Opfer“

Johann Sebastian Bach begegnet Friedrich II. von Preußen in Potsdam

Eine Minute am 7. Mai 1747

Der König duldet keinen Aufschub. Unbequem ist Johann Sebastian Bach, Kantor an der Thomaskirche in Leipzig und einer der produktivsten Musiker seiner Zeit, in der Kutsche nach Potsdam unterwegs gewesen. Der 62-Jährige, der an einer Augenkrankheit und an motorischen Störungen im rechten Arm leidet, der nicht mehr richtig sehen und bald keine Briefe mehr unterschreiben kann, ist müde. Er ist froh, seinen Sohn Carl Philipp Emanuel wiederzusehen, der hier in Potsdam als Kammercembalist in den Diensten König Friedrichs steht. Und er macht sich Hoffnungen, selbst eine Stelle am preußischen Königshof angeboten zu bekommen, weil er sich mit dem Leipziger Stadtrat nicht mehr gut versteht. Aber erst einmal will er sich ausruhen. Es ist Sonntagabend, Zeit, sich zurückzuziehen.

Aber der König hat keine Geduld. Als er hört, dass Johann Sebastian Bach in Potsdam eingetroffen sei, lässt er ihm den Befehl zustellen, sofort nach Sanssouci zu kommen. Der 35-jährige König ist in Hochstimmung. Gerade ist sein neues Schloss fertig geworden – er hat es den Ort „ohne Sorgen“ getauft. Vor einer Woche war der Umzug in das Rokokogebäude, das tatsächlich leicht und unbeschwert über einem idealisierten Weinberg zu schweben scheint. Friedrich, der Musikliebhaber und begeisterte Flötespieler, hat sein Sanssouci vollgestopft mit den modernsten Musikinstrumenten: 15 Klaviere der neuesten Generation – „Forte und Piano“ – des Baumeisters Gottfried Silbermann und sogar einige Orgeln des heimischen Meisters Joachim Wagner.

Friedrich kann es nicht abwarten, sie dem großen Bach vorzuführen und ihn ausprobieren zu lassen.

Die Hofgesellschaft – ausschließlich Männer, darunter einige sehr junge und hübsche – ist für die allabendliche Kammermusik versammelt, als der Thomaskantor eintrifft. Begeistert zeigt Friedrich ihm seine neuen Instrumente – doch der alte, kranke Mann kann die Leidenschaft des Königs nur schwer teilen. Da soll Bach wenigstens sein berühmtes Improvisationstalent unter Beweis stellen. Friedrich setzt sich an ein Klavier und gibt Bach ein Fugenthema vor, das dieser dreistimmig durchführen soll. Routiniert löst der Altmeister die Aufgabe. Da legt Friedrich nach und fordert von Bach eine sechsstimmige Durchführung. Bach legt die Stirn in Falten, überlegt einen Augenblick und gibt dem König dann zu verstehen, sein Thema sei so ausnehmend schön, dass er es für ihn ordentlich zu Papier bringen und anschließend in Kupfer stechen lassen wolle. Dann steht Bach vom Flügel auf und bittet, ihn zu entschuldigen.

Als Johann Sebastian Bach nach Leipzig zurückgekehrt war, machte er sich sofort daran, die ihm vom preußischen König vorgegebene Melodie zu einer dreistimmigen und einer sechsstimmigen Fuge auszuarbeiten. Sorgfältig fügte er noch zehn Kanons und eine viersätzige Triosonate hinzu, in die er alle möglichen musikalischen Schikanen einbaute. Überall in der kleinen Sammlung von Stücken schien das königliche Thema hindurch.

Als Bach zufrieden war, ließ er die Noten wie versprochen in Kupfer stechen und drucken. Er nannte sein Werk das „Musikalische Opfer", denn es sollte eine Gabe für den König sein, der ihm – so glaubte Bach – den Auftrag erteilt hatte. „Auf Anordnung des Königs die Melodie; und das Übrige gemäß der Kunst des Kanons erfüllt", schreibt Bach in lateinischer Sprache über seine Fugen. So schreibt ein Handwerker, der seinen Auftrag erfüllt hat, kein selbstverliebter Künstler. Pflichtschuldig schickte Bach die Noten nach Potsdam – und erhielt von Friedrich nie einen Dank oder auch nur eine Empfangsbestätigung.

Tatsächlich hatte Johann Sebastian Bach zu Lebzeiten keinen überragenden Ruf als Komponist. Seine Zeitgenossen Georg Friedrich Händel oder Georg Philipp Telemann machten da schon eher Furore. Bach wurde vielmehr als Interpret gefeiert, er galt als Genie der musikalischen Improvisation und als großer Kenner der unterschiedlichen Instrumente. Deshalb lud Friedrich ihn auch nach Potsdam ein – Bach sollte spielen, die neuesten Instrumente begutachten und auf ihnen improvisieren. Für die Kunst der Komposition hatte Friedrich andere, vor allem seinen ehemaligen Flötenlehrer und jetzigen Hofkomponisten Johann Joachim Quantz.

Ein Komponist galt ohnehin nicht viel zu dieser Zeit, mochte er auch so genial und produktiv sein wie ein Johann Sebastian Bach. Kein Wunder, dass über die Biografie Bachs kaum mehr überliefert ist als die nüchternen Fakten, die mit seinen jeweiligen Anstellungen, zuletzt in Leipzig, zu tun hatten. Bach blieb lange ein Geheimtipp unter Musikern. Wolfgang Amadé Mozart und Ludwig van Beethoven erkannten seine Größe und schulten ihr eigenes Können an seinen Werken. Aber so richtig populär machten ihn erst die Romantiker, allen voran Felix Mendelssohn Bartholdy, der 1829 eine rekonstruierte Fassung der „Matthäuspassion" aufführte. Seit dieser Zeit ist Bach aus dem deutschen Musikleben nicht mehr wegzudenken. Aber das war 80 Jahre nach Bachs Tod.

Der Kontrast zu dem Rang, den Friedrich II. von Preußen schon zu Lebzeiten bekleidete, könnte kaum größer sein. Friedrich machte aus Brandenburg-Preußen, „des Heiligen Römischen Reiches Streusandbüchse", wie man über das karge Land mit den sandigen Böden spottete, eine europäische Großmacht.

„Ich nehme mir wie Alexander der Große stolz neue Welten zu erobern vor", hatte Friedrich schon als 20-jähriger Kronprinz in einem Brief geschrieben. Und als er 1740 auf den

Thron gekommen war, dauerte es nur wenige Monate, bis er sich mit einem Angriffskrieg gegen Österreich das wirtschaftlich hoch entwickelte Schlesien unter den Nagel riss. Zeitlebens setzte er seine außenpolitischen Interessen knallhart und mit militärischen Mitteln durch. Mollwitz, Hohenfriedberg, Lobositz, Rossbach, Leuthen, Horndorf, Liegnitz und Torgau heißen die Orte seiner Siege auf dem Schlachtfeld. Das war der eine Friedrich.

Der andere Friedrich textete noch ein Jahr vor seinem Regierungsantritt in einem auf Französisch „Zurückweisung des Fürsten Machiavelli" genannten Elaborat, ein König dürfe niemals den verhängnisvollen Ruhm von Eroberern dem Ruhm vorziehen, den Güte, Gerechtigkeit und Nachsicht einbrächten. Er frage sich, was einen Menschen dazu veranlassen könnte, „seine Größe im Elend und in der Vernichtung anderer Menschen zu sehen".

Friedrich sah sich gern als einen „aufgeklärten" Monarchen, der sich der Literatur und der Philosophie hingibt und seine Herrschaft an den Idealen von Recht und Gerechtigkeit gemessen sehen möchte. Tatsächlich schaffte er die Folter weitgehend ab und setzte Religionsfreiheit durch. Er machte die Akademie der Wissenschaften im Geiste Leibnitzens zu einem geistigen Zentrum und ließ den von seinem Vater, dem „Soldatenkönig", verbannten Philosophen Christian Wolff zurückkehren.

Friedrich veranlasste eine umfassende Rechts- und Verwaltungsreform, holte ehrgeizige Immigranten ins Land und hob ein beeindruckendes Programm der Wirtschaftsförderung aus der Taufe. Um das alles zu finanzieren, legte Friedrich der Bevölkerung eine nie gekannte Steuerlast auf. Der allzuständige Abgabenstaat war perfekt – und durchaus erfolgreich. Für das Murren seines Volkes hatte Friedrich nie Verständnis. Und er duldete keinen Widerspruch. Auf der Liste derjenigen, die er wegen missliebiger Äußerungen verhaften oder verbannen ließ, finden sich so bekannte Namen wie Herder, Lessing,

Klopstock, Wieland, Winckelmann oder – Bach. Carl Philipp Emanuel Bach.

Die Begegnung Friedrichs mit dessen Vater Johann Sebastian Bach im Jahr 1747 ließ zwei Charaktere aufeinander treffen, wie sie für das Deutschland nach der Reformation und nach dem Dreißigjährigen Krieg prägend geworden waren. Der eine war ganz Privatmann, unpolitisch, hoch begabt, in sich gekehrt, fromm, fleißig, nur auf die Gnade Gottes vertrauend – kurz: der Geistmensch. Der andere war ganz Staatsmann, dominant, rational, effizient, brutal, väterlich, weinerlich, rechthaberisch bis zur Borniertheit – kurz: der Machtmensch.

Woran es Deutschland fehlte und noch auf lange Zeit fehlen würde, waren Menschen, die ihre geistigen Talente mit praktischer Klugheit zu verbinden wissen. Die aus eigenem Antrieb Verantwortung für die Gemeinschaft übernehmen. Die nicht der höheren Moral, sondern dem besseren Argument den Vorzug geben. Woran es Deutschland fehlte, waren Demokraten.

00:14

Wozu sich mit Geschichte beschäftigen?

Friedrich Schiller tritt als neuer Professor in Jena ans Pult

Eine Minute am 26. Mai 1789

Die Studenten stehen bis auf die Straße. Alle, aber auch alle scheinen bei der ersten Vorlesungsstunde des neuen Professors dabei sein zu wollen. Es ist halb sechs am Abend. Um Punkt sechs will Friedrich Schiller seine Vorlesung „Einführung in die Universalgeschichte" beginnen, die er für den Rest des Semesters jeden Dienstag- und Mittwochabend jeweils eine Stunde lang halten wird. Die Uhrzeit ist dem 29-jährigen Dozenten gerade recht, ist er doch seit Jahren gewohnt, mittags aufzustehen, nachmittags bis in den frühen Abend seinen Geschäften nachzugehen und sich dann nachts seiner eigentlichen Arbeit zu widmen – dem Schreiben, dem Philosophieren und dem Nachdenken über Geschichte.

Doch an den Beginn der Vorlesung ist überhaupt nicht zu denken. Hunderte drängeln, schubsen und fluchen vor der Eingangstür zum „Reinholdschen Hörsaal" – der kaum geräumiger ist als ein bürgerliches Wohnzimmer – in der Jenaer Johannisstraße. Es hat keinen Zweck. Der Raum, den die Leitung der kleinen, aber renommierten Thüringer Universität dem Dozenten zugewiesen hat, ist viel zu klein. Was tun? Schiller weiß keinen Rat.

Da kommt ihm der Theologieprofessor Johann Jakob Griesbach zu Hilfe. Er besitzt den größten privaten Hörsaal in Jena, einen flachen Anbau an seinem großzügigen Wohnhaus am Löbdergraben, der ehemaligen Kanzlei des Schlosses. Griesbach bietet Schiller diesen Raum an – und der willigt erleichtert ein. Kaum haben die Studenten das mitbekommen, rennen sie auch schon johlend die Straße hinunter in Richtung Griesbachsches Auditorium. Jeder will den besten Platz! Die Bewohner des beschaulichen Städtchens sehen es erschrocken und fragen sich, was denn los sei. Unterdessen zieht Schiller wie an einer Ehrenwache vorbei in den Hörsaal ein, der eigentlich immer noch zu klein ist.

Dann, endlich, tritt der hochgewachsene Mann mit dem schulterlangen Haar und dem offenen Kragen ans Pult. Schlagartig wird es still. „Erfreuend und ehrenvoll ist mir der Auftrag", wendet sich der Professor an seine Zuhörer, „an Ihrer Seite künftig ein Feld zu durchwandern, das dem denkenden Betrachter so viele Gegenstände des Unterrichts, dem tätigen Weltmann so herrliche Muster zur Nachahmung, dem Philosophen so wichtige Aufschlüsse und jedem ohne Unterschied so reiche Quellen des edelsten Vergnügens eröffnet". Schiller meint die Geschichte der Menschheit als solche.

Schiller – war ein Jugendidol. Der selber noch jugendlich wirkende Schriftsteller, Historiker und Philosoph hatte die junge Generation im Südwesten Deutschlands in ekstatische Erregung versetzt. In einem zeitgenössischen Bericht über die Uraufführung seines ersten Stücks in Mannheim am 13. Januar 1782 heißt es: „Das Theater glich einem Irrenhaus – rollende Augen, geballte Fäuste, stampfende Füße, heisere Aufschreie im Zuschauerraum! Fremde fielen einander schluchzend in die Arme, Frauen wankten, einer Ohnmacht nah, zur Tür."

Tokio Hotel? Nein, „Die Räuber", ein Stück über einen Spross aus adeligem Haus, der sich mit seiner Herkunftsfamilie überwirft, Verwandtschaftsbeziehungen als den „possierlichen Schluss von der Nachbarschaft der Leiber auf die Harmonie der Geister" bezeichnet und als bekennender Kopf einer Bande von Provinzterroristen endet, nicht ohne vorher die

Tochter eines reichen Bankiers entjungfert und ihren Verlobten im Duell abgeknallt zu haben.

Dass der Autor dieses Dramas ihr Professor wurde, riss die Studenten in Jena zu Begeisterungsstürmen hin. Es war 1789, das Jahr der Französischen Revolution, und eine ungeheuere Aufbruchstimmung lag über ganz Europa. Mit der Despotie der adeligen Landesherren musste endlich Schluss sein! Das Bürgertum rüttelte an den Türen der Macht. Noch besaß es keinen politischen Einfluss. Aber es besaß Bildung! Anstand! Menschlichkeit! Mehr als das ganze herrschsüchtige Adelspack zusammen. So sahen es zumindest die jungen Bürgersöhne, die an den von Adeligen finanzierten Universitäten studierten.

Schiller – war der vielleicht bürgerlichste Rebell der deutschen Geschichte. „Wahre politische Freiheit ist das vollkommendste Kunstwerk“, schrieb er. Aber vor den Folgen der Französischen Revolution, der Guillotine, der Herrschaft der Straße, würde es ihn bald grausen. Schönheit, Tugend und Sitte waren dem Dichter der Freiheit heilig.

Als Schiller 1794 zwei Wochen im Haus Goethes verbrachte, vertuschte dieser die Beziehung zu seiner Lebensgefährtin Christiane Vulpius. Eine „wilde Ehe“ aus der Nähe mitzuerleben wäre Schiller ein Gräuel gewesen. Er, der aus kleinen Verhältnissen kam und anders als Goethe seine Talente zu Geld machen musste, um etwas zu essen zu haben, war eben kein bloßer Aufrührer. Verstand und Gefühl, Aufklärung und Romantik, Ordnung und Leidenschaft gehörten für ihn zusammen, bildeten zwei Seiten derselben Medaille.

Doch auch der Idealist Schiller kam nicht ohne Pragmatismus aus. Der Idee, ihn zum Geschichtsprofessor zu machen, stimmte er zu, obwohl er das Fach nicht als seine größte Stärke empfand. Und mit dem Umstand, gänzlich ohne Honorar lehren zu müssen, fand er sich zähneknirschend ab, weil er hoffte, seinen Bekanntheitsgrad und damit seinen Erfolg als Autor zu steigern.

Schiller – gilt heute als deutscher Nationaldichter. Neben Goethe, mit dem er oft in einem Atemzug genannt wird, obwohl ihn mit diesem locker befreundeten Staatskünstler charakterlich wenig verband. Das Jahr 2005 markierte Schillers 200. Todestag, was einigen Grund genug war, es zum „Schillerjahr“ zu erklären. Die zentrale Gedenkfeier fand im „Berliner Ensemble“, dem Theater am Schiffbauerdamm, statt.

Lassen Sie mich offen zu Ihnen sein: Ich habe diesen Sonntagvormittag nicht unbedingt als Sternstunde in Erinnerung. Das Konzept der Veranstaltung bestand darin, eine Rede des Bundespräsidenten mit einer Art Talkshow auf der Bühne zu kombinieren. So trat denn zunächst das Staatsoberhaupt ans Pult und setzte seine Worte ab wie schwäbische Basaltblöcke. Ein aus dem Fernsehen bekannter Moderator leitete dann in einem Tonfall, wie er in seiner Schnodderigkeit keinen größeren Kontrast hätte bilden können, zum vielstimmigen Teil über.

Das Staatsoberhaupt sagte manchen klugen Satz, konnte aber der Versuchung nicht widerstehen, mit Schiller als Gewährsmann einmal so richtig gegen das moderne Regietheater zu wettern, das unsere edlen Klassiker ja zerstückelt und besudelt. Ausgerechnet hier – in Brechts Theater, dem ehemaligen Nationalheiligtum der DDR, wo der Preußenadler an der Wand immer noch demonstrativ mit roter Farbe überpinselt ist – rief der Präsident dem Publikum zu: „Ein *ganzer* Schiller – das wäre doch was!“

Doch damit hatte ihn sein Redenschreiber genau über dem Fettnapf positioniert. Prompt konterte im Talkshowteil der Schiller-Biograf, seinen Dichter aus dem Kopf zitierend: „Kürzen darf man immer!“ Und der Theaterintendant schleuderte dem Staatsoberhaupt, das in der ersten Reihe Platz genommen hatte, nun von der Bühne herab seinen Protest zu – in einem Ton, als zanke er sich mit einem Köpenicker Lieferwagenfahrer um eine Parklücke. Der Feuilletonchef einer überregionalen Tageszeitung bewahrte dagegen vornehmste Haltung und wollte in wohlüberlegten Schachtelsätzen auf irgendetwas hinaus, das ich nicht verstanden habe – vielleicht saß ich zu weit hinten?

Armer Schiller! Doch halt – hat er nicht die Menschen zu derlei ermutigt? Schiller hat Geschichte und Tradition einigermaßen respektlos geplündert und sich überall das herausgesucht, was nach seinem Geschmack war. Woraus sich eine gute Story machen ließ. Und womit er Geld verdienen konnte. Er ergriff Partei – und legte sich die historischen Tatsachen in seinen Dramen und Abhandlungen gern auch einmal so zurecht, wie es seinem Anliegen dienlich war.

Schillers Antrittsvorlesung in Jena wurde später unter dem Titel „Was heißt und zu welchem Ende studiert man Universalgeschichte?" veröffentlicht. Tja, wozu sich mit Geschichte befassen? Für Schiller war die Antwort klar. Um etwas für die Gegenwart zu lernen. Und was lehrt einen die Geschichte? Dass die Freiheit des Individuums sich über die Jahrhunderte mehr und mehr Bahn bricht, trotz aller Rückschläge, trotz aller immer wieder aufkommenden Tyrannei. Schaut auf die Geschichte, scheint Schiller seinen Zeitgenossen zuzurufen, und entflammt vor Leidenschaft für die Sache der Freiheit!

Das alles konnte in Deutschland nicht so stehenbleiben. Für die großen Historiker des 19. Jahrhunderts – allen voran Barthold Georg Niebuhr und Leopold von Ranke – war Schiller Schreckbild, nicht Vorbild. Was hatte sich dieser Parvenü da angemaßt? Über Geschichte zu schreiben, bevor er im tiefsten Archivkeller die letzte Quelle eigenhändig vom Staube befreit hatte! Dinge hinzuzuerfinden, die er gar nicht wissen konnte, und diese auch noch literarisch auszuschmücken! Für die nun an den Naturwissenschaften orientierten akademischen Kreise war Schiller überhaupt kein echter Historiker. Denn was Ranke an Geschichte interessierte, war allein, „wie es wirklich gewesen war". Zahlen, Daten, Fakten, bitte!

Schiller wusste es besser. Und war moderner. Ihm war klar: Wie es „wirklich" gewesen ist, können wir gar nicht wissen! Es ist ja tatsächlich so: Selbst wenn eine Zeitmaschine uns in die Vergangenheit versetzte, brächten wir dahin unsere heutigen Erfahrungen, Geschmäcker und Urteile mit. Wir könnten dann zwar sehen, was damals äußerlich geschehen ist. Aber wir könnten es immer noch nicht so sehen, wie es die Menschen von damals erlebt haben. Uniformen zum Beispiel, die Bürger einmal eingeschüchtert haben, fänden wir vielleicht bloß schick. Deshalb kommen heutige Regisseure ja überhaupt auf die Idee, bei Schillerinszenierungen Schauspieler in Naziuniformen zu stecken – um wenigstens einen vergleichbaren psychologischen Effekt zu erzielen.

Schiller bekannte sich lieber gleich dazu, dass es „die Geschichte" nicht gibt, sondern nur Geschichtsdeutungen, die Menschen der Gegenwart in ihrem Denken und Fühlen weiterbringen – oder eben nicht. „Diejenige Meinung siegt, welche dem Verstande die höhere Befriedigung und dem Herzen die größere Glückseligkeit anzubieten hat", schrieb er einmal. Und er war sich nicht zu schade, dem Publikum auch den Wunsch nach Unterhaltung zuzugestehen. Denn welch „reiche Quellen des edelsten Vergnügens" bietet doch die Geschichte!

00:15

Und er teilt sich doch!

Alexander von Humboldt entdeckt die Gabelung des Orinoko

Eine Minute am 20. Mai 1800

Die Männer wissen längst nicht mehr, wo sie sich befinden. Das heißt, in einem rein abstrakten, mathematischen Sinn können Alexander von Humboldt und sein Reisegefährte Aimé Bonpland ihren Standort durchaus bestimmen. Jederzeit sogar. Schließlich führen sie 50 der modernsten Messinstrumente ihrer Zeit mit sich, die es unter anderem erlauben, Längen- und Breitengrad der eigenen Position zu ermitteln. Die wissenschaftlichen Geräte beanspruchen den meisten Platz in der Piroge, einem gut zwölf Meter langen ausgehöhlten Einbaum, mit dem der Deutsche und der Franzose auf dem Casiquiare unterwegs sind.

Aber die zehn Indianer, die den Einbaum rudern und steuern, kennen sich hier nicht mehr aus. Es gibt keine Anhaltspunkte, anhand derer sich die Landschaft einordnen, mit Vertrautem verknüpfen ließe. Und sie haben erst recht keine Namen für die Orte, an denen sie seit dem 14. Mai vorbeigekommen sind. Tag für Tag zeigt sich das gleiche Bild: Die Piroge gleitet auf dem 400 Meter breiten, ruhigen Fluss dahin. Links und rechts an den Ufern stehen die Bäume so eng und sind so dicht belaubt, dass sie den Flusslauf wie riesige Kaimauern eines Hafenbeckens eingrenzen.

Jeden Abend müssen die Männer an Land, um ihr Nachtlager aufzuschlagen. Manchmal dauert es über eine Stunde, bis sich ein Fleck findet, an dem die Vegetation wenigstens ein bisschen aufgelockert ist, damit die Indianer dort mit Äxten Platz für zwölf Personen schaffen können. Mühsam entzünden sie aus dem feuchten Holz leuchtende Feuer gegen die wilden Tiere. Niemand kann die Mückenstiche auf seiner Haut zählen. Gesicht und Hände sind eine einzige schmerzende und juckende Schwellung. Der heftige Regen und der Nahrungsmangel sind nichts dagegen. Gegen den Niederschlag bilden die dichten Bäume ein natürliches Dach, und den Hunger mildert eine Prise trockener, geriebener Kakao.

Dann, endlich, der Anblick, auf den Humboldt so lange gewartet, für den er alle diese Strapazen auf sich genommen hat. In sein Reisetagebuch notiert er: „Die Nacht des 20. Mai, die letzte unserer Fahrt auf dem Casiquiare, brachten wir an der Stelle zu, wo der Orinoko sich gabelt.“

Mit nicht mehr als diesem nüchternen Eintrag in sein Notizbuch beschrieb Alexander von Humboldt den Augenblick, in dem er das wichtigste Ziel seiner rund fünfjährigen Expedition nach Südamerika erreicht hatte. So dokumentierte er die wissenschaftliche Sensation. Seinen persönlichen Triumph. „Die Nacht brachten wir an der Stelle zu, wo der Orinoko sich gabelt“, schrieb er. Als sei es das Selbstverständlichste der Welt. Und als hätten nicht alle, wirklich alle Experten bestritten, dass eine solche Gabelung eines Stroms – eine Bifurkation – möglich sein könnte.

Doch Humboldt war sich dessen immer sicher gewesen. Nun hatte er den Beweis. Der Orinoko, mit 2140 Kilometern einer der längsten Flüsse Südamerikas, gabelt sich mitten im tropischen Regenwald. Der Casiquiare fließt aus ihm hinaus. Irgendwann mündet der Casiquiare in den Rio Negro. Und dieser wiederum fließt in den Amazonas. Damit sind Orinoko und Amazonas, die beiden gewaltigen Ströme, miteinander verbunden. Diese Vorstellung hatten sämtliche europäische Wissenschaftler für absurd gehalten.

Doch was brachte den Sohn eines preußischen Offiziers

überhaupt dazu, im Urwald nach der Gabelung eines Flusses Ausschau zu halten? Um 1800 überkam die Menschen ein Forscherdrang, wie man sich ihn heute kaum noch vorstellen kann. Man stürzte sich auf die Natur wie in ein großes Abenteuer und wollte alles wissen, alles wägen und messen, alles einordnen und verstehen.

Alexander von Humboldt darf als der größte Kopf dieser Bewegung gelten. Sein Wissensdrang, seine Energie, sein Durchhaltevermögen und seine Leidensfähigkeit, aber auch seine Intelligenz, seine Bildung und sein kluges Urteilsvermögen machten ihn für seine Zeitgenossen zu einer Ausnahmepersönlichkeit und beinahe zu einem Volkshelden.

Bei aller Begabung, die Humboldt zweifellos besaß, war sein Erfolg kein Zufall, sondern das Produkt genauester Planung und größter Arbeitsdisziplin. Das war gewissermaßen das Preußische an ihm, das ihn von den Abenteurern und Hasardeuren, die sich zur selben Zeit in tropischen Breiten herumtrieben, deutlich unterschied. Gleichzeitig war Humboldt ein weltoffener und toleranter Mensch, der sich dadurch ebenso deutlich von einer anderen Gruppe Weltreisender unterschied – den katholischen Missionaren, welche die Ureinwohner Südamerikas notfalls mit Gewalt auf den richtigen Glauben einschworen.

Nach dem frühen Tod ihres Mannes setzte Marie Elisabeth von Humboldt alles daran, ihren Söhnen Alexander und Wilhelm – der zwei Jahre älter war und später als Bildungsreformer und geistiger Vater der Universität Berlin in die deutsche Geschichte eingegangen ist – eine glänzende Karriere zu ermöglichen. Wobei Karriere in Preußen zu Lebzeiten Friedrichs des Großen nur eine vorbildliche Laufbahn im Staatsdienst bedeuten konnte.

Alexander und der als begabter geltende Wilhelm mussten pauken, pauken, pauken. Sprachen, Mathematik, Physik, Ökonomie, Zeichnen, ja sogar Philosophie. Die Mutter griff tief in den Geldbeutel und organisierte eine Ausbildung durch Privatgelehrte, die den beiden Söhnen teilweise schon ein universitäres Niveau nahebrachte. Bereits als Jungendlicher lernte Alexander von Humboldt, dass er mit maximal vier Stunden Schlaf auskommen musste, wenn er alles schaffen wollte, was von ihm verlangt war und er selbst sich vorgenommen hatte. Dabei galt er als ziemlich kränklich. Niemand hätte geahnt, dass seine Konstitution einmal keine Tropenkrankheit würde beeinträchtigen können und er trotz aller Strapazen, die er sich in seinem Leben aufbürdete, knapp 90 Jahre alt werden würde.

Nachdem Humboldt auch sein offizielles Studium absolviert hatte, durcheilte er alle Ebenen des Staatsdienstes und war am Ende eine Art Topmanager des preußischen Bergbaus, dem er mit seinem Erfindungsreichtum eine ungeheure Effizienzsteigerung bescherte. Aber selbst der große Freiherr vom Stein, preußischer Spitzenbeamter und Bergbauexperte, konnte ihn weder mit Geld noch guten Worten im Staatsdienst halten.

Als Humboldt nach dem Tod der Mutter seinen Erbteil erhalten hatte, machte er wahr, was ihn schon lange umtrieb. Er wurde Forschungsreisender. Ohne den Segen des Staates und ohne Rückkehranspruch auf seine Beamtenstelle, vielmehr auf eigene Verantwortung. Er wollte sich auf den Weg machen, und die Zusammenhänge der Natur selbst erfahren. Er wollte alles wissen, was man durch Beobachten herausfinden kann, und es dann systematisch aufschreiben.

Paris war damals der Nabel der wissenschaftlichen Welt. Hier bereitete Humboldt seine Reise vor, und hier begegnete er seinem künftigen Gefährten, dem Botaniker Bonpland. Aber wer nach Südamerika wollte, musste sich mit den Spaniern gut stellen. Humboldt sprach nicht nur perfekt Spanisch, sondern machte am spanischen Hof auch einen so hervorragenden persönlichen Eindruck, dass der König ihm einen Diplomatenpass allererster Klasse ausstellte, bei dessen Anblick noch der letzte Provinzgouverneur im tropischen Regenwald die Hacken zusammenschlagen musste.

Geld von irgendwelchen Fürstenhäusern nahm Humboldt jedoch nie. Er finanzierte alle seine Expeditionen sowie seine Veröffentlichungen rein privat. So verbrauchte er über die Jahre sein Vermögen. Doch seinen Idealen tat das keinen Abbruch.

„Seit ich den Orinoko und den Amazonenstrom verlassen habe“, schrieb er in seinem Reisebericht, „bereitet sich für die gesellschaftlichen Verhältnisse des Okzidents eine neue Ära vor. Auf den Jammer der Zwiste werden die Segnungen des Friedens und eine freiere Entwicklung aller Gewerbetätigkeit folgen. Da wird denn die europäische Handelswelt jene Gabelteilung des Orinoko ins Auge fassen. Ein Land, neun- bis zehnmal größer als Spanien und reich an den mannigfaltigsten Produkten, kann mittels des Naturkanals des Casiquiare und der Gabelteilung der Flüsse nach allen Richtungen hin befahren werden.“

Kein Zweifel: Das bürgerliche Zeitalter war angebrochen. Eine Entdeckung war zwar ein Wert an sich, wenn es galt, „den Geist der Natur zu ergreifen, welcher unter der Decke der Erscheinungen verhüllt liegt“, wie Humboldt an anderer Stelle schrieb. Aber jede Entdeckung wurde auch daraufhin abgeklopft, welche wirtschaftlichen Chancen sich daran knüpften. Chancen nicht für Fürsten, mit ihren Armeen einzufallen und Länder ausplündern. Sondern Chancen für tatkräftige und risikobereite Bürger, Handel zu treiben und Wohlstand zu schaffen.

00:16

Der „Robin Hood vom Hunsrück"

Johannes Bückler, genannt Schinderhannes, wird hingerichtet

Eine Minute am 21. November 1803

Im Morgengrauen beginnen sie, die Guillotine aufzubauen. Der Richtplatz der Stadt Mainz liegt normalerweise jenseits des Gautors. Doch die französische Staatsmacht ist sich bewusst gewesen, welchen Zuschauerandrang es bei der Hinrichtung der Mitglieder der Schinderhannesbande geben würde. Und so hat Präfekt Jeanbon St. André den Vorschlag des deutschen Bürgermeisters befolgt und den Hinrichtungsort vor das Wiesenauer Tor gelegt. Hier stand einmal das Lustschloss der Mainzer Kurfürsten. Französische Soldaten haben jetzt dessen letzte Trümmer beseitigt und auf der leichten Anhöhe einen ausreichend großen, ebenen Platz geschaffen.

Kaum haben die Zimmerleute, umstellt von Infanterie, mit ihrer Arbeit begonnen, strömen die ersten Schaulustigen herbei. Die Handwerker errichten ein mannshohes, rundum geschlossenes und innen begehbares Schafott aus Holz. An einer Seite bringen sie eine Tür an. Hier werden Mediziner eintreten, die abgeschlagenen Köpfe und enthaupteten Leiber in Empfang nehmen und dann Experimente mit ihnen machen. Auf der anderen Seite bauen sie eine Treppe, über die der Scharfrichter und die Delinquenten das Gerüst betreten werden. Obenauf wird der hochmoderne Enthauptungsapparat des Pariser Arztes Joseph-Ignace Guillotin installiert. Aus fast vier Metern Höhe soll das Fallbeil, von Gewichten unter dem Schafott beschleunigt, herabsausen. Die abgetrennten Köpfe werden durch eine Klappe in einen Ledersack fallen.

Als gegen ein Uhr mittags der Zug der Verurteilten erscheint, haben sich 40 000 Menschen versammelt. Die fünf Leiterwagen mit den 20 zum Tode Verurteilten werden von einem starken Armeeaufgebot begleitet. Auf dem ersten Wagen sitzt ein Mann in einem roten Hemd mit einer weißen Kappe. „Das ist der Schinderhannes!“, hört man immer wieder aus der Menge, und hunderte Finger zeigen auf ihn. Er trägt das rote Hemd, wie sieben andere, als Zeichen des Mörders. Und die weiße Kappe, um ihn als den Anführer kenntlich zu machen. Johannes Bückler, wie er eigentlich heißt, wirkt ängstlich und doch gefasst. Er spricht mit einem evangelischen Geistlichen.

Der Zug hält vor dem Schafott. Bückler springt in einem Satz vom Wagen. Er besteigt als erster der Verurteilten das Schafott und betrachtet dabei aufmerksam die Guillotine. Da wendet er sich an das Volk und sagt: „Ich sterbe gerecht, aber zehn von meinen Kameraden verlieren ihr Leben unschuldig. Das ist mein letztes Wort.“

Um 1800 stand Europa politisch am Rande des Chaos. Frankreich hatte sich nach dem Sieg der Revolution von 1789 schrittweise in eine Polizeidiktatur verwandelt. Auf diesem Nährboden war der aus Korsika stammende Armeegeneral Napoleon Bonaparte im Jahr 1799 zum Alleinherrscher eines auf ihn zugeschnittenen Zentralstaats geworden. Nun überzog er Europa mit Krieg. Bei seiner endgültigen Niederlage gegen eine englisch-niederländisch-preußische Allianz bei Waterloo im Jahr 1815 waren ganze Landstriche Europas – vor allem auch Deutschlands – verwüstet wie zuletzt nach dem Dreißigjährigen Krieg.

Kaum hatten die Franzosen sich also ihrer mit absolutem Machtanspruch herrschenden Könige, Adeligen und Kleriker entledigt, hob das Volk einen aus seiner Mitte auf den Schild und machte ihn zum Diktator. Dies geschah durchaus im Sinn der revolutionären Parole von „Freiheit, Gleichheit und Brüderlichkeit“. Denn von nun an spaltet ein unterschiedliches

Freiheitsverständnis die politisch denkende Menschheit: Die einen – wie ein Schiller oder Humboldt – sehen Freiheit als die Möglichkeit des Individuums, in eigener Verantwortung aus sich zu machen, was in ihm steckt. Die anderen – wie die radikalen französischen Revolutionäre und ihre Bewunderer in ganz Europa – sehen Freiheit als den Aufbruch der Masse aus Armut und Not zu einem großen Gemeinschaftsprojekt der irdischen Gerechtigkeit. Damit stehen die politischen Lager der Moderne bereits fest.

Zeigte sich all das im Alltag der deutschen Landbevölkerung um 1800? Durchaus. Denn einerseits gab es immer mehr Armut. Ein Heer von Wirtschafsflüchtlingen durchzog das Land, die Unzufriedenheit wuchs und die Menschen sehnten sich nach sozialer Gerechtigkeit. Andererseits erweiterten die instabilen politischen Verhältnisse die Handlungsspielräume des Individuums schlagartig. In einem Zeitalter am Rande des Chaos konnte der Einzelne die Grenzen, innerhalb derer er sich allein Gesetz war, immer mehr verschieben, ohne Konsequenzen fürchten zu müssen.

In diesem gesellschaftlichen Klima entstanden zahllose „Räuberbanden“, unter denen die des Johannes Bückler die bekannteste war. Man schätzt heute, dass über 20 Prozent der Bevölkerung in dieser Zeit der Arbeitslosigkeit und des Hungers ihren Lebensunterhalt mit Diebstahl und Raub bestritten.

Johannes Bückler, der Sohn eines „Schinders“ – das heißt Abdeckers – war und deshalb „Schinderhannes“ genannt wurde, war nach seinen eigenen Aussagen während des Mainzer Prozesses praktisch seit seinem 14. Lebensjahr Intensivtäter. Er war Berufskrimineller und Anführer einer Bande, deren Mitgliederzahl über die Jahre wohl immer zwischen 15 und 35 Personen schwankte.

Seit 1800 befand sich Bückler auf der Flucht, doch den Franzosen, die im Zuge der napoleonischen Kriege das linksrheinische Deutschland annektiert hatten, fiel es schon schwer, die öffentliche Ordnung halbwegs aufrechtzuerhalten. Einen Kriminellen wie Bückler zu verhaften war da gar nicht so einfach. Zumal er sich auf Sympathien in der Bevölkerung stützen konnte. So lebte Bücklers Bande zeitweise auf einer halb verfallenen Burg über einem Tal im Hunsrück. In dem benachbarten Dorf waren Mitwisserschaft und Sympathie so ausgeprägt, dass man regelmäßig öffentlich den sogenannten „Räuberball“ feierte.

Beim Prozess im Mainzer „Palais de Justice“ wurden Bückler und den Angehörigen seiner Bande 96 Diebstähle, 71 Raube, 35 Erpressungen und neun Morde zur Last gelegt. Das waren natürlich nur jene Delikte, für welche die Behörden ausreichende Beweise hatten. Am Schluss wurden 20 Todesurteile gefällt und vollstreckt. Bückler, der in der Hoffnung auf eine Begnadigung durch Napoleon während des Prozesses mit den Behörden umfassend kooperiert hatte, hielt die Hälfte davon für Justizmorde, wie er in seinen letzten Worten kundtat. Weitere 20 Angeklagte wurden zu langjährigen Haftstrafen verurteilt. Und wiederum rund 20 Beschuldigte wurden freigesprochen.

Die Hinrichtung des „Schinderhannes“ trug nicht nur Züge eines Volksfestes, sondern war auch der Höhepunkt eines beispiellosen Medienrummels. Die Zeitungen machten alle Einzelheiten des Prozesses und der Exekution publik. Seitdem ist die Sensationsberichterstattung über spektakuläre Kriminalfälle fester Bestandteil der Populärkultur.

Ohnehin war Johannes Bückler zu einer Identifikationsfigur für viele im Leben tatsächlich oder vermeintlich zu kurz Gekommene geworden. Er nahm sich, was er wollte, und da dachten sich viele: Das würde ich auch gerne! So entstand der Mythos vom „Robin Hood vom Hunsrück“ und vom „edlen Räuber“. Räubertum war in diesen instabilen Zeiten regelrecht in Mode gekommen – selbst Friedrich Schiller segelte mit seinem Drama „Die Räuber“ im Wind dieses Zeitgeists auf seinen ersten großen Erfolg zu. Dass Bückler „den Reichen genommen und den Armen gegeben" habe, war jedoch ein populärer Irrtum. Der „Schinderhannes" war ein ganz gewöhnlicher Verbrecher, der raubte, erpresste und mordete, um die eigenen Taschen zu füllen.

Allerdings verstand Bückler es geschickt, Emotionen zu schüren, die ihm Rückhalt in der einfachen Bevölkerung sicherten. So waren knapp 40 Prozent seiner Opfer – Juden. Bei einem minimalen jüdischen Anteil an der Gesamtbevölkerung. Das machte den Bandenchef populär. Denn die christliche Bevölkerungsmehrheit sah die Ursache für ein gewisses Wohlstandsgefälle gegenüber erfolgreichen jüdischen Geschäftsleuten ja nicht etwa darin, dass sie seit dem Mittelalter das Geldverdienen für mehr oder weniger moralisch verwerflich erklärt hatte – eine irrationale Regung, die man heute noch auf jedem Kirchentag erleben kann. Sondern sie glaubten, „der Jude" verdanke den Wohlstand seiner vermeintlichen Verschlagenheit und seinen mutmaßlich krummen Geschäften.

In den Augen vieler schwang also „klammheimliche Freude" mit, wenn sie an den „Schinderhannes" und seine Verbrechen dachten. Den Juden geschah es ja recht. Rund 120 Jahre später werden ähnliche Gefühle einer anderen Verbrecherbande breite Sympathien eintragen. Diese Bande wird braune Uniformen und schwarze Stiefel tragen. Der Bandenchef wird ein gewisser Ernst Röhm sein. Und er wird ebenfalls eines unnatürlichen Todes sterben.

Auch diese Geschichte ist mittlerweile vorbei. Was bleibt, ist der schmale Grat zwischen Freiheit und Anarchie, seit den Menschen in der Zeit um 1800 vorher nie gekannte Handlungsspielräume zugewachsen sind. Im Jahr 2006 hat – statistisch gesehen – jeder deutsche Haushalt Ladendiebstähle in Höhe von 50 Euro begangen. Und auch heute gibt es sie, die im Leben vermeintlich oder tatsächlich zu kurz Gekommenen, die solche Zahlen mit einem vergnügten Lächeln quittieren.

00:17

Es kann nur einen geben

Kaiser Franz II. legt auf Druck Napoleons die Krone des Heiligen Römischen Reiches nieder

Eine Minute am 16. August 1806

Er möchte auf jeden Fall Kaiser bleiben. Deshalb hat Franz Joseph Karl von Habsburg-Lothringen vorgesorgt. Vor fast genau zwei Jahren, im August 1804, hat er sich hier in Wien zum Kaiser von Österreich erklärt. Da war er bereits Kaiser des Heiligen Römischen Reiches Deutscher Nation, wie alle Chefs des Hauses Habsburg seit 1438. Dieser Schachzug, mit dem aus Kaiser Franz II. gleichzeitig Kaiser Franz I. wurde, war zwar rechtlich höchst umstritten. Aber sämtliche europäischen Staaten erkannten das österreichische Kaisertum binnen kurzer Zeit an. Schließlich hatte sich gerade ein gewisser General Napoleon Bonaparte zum Kaiser von Frankreich erklärt. Da konnte man dem Habsburger keine Vorwürfe machen, wenn auch er ein neues Kaiserreich schaffen wollte. Und so residierte denn in der Wiener Hofburg der erste Doppelkaiser der Weltgeschichte.

Franz hatte allen Grund gehabt, Vorsorge zu treffen. Dieser Napoleon stellte ganz Europa auf den Kopf. Wer eine Krone besaß, musste sie jetzt festhalten. Vor drei Jahren hatte es den Reichsdeputationshauptschluss gegeben. Da hatten die deutschen Fürsten sich als Ausgleich für die an Frankreich verlorenen Gebiete die Güter der Kirche und die freien Städte unter den Nagel gerissen. Und sie hatten die internen Machtverhältnisse neu geordnet. Dass noch einmal ein katholischer Habsburger zum deutschen Kaiser gewählt werden würde, war jetzt unwahrscheinlich. Und wie lange würden sie dem amtierenden Kaiser seine Krone noch lassen? Für Franz war es da langsam ungemütlich geworden.

Jetzt aber ist der Ernstfall da. Am 1. August haben 16 deutsche Landesfürsten, darunter Baden, Württemberg, Bayern und Hessen, förmlich ihren Austritt aus dem Heiligen Römischen Reich Deutscher Nation erklärt. Sie haben den Rheinbund gegründet und fühlen sich ab sofort Napoleons Frankreich zugehörig. Napoleon selbst übt seit zwei Wochen einen enormen Druck auf Franz aus. Der Franzose will das Ende des Deutschen Reiches sehen.

Franz gibt sich einen Ruck. Die Politik ist ihm ohnehin eine Last. Er interessiert sich viel mehr für die Wissenschaft. Und Kaiser bleibt er ja sowieso. In aller Ruhe diktiert er seine Abdankungsurkunde. Er setzt ein Schreiben an den Immerwährenden Reichstag in Regensburg auf, in dem er dessen Auflösung verfügt. Dann schickt er einen Herold auf den Platz vor der Hofburg. Dort verliest der Höfling die Abdankungsurkunde. In dieser Minute enden 844 Jahre deutsche Geschichte.

Der Name „Römisches Reich Deutscher Nation" tauchte erstmals in einem Reichsgesetz von 1486 auf, und die Bezeichnung „Heiliges Römisches Reich Deutscher Nation" findet sich sogar erst in der Schlussakte des Reichstags von Köln im Jahr 1512. Was für viele heute so nach Mittelalter klingt, kam also erst in Gebrauch, als das Mittelalter praktisch schon vorbei war. Und das ist kein Zufall.

Das von Otto I. 962 begründete Reich war keine „Nation" im modernen Sinn. Und auch der Ausdruck „Heiliges Römisches Reich Deutscher Nation" bezeichnete keinen Nationalstaat. Gemeint waren damit die deutschsprachigen Länder einer eher locker organisierten Gebietskörperschaft, zu der auch noch andere Teile gehörten, in denen vor allem italienisch gesprochen wurde.

Tatsächlich entwickelte sich erst um 1500 eine Art „deutsches" Selbstbewusstsein, während sich die Sprecher der deutschen Dialekte – eine einheitliche Schriftsprache gab es vor der Reformation ja nicht – im Mittelalter kaum als durch besondere Eigenschaften verbundene Gruppe verstanden. Die römische Kaiserkrone, die sich die Deutschen beim Papst geholt hatten, war eher das Symbol einer im Wortsinn „katholischen“, also allumfassenden und überregionalen Gemeinschaft, die sich im christlichen Glauben verbunden wusste. Nur an den Universitäten, die Studenten aus ganz Europa hatten, auf Konzilien der Kirche oder auf Messen in den großen Handelsstädten, fiel man überhaupt als Deutscher auf.

Anders als in England, Frankreich oder Schweden, wo die Entstehung von Nationalstaaten von den Königshäusern ausging, gewannen in den deutschen Landen die Fürsten immer mehr an Macht. So spielte das „Deutsche Reich“ in der Neuzeit politisch nur noch eine untergeordnete Rolle. Viel spannender war jetzt die Frage, welche Länder aus dem Konkurrenzkampf innerhalb des Reichsverbunds als die Mächtigsten hervorgehen würden. Am Vorabend der Französischen Revolution stand das Ergebnis längst fest: Österreich und Preußen.

Auf unterschiedlichen Wegen waren diese beiden grundverschiedenen deutschen Länder zu europäischen Großmächten aufgestiegen. Österreich war ethnisch und sprachlich gemischt – zählte beispielsweise auch Böhmen, Ungarn oder Kroatien zu seinem Machtbereich –, aber religiös war es homogen. Die katholischen Habsburger vertrieben die Protestanten überall. Preußen dagegen war ethnisch und sprachlich fast homogen – es hatte praktisch nur deutsch sprechende Untertanen –, dafür aber war es religiös tolerant.

Im Jahr 1613 war der brandenburgische Kurfürst Johann Sigismund vom Luthertum zum Calvinismus übergetreten. Seitdem hatte in Preußen das „gemeine“ Volk eine etwas andere Religion als das Herrscherhaus und die Oberschicht. Die Hohenzollern pflegten enge Kontakte ins calvinistische Holland und holten die französischen Hugenotten – ebenfalls reformierte, also calvinistische Christen – ins Land. Die Historiker Otto Hintze und Heinrich August Winkler sehen darin eine Orientierung nach Westen, hin zu den Ländern des Fortschritts und der wirtschaftlichen Dynamik, die wesentlich zum Erfolg Preußens beigetragen habe.

Die religiöse Toleranz weitete sich in Preußen zaghaft auf die Juden aus und schloss auch die katholischen Schlesier mit ein, als diese durch Eroberung Friedrichs II. zu Preußen gekommen waren. In Österreich verfolgte man dagegen eine katholische Staatsräson, die auch eine strenge Zensur beinhaltete. Habsburg konnte sich das erlauben, denn man hatte die größere und ältere Machtbasis, besaß mehr Land, verfügte über fruchtbarere Regionen und mehr Ressourcen. Und war Habsburg vor allem durch Erbschaften und eine geschickte Heiratspolitik gewachsen, so verdankte sich Preußens Aufstieg wesentlich Friedrich II., der rigoros aufrüstete, militärische Härte walten ließ und immer wieder alles auf eine Karte setzte.

Mit Preußens Friedrich und der österreichischen Erzherzogin Maria Theresia standen sich schließlich zwei Monarchen gegenüber, die den Gegensatz zwischen Preußen und Österreich auch menschlich perfekt verkörperten. Ihr gegenseitiger Hass ist legendär, und auch diejenigen Deutschen, die weder in Preußen noch in Österreich lebten, konnten da kaum neutral bleiben. Tendenziell hielten es viele Jüngere, fortschrittlich Gesinnte, eher mit Friedrich, viele Ältere, konservativ Gesinnte, eher mit Maria Theresia.

Das Ende des römisch-deutschen Kaisertums nach knapp 850 Jahren mag also auf den ersten Blick wie eine große Zäsur aussehen – vor dem beschriebenen Hintergrund wird aber deutlich, warum der unmittelbare Effekt des Ereignisses nahe Null war.

Napoleon würde Deutschland noch einige Jahre lang aufmischen, da war das Ende des Kaiserreiches nur eine Folge unter vielen. Die Landkarte veränderte sich gerade fast vollständig –

der deutsche Flickenteppich wurde mit kriegerischer Gewalt vereinheitlicht. So gehen die meisten Landesgrenzen der heutigen Bundesländer wesentlich auf Verschiebungen während der napoleonischen Zeit zurück.

Zunächst waren weite Teile des Bürgertums begeistert von Napoleon. Moderne Zeiten schienen angebrochen, mit gerechten Gesetzen und einer effektiven Verwaltung. Hatte der Korse sich nicht die Menschenrechte auf die Fahnen geschrieben? Die Ernüchterung kam, als hinter der Maske des Weltverbesserers ein Despot erkennbar wurde, wie so viele vor ihm und so viele nach ihm. Bald standen die Bürger vereint hinter jenen gekrönten Häuptern, die Frankreich in seine Schranken verweisen wollten und denen das 1815 auch endgültig gelang.

Im weiteren Verlauf des 19. Jahrhunderts wurde der Widerstand gegen Napoleon gern zur Geburtsstunde einer breiten deutschen Nationalbewegung stilisiert. Auf den ersten Blick scheint das plausibel. Hatten die Deutschen nicht ihr Reich verloren und sehnten sich nicht alle danach, als neue Nation aufzuerstehen?

Heute sind viele Historiker da skeptischer. Der nationale Gedanke mag Studenten und Teile des protestantischen Bildungsbürgertums umgetrieben haben. Aber politisch blieb zweierlei für die folgenden Jahrzehnte viel prägender: Erstens der bleibende Gegensatz zwischen Österreich und Preußen. Und zweitens der beschleunigte soziale Wandel. Die Jahre unter Napoleon zeigten den Deutschen, dass sich Lebensverhältnisse innerhalb kürzester Zeit vollkommen verändern können. Das war eine Erfahrung, die die Deutschen nicht wieder vergessen würden. Es war die Erfahrung der Moderne.

00:18

„Die Möwen machen die Einsamkeit noch grausiger“

Helene von Kügelgen sieht im Atelier von Caspar David Friedrich den „Mönch am Meer“

Eine Minute am 22. September 1809

Das Atelier des Künstlers ist karg. Es ist ein kleiner, nahezu quadratischer Raum mit hellgrün getünchten Wänden und abgezogenen Dielen. Zwei hohe Fenster füllen fast eine ganze Seite des Raums aus. Dünne Holzsprossen teilen jedes der Fenster in acht gleich große Felder. Der Mauerdurchbruch ist oben gerundet, doch die Fenster sind eckig. Müdes Spätsommerlicht schickt der Himmel durch die Scheiben. Wer näher an die Fenster träte, könnte die Elbe sehen, Schiffe vielleicht, und die kleinen, ländlichen Häuser am anderen Ufer. Der Künstler lässt diese Welt gern draußen. Vorhänge gibt es keine, aber Holzplatten, mit denen sich das Fensterglas nach Bedarf abdecken lässt.

Nein, wohnlich geht es wirklich nicht zu im Atelier des Malers Caspar David Friedrich. Kein Bild findet sich an den Wänden, nicht einmal eines seiner eigenen. Nur Paletten, Lineale und Dreiecke sind da aufgehängt. Das Mobiliar besteht bloß aus einem hölzernen Stuhl mit dünn gepolsterter Sitzfläche und einem kleinen, hohen, rechteckigen Tisch mit sehr schlanken Tischbeinen, auf dem die Utensilien des Künstlers – Pinsel, Spatel, Fläschchen mit Pigmenten und mit Ölen – ausgebreitet sind. Aber dann – die Staffelei! Sie ist aus hellem Holz, mehr als mannshoch und für alle Größen von Keilrahmen mit Leinwand einstellbar. Auf dieser Staffelei steht ein großes, querformatiges Bild. Es ist das neueste des Künstlers.

Helene von Kügelgen stockt der Atem. Die Freundin des Malers, hier in Dresden Mittelpunkt eines Kreises von Künstlern und Kunstinteressierten, kann es nicht fassen. Sie starrt immer nur auf dieses Bild. Sie hat die Welt vergessen. Das karge Atelier sowieso. Sie sieht nur noch das Meer, den Uferstreifen und den Himmel, diesen schrecklichen Himmel. Und sie sieht die kleine Figur – einen Menschen, einsam und verloren, hilflos wie sie selbst angesichts der Gewalt eines solchen Natureindrucks. Caspar David Friedrich sagt nichts, erklärt nichts. Der schlanke, blonde Pommer mit dem krausen Backenbart steht nur daneben und betrachtet sein Bild mit ruhigem Blick. Helene von Kügelgen atmet tief durch. Sie ist benommen. Sie bittet den Freund um seinen Stuhl, damit sie sich setzen kann.

In der heutigen Zeit, da jeder permanent mit Bildern überflutet wird – im Fernsehen, im Internet, auf Plakatwänden, in Zeitschriften, auf dem Display des Mobiltelefons –, fällt es schwer, sich zu vergegenwärtigen, welche Wirkung Caspar David Friedrichs „Mönch am Meer" auf die Zeitgenossen des Künstlers ausgeübt hat. Wir sind abgestumpft. Wir haben buchstäblich schon alles gesehen.

Helene Marie von Kügelgen hingegen hatte irgendetwas Vergleichbares mit dem, was da im Atelier ihres Künstlerfreundes auf der Staffelei stand, noch nie gesehen. Sie war dermaßen überwältigt, ja erschüttert, dass ihre Kräfte schwanden und sie sich erst einmal hinsetzten musste. Später, als sie sich wieder gefasst hatte, beschrieb sie ihre Eindrücke in einem Brief an ihre Freundin Friederike Volkmann so: „Der Himmel ist rein und gleichgültig ruhig, kein Sturm, keine Sonne, kein Mond, kein Gewitter – ja, ein Gewitter wäre mir ein Trost und ein Genuss, dann sähe man doch Leben und Bewegung irgendwo." Aber Friedrichs Bild schmeichelt dem Betrachter an keiner Stelle mit den üblichen Gefälligkeiten.

Die Kunstkennerin fuhr fort: „Auf der ewigen Meeresfläche sieht man kein Boot, kein Schiff, nicht einmal ein Seeungeheuer, und in dem Sande auch nicht einen grünen Halm. Nur einige Möwen flattern umher und machen die Einsamkeit noch einsamer und grausiger." Ohne Hoffnung schien ihr dieses Bild. Derart war sie noch nie mit der existenziellen Einsamkeit des Individuums konfrontiert gewesen – weder im Leben noch in der Literatur oder der Malerei. Es graute ihr vor diesem Gemälde.

Helene Marie von Kügelgen, geborene Zoege von Manteuffel, war genau wie Caspar David Friedrich Schülerin des Malers Gerhard von Kügelgen gewesen. Doch nachdem sie den Professor an der Dresdner Kunstakademie geheiratet hatte, gab sie ihre künstlerische Arbeit auf. So schickte es sich seinerzeit für eine Ehefrau. Sie hatte ihren Gatten zu unterstützen und ihm Kinder zu schenken – nicht ihm in seiner Paradedisziplin Konkurrenz zu machen. Helene von Kügelgen blieb es, die Karrieren ihrer ehemaligen Mitstudenten zu verfolgen und in ihrem Haus eine Art künstlerischen Salon zu unterhalten.

Professor Gerhard von Kügelgen entsprach ganz den damaligen Erwartungen an einen akademischen Künstler. Er malte historische Szenen, in denen er die Kriegskunst der Herrschenden idealisierte, sowie Porträts bedeutender Persönlichkeiten. Damit konnte man Medaillen sammeln, Mitglied der königlichen und kaiserlichen Akademien werden sowie pünktlich jeden Monat ein ordentliches Beamtengehalt einstreichen.

Caspar David Friedrich hatte einen anderen, einen neuen Weg beschritten. Er war ein „freier" Künstler. Er malte, was ihm in den Sinn kam, ohne von irgendwelchen Adeligen oder Großbürgern dazu einen Auftrag – samt Vorschuss in bar – bekommen zu haben. Er ließ sich weder verbeamten noch sich von einem reichen Gönner den Lebensunterhalt sponsern. Wenn er ein Bild gut genug fand, bot er es einem Galeristen an, damit dieser es auf dem Kunstmarkt verkaufte. So etwas hatte es früher nicht gegeben.

Wer als freischaffender Künstler erfolgreich sein will, muss den Zeitgeist treffen – damals wie heute. Friedrichs „Mönch am Meer" traf den Zeitgeist. Mehr noch, er wurde ein Volltreffer. Während konservative Künstler und Kunstfreunde, wie die Kügelgens, sich mit Grausen abwandten, gerieten junge Literaten und Philosophen außer sich vor Begeisterung. Da hatte jemand in einem einzigen Bild ihr ganzes Lebensgefühl erfasst. Es war das Lebensgefühl der Romantik.

Nüchtern betrachtet ist auf dem Bild nicht viel zu sehen. Strand, Meer, Himmel und eben diese kleine Figur, die nur als „Mönch" identifiziert, wer nahe an das Bild herangeht und einiges an Fantasie mitbringt. Und dennoch war mit diesem Bild alles gesagt. Das Individuum steht der Macht der Natur gegenüber. Es spürt seine Einsamkeit – und gleichzeitig packt es eine schwer zu beschreibende Sehnsucht nach etwas Höherem. Denn die Natur besteht nicht nur aus irgendwelchen Molekülen, sondern ist von göttlichem Geist durchdrungen. Und die Natur ist – in vielen Bildern Caspar David Friedrichs – ein Spiegel der menschlichen Seele.

Die Romantik war eine Gegenbewegung zur Aufklärung, ein Pendelschlag in die andere Richtung, und blieb dabei immer mehr ein Lebensgefühl als ein klar zu umreißendes Gedankengebäude. Der Philosoph Immanuel Kant, ein Hauptvertreter des streng rationalen Denkens im Zuge der Aufklärung, hatte wenige Jahre zuvor die Welt komplett in den Kopf des Menschen verlegt. Für ihn gibt es die Welt als solche gar nicht, jedenfalls ist sie nicht erkennbar, sondern alles, bis hin zu Gott, ist eine Setzung des menschlichen Verstandes. Jeder konstruiert sich also seine eigene Welt. Die Natur? Für die Aufklärer etwas, was die menschliche Vernunft sich untertan macht und formt wie ein Stück Wachs in ihren Händen.

Doch für die Romantiker war diese „reine Vernunft" schon wieder aus der Mode. Nicht, dass sie alle weltfremde Schwarmgeister gewesen wären. Aber sie fühlten sich nun als Teil einer

Natur, die ihnen unbegreiflich und göttlich erschien. Die Intuition und das Symbol traten zumindest gleichberechtigt neben die Logik und das Argument.

Die Romantiker wollten naturgemäß leben, sie wollten ihren Empfindungen in Worten und Gesten, in Texten und Bildern Ausdruck verleihen. Und sie wollten frei sein von Fremdherrschaft und Unterdrückung. Napoleon war ihnen genauso ein Gräuel wie die Westentaschendespoten der deutschen Fürstentümer. Caspar David Friedrich malte seine Figuren am liebsten in der „altdeutschen Tracht" der Freiheitskämpfer seiner Zeit.

Im Jahr nach dem Atelierbesuch Helene von Kügelgens kaufte der preußische König Friedrich Wilhelm III. den „Mönch am Meer" sowie ein weiteres Bild Friedrichs, die „Abtei im Eichwald". Der „Mönch" kam nach Berlin, wo er die Schriftsteller Clemens Brentano, Achim von Arnim und Heinrich von Kleist so sehr faszinierte, dass sie in einem gemeinsamen Zeitungsartikel schrieben: „Das Bild liegt wie die Apokalypse da, als ob einem die Augenlider weggeschnitten wären."

Seit einigen Jahren hängt der „Mönch am Meer" im eindrucksvollen Caspar-David-Friedrich-Saal der Alten Nationalgalerie. Tausende drängten sich bei der Wiedereröffnung des aufwendig restaurierten Museums durch das prachtvolle Treppenhaus zu dem Bild, das sicher für nicht wenige den Höhepunkt der Sammlung bildet. Wer, der von heutigen Bilderfluten noch nicht gänzlich abgestumpft ist, könnte den Moment vergessen, als er zum ersten Mal dieses Gemälde in diesem Saal hängen sah?

00:19

Der Künstler als Bürger oder Edelmann

Ludwig van Beethoven und Johann Wolfgang Goethe begegnen Höflingen in Teplitz

Eine Minute am 19. Juli 1812

Teplitz ist groß in Mode. In Teplitz trifft sich die Prominenz aus ganz Europa. Seit vor knapp 20 Jahren ein Brand weite Teile der Stadt zerstörte, hat man den böhmischen Kurort in einem Stil wiederaufgebaut, der den Zeitgeist perfekt trifft. Klassisch heißt dieser Stil, manche werden ihn später auch klassizistisch nennen. Und die Klassik zeigt sich nun überall in dem Heilbad unweit der Grenze zu Sachsen. Sie zeigt sich in weiß getünchten Fassaden, die an griechische Tempel erinnern. Sie zeigt sich in geometrischen Formen und klaren Linien. Und sie zeigt sich in den Skulpturen im Kurpark, die den Geist der Antike heraufbeschwören.

Auch die beiden Herren, die an diesem Sommertag einen gemeinsamen Spaziergang machen, sind zur Kur hier. Der eine, Ludwig van Beethoven, ist seit Jahren chronisch krank. Der andere, Johann Wolfgang Goethe, schwächelt immer mal ein wenig und lässt sich dann gern verwöhnen. Die Männer sind einander zum ersten Mal begegnet. Sie haben sich verabredet. Aber brieflich stehen sie schon lange in Kontakt. Mehr noch, Beethoven ist ein glühender Bewunderer des Dichters Goethe und hat zu dessen Drama „Egmont“ eine Schauspielmusik geschrieben. Er war so begeistert von dem Stück, dass er für die Komposition nicht einmal ein Honorar haben wollte. Und Goethe gefällt die Musik durchaus, er will sie demnächst auch zu Hause in Weimar einmal aufführen lassen.

Als Beethoven und Goethe so dahinschlendern, auf einem hübsch angelegten Weg, vorbei an schattigen Bäumen und gepflegtem Rasen, kommt ihnen eine Gruppe anderer Kurgäste entgegen. Man sieht sofort, es sind nicht irgendwelche Kurgäste. Es sind Höflinge des österreichischen Kaisers, also gewissermaßen die Hausherren von Teplitz. Vielleicht ist sogar die Kaiserin dabei, denn auch sie hält sich zur Kur an den hiesigen Quellen auf.

Goethe tritt zur Seite, um den Weg für die hohen Herrschaften freizumachen. Dabei nimmt er den Hut vom Kopf und verneigt sich tief. Und Beethoven? Der verschränkt seine Arme und läuft mitten durch die Gruppe der Höflinge hindurch. Mit ein paar eilenden Schritten holt Goethe ihn ein und weiß spätestens jetzt, dass der erste Spaziergang mit Beethoven auch der letzte gewesen sein wird.

Gut ein Jahr vor der Begegnung in Teplitz, als er noch an seiner Schauspielmusik arbeitete, schrieb Beethoven aus Wien an Goethe in Weimar: „Sie werden nächstens die Musik zu Egmont erhalten, diesen herrlichen Egmont, den ich eben so warm, als ich ihn gelesen, gefühlt und in Musik gegeben habe. Ich wünsche sehr, Ihr Urteil darüber zu wissen, und auch der Tadel wird mir für mich und meine Kunst ersprießlich sein und so gern wie das größte Lob aufgenommen werden."

So schreibt ein Fan. Goethe reagierte nicht immer auf Fanpost. Viele Briefe ignorierte er. Doch Beethoven war zu prominent, um ihn zu übergehen. Er war längst ein gefeierter Musiker und Komponist in Wien, Deutschlands wichtigster Stadt, als er sich an den Schriftsteller und Provinzpolitiker aus Weimar wandte. Noch bevor er die Noten gesehen hatte, antwortete Goethe höflich, er sei „für die in Ihrem Brief ausgedrückten Gesinnungen von Herzen dankbar. Seien Sie versichert, dass ich sie aufrichtig erwidere. Denn ich habe niemals etwas von Ihren Arbeiten durch geschickte Künstler und Liebhaber vortragen hören, ohne dass ich gewünscht hätte, Sie selbst einmal am Klavier zu bewundern und mich an Ihrem außerordentlichen Talent zu ergötzen."

Der Komponist und der Schriftsteller kennen einander zwar noch nicht persönlich, aber sie scheinen eines Geistes, voller Bewunderung oder zumindest Respekt für den anderen. Als sie sich dann persönlich kennenlernen, merken sie, dass sie zu unterschiedliche Charaktere sind, um eine echte Künstlerfreundschaft aufzubauen. Die Nachwelt wird beide einmal als Hauptvertreter der deutschen Klassik bezeichnen – den einen in der Musik, den anderen in der Literatur –, aber persönlich können die beiden Männer nichts miteinander anfangen.

Denn Beethoven ist zwar ein klassischer Künstler, aber ein romantischer Charakter. Als Komponist mag er dem klassischen Ideal der strengen Form, des vernünftigen Maßes, des antikisierenden Strebens nach dem Schönen, Wahren und Guten verpflichtet sein. Aber als Mensch kommt er aufmüpfig, fast schon anarchisch daher und tut sich schwer damit, Autoritäten anzuerkennen. Mit dem historischen Grafen Egmont, dem niederländischen Freiheitskämpfer gegen die spanischen Herrscher im 16. Jahrhundert, der – unbeugsam bis zum Schluss – auf dem Marktplatz von Brüssel hingerichtet wurde, kann sich Beethoven vollkommen identifizieren. Goethe hat da ein nüchterneres Verhältnis zu diesem Stoff.

Beethoven, der gebürtige Bonner, der mit 22 Jahren in die Musikmetropole Wien übersiedelte, war sich seines eigenen, herausragenden Talents nur allzu bewusst. Als einmal die Rede auf den König von Preußen kam, sagte er: „Auch ich bin ein König." Das war eine ungeheure Anmaßung. Aber es bedeutete auch: Nicht derjenige, der vom vornehmsten Adel abstammt, soll ganz oben stehen, sondern derjenige, der das größte Talent hat und mit harter Arbeit am meisten daraus macht.

Beethoven arbeitete viel. Seine Arbeit war sein Leben – und angesichts seiner Krankheiten, von denen der Hörverlust die für ihn schlimmste war, blieb ihm am Ende auch nicht viel mehr. Der Komponist war aufbrausend und für die meisten

Zeitgenossen unangenehm im Umgang, so dass es ihm nie gelang, ein glückliches Privatleben aufzubauen.

Wie anders war da Goethe, der nicht nur viele Liebschaften hatte, sondern dessen Kapital zu einem Gutteil seine glänzenden Kontakte und seine ausgezeichneten Umgangsformen waren. Über keinen Menschen dieser Jahre weiß die Nachwelt mehr als über Goethe. Er stilisierte sich selbst zu einem vollkommen Gebildeten, der alle seine Talente und Fähigkeiten harmonisch entfaltet, und ließ seine Umwelt auch über die kleinsten Regungen seines Geistes niemals im Unklaren.

Goethe war dabei als Dichter bei weitem nicht so erfolgreich wie Beethoven als Komponist. Seine Jugendwerke – der Roman „Die Leiden des jungen Werther" und das Drama „Götz von Berlichingen" – hatten Furore gemacht, aber was dann folgte, war nicht unbedingt ein Feuerwerk der Weltliteratur. Der große Literaturkritiker Hans Mayer meinte sogar, Goethe sei alles in allem nur ein mäßig erfolgreicher Autor gewesen. Jedenfalls zählt er außerhalb Deutschlands bis heute nicht zu den wirklich großen Autoren der Geschichte.

Goethe gründete seinen hierzulande bis heute legendären Ruf mehr auf seine Persönlichkeit, mit der er seine Zeitgenossen tief beeindruckt haben muss. Anders gesagt: Er galt als einer der ganz Großen, weil er auftrat wie ein ganz Großer. Ein Jahr vor der amerikanischen Unabhängigkeitserklärung, also im Jahr 1775, ging der damals 26-jährige Frankfurter Patriziersohn nach Weimar, um dort in den Staatsdienst einzutreten. Die jenseits des Atlantiks aufziehende Demokratie war seine Sache ebenso wenig wie es die revolutionären Ideale der Franzosen sein würden. Goethe hatte sich dafür entscheiden, nicht nur Künstler, sondern auch oberster politischer Strippenzieher in einem jener winzigen deutschen Fürstentümer zu sein, denen die junge Generation um 1800 nichts als den baldigen Garaus wünschte.

In den Diensten des Herzogtums Weimar war Goethe unter anderem eine Art Kulturminister, Vorsitzender der Kommission für Bergbau, Straßen- und Wegebau, Wissenschaftsminister, Museumschef, Theaterintendant, Vorsitzender der Kriegskommission und manches mehr. Sein eigentlicher Einfluss beruhte ohnehin auf seinen persönlichen Beziehungen, weniger auf seinen Ämtern. Kurfürsten anderer deutscher Länder, wie der Hesse Wilhelm I., nannten Goethe „einen deutschen Schriftsteller neuen Stils und in seiner Eigenschaft als fürstlicher Minister völlig fehl am Platz."

Doch derlei Kritik focht den Weimarer Staatskünstler nie an. Und sie tut seiner Beliebtheit bis heute keinen Abbruch. Goethe hat eben, meint der Historiker Wolfgang Rothe, „den deutschen Traum einer Vereinigung von Geist und Macht" verwirklicht. In der Konsequenz heißt das: Ein autoritärer Staat geht in Ordnung, so lange Kultur, Bildung und Humanität ganz oben stehen.

Mit einem Beethoven war so etwas nicht zu machen. Er hatte seine dritte Sinfonie in der Begeisterung für „Freiheit, Gleichheit und Brüderlichkeit" ursprünglich Napoleon gewidmet, widerrief die Widmung jedoch wütend, als der Korse sich zum Alleinherrscher erklärte: „Also ist Napoleon auch nur ein gewöhnlicher Mensch. Nun wird er nur für seinen Ehrgeiz leben und Tyrann werden."

00:20

Der beschleunigte Lauf

Karl Drais beginnt seine erste öffentliche Fahrt mit dem Vorläufer des Fahrrads

Eine Minute am 12. Juni 1817

Der klein gewachsene, elegant gekleidete Herr Anfang 30 verlässt sein Mannheimer Wohnhaus – in der schachbrettförmig angelegten Stadt die Nummer M 1, 8 – schwingt sich auf einen eigenartigen Holzrahmen mit zwei Rädern und fährt los. Als sei es das Selbstverständlichste der Welt. Laut ratternd rollt das ungefederte Gefährt über das Pflaster, den jungen Herrn schüttelt es am ganzen Körper, doch Karl Drais macht immer mehr Tempo. Abwechselnd mit dem linken und dem rechten Fuß stößt er sich vom Boden ab, wie ein olympischer Läufer beim Endspurt, bloß viel schneller. Keine Minute ist er unterwegs, und Drais hat das erste Pferdefuhrwerk lärmend überholt. Doch der Erfinder hat heute noch einiges mehr vor. Gut acht englische Meilen will er fahren und dabei vier Mal so schnell sein wie die Postkutsche.

Als Teststrecke für die „Laufmaschine", wie Drais sein Zweirad nennt, hat sich der studierte Architekt, Landwirt und Physiker die vielleicht beste Straße Badens ausgesucht. Schon vor 75 Jahren hat sie ein französischer Wegebaumeister für den Kurfürsten Karl Philipp angelegt, damit dieser in der Kutsche möglichst bequem von seinem Residenzschloss in Mannheim zu seinem Sommerschlösschen in Schwetzingen fahren konnte. Es ist eine schöne Allee, links und rechts fast unbebaut. Bis zum „Relaishaus", einer Pferdewechselstation vor einem steilen Straßenanstieg, möchte Drais kommen.

Karl Drais hat seine Fahrt niemandem angekündigt. Seinen Freunden nicht, seinem erzherzoglichen Gönner nicht, seinem

Vater, dem Oberhofrichter, auch nicht und den Zeitungen schon gar nicht. An einem gewöhnlichen Donnerstag ist er einfach losgefahren. Aber er bleibt auf der Straße nicht lange allein. Denn so ein Gefährt haben die Mannheimer noch nie gesehen: eine Holzlatte, daran mit dreieckigen Schemeln zwei Räder aufgehängt. In der Mitte ein gepolsterter Sattel, direkt davor eine Armstütze und ganz vorne schließlich eine Vorrichtung, mit der sich das Vorderrad lenken lässt. Ganz schön schwierig sieht das aus, auf solch einem Ding zu balancieren. Aber Drais schafft damit 15 Kilometer in der Stunde. Verfolgt von Kindern, die ihm lachend und johlend hinterherlaufen. Vorbei an Menschen, die den Kopf schütteln und ihm den Vogel zeigen, weil sie ihn für komplett verrückt halten.

Möglicherweise ist die Erfindung des modernen Individualverkehrs auf eine Klimakatastrophe zurückzuführen. Zwar wissen wir nicht genau, was den wegen seiner Erfindergabe vom Dienst freigestellten badischen Forstmeister Karl Friedrich Freiherr Drais von Sauerbronn dazu gebracht hat, das Zweirad zu erfinden. Denn es findet sich von ihm kein Brief, keine Tagebuchaufzeichnung über seine Motive. Aber sowohl die Zeitumstände als auch sein allseits bekanntes ziviles Pflichtbewusstsein legen nahe, dass es ihm um mehr ging als eine technische Spielerei.

Der Sommer 1816 kam vielen Menschen im Südwesten Deutschlands wie der Weltuntergang vor. Ständig schneite es. Die Ernten blieben aus. Die Pferde verhungerten oder wurden von den darbenden Menschen geschlachtet. Der Brotpreis hatte sich vervierfacht, und die Armen aßen bereits ihre Katzen und Hunde. In diesem „Jahr ohne Sommer" wanderten über 10 000 abgemagerte Badener und Württemberger nach Amerika aus.

Die Ursache der Katastrophe war die Explosion des Tambora, eines 2850 Meter hohen Vulkans in Indonesien. Bei der Eruption, der in Asien 10 000 Menschen zum Opfer fielen, wurde die unvorstellbare Auswurfmasse von 150 Millionen Kubikkilometern in bis zu 70 000 Meter Höhe geschleudert. Eine irrsinnige Menge Staub in der Atmosphäre sorgte in den kommenden zwei Jahren für massive Witterungsveränderungen in Nordamerika und Europa.

Weil Pferde zu ernähren zu teuer wurde, schien für die Mobilität also eine neue Basistechnologie nötig. Und so schuf Drais in erstaunlich moderner Leichtbauweise das Laufrad, den unmittelbaren Vorläufer des Fahrrads. Die Erfindung war auch deshalb genial, weil es für ihr Prinzip in der Natur kein Vorbild gibt. Und weil das Verhältnis zwischen Energieeinsatz und Geschwindigkeit verblüffend ist.

Viele sehen hier die Geburtsstunde der individuellen Massenmobilität. Insofern ist es eine Ironie der Geschichte, dass uns heute wiederum eine Klimaveränderung – neben der Verknappung fossiler Ressourcen – zwingt, über eine neue Basistechnologie für unsere Mobilität nachzudenken. Eine, die möglichst so einfach und effektiv sein sollte, wie es die Laufmaschine von Karl Drais im Vergleich zur Pferdehaltung war. Drais hatte damals genau die richtige Idee zur richtigen Zeit.

Vielleicht denken einige von Ihnen jetzt: Wir Deutschen sind eben geniale Erfinder. Das ist die Basis unseres wirtschaftlichen Erfolgs. Da macht uns kein Chinese was vor. Nun, ganz falsch ist das ja nicht. Trotzdem sind Erfindungen das eine, aber das politische und wirtschaftliche Umfeld, in dem sich Erfindungen dann auch zum Nutzen möglichst vieler entfalten können, ist das andere.

Karl Drais jedenfalls starb mittellos, von der politischen „Rechten“ wie der politischen „Linken“ gleichermaßen verfemt und verfolgt. Der Enteignung und Pensionspfändung folgte ein von Staats wegen betriebenes und nur knapp gescheitertes Entmündigungsverfahren, das ihn hochoffiziell zum Idioten erklärt hätte. Zeitlebens konnte Drais seine größte Erfindung – das Laufrad – nicht selbst vermarkten und deshalb auch keinen

Heller damit verdienen. Die politischen Verhältnisse waren nicht danach. Der geniale Konstrukteur lebte eben nicht in England oder den aufstrebenden Vereinigten Staaten, sondern im Deutschland der sogenannten Restaurationszeit.

Nachdem 1815 der Wiener Kongress die europäische Landkarte neu geordnet hatte, regierten die deutschen Fürsten mit harter Hand. Sie wollten mit aller Macht verhindern, dass der revolutionäre Geist wieder aufflammmte, erst recht, dass sich ein weiteres Mal solche chaotischen Zustände einstellten wie nach den Feldzügen Napoleons. Die Bürger sollten sich ihrem Familienleben widmen und sich aus Politik und Volkswirtschaft heraushalten. Diesen Zeitgeist wird man später „Biedermeier" nennen.

Vater Staat gab sich dabei durchaus fürsorglich, wovon auch Karl Drais zunächst profitierte. Als badischer Forstmeister wurde er 1811 bei vollem Gehalt freigestellt, um sich ganz seinen Erfindungen widmen zu können. Eine gute Sache – die nur einen Haken hatte: Als Drais die Laufmaschine erfunden hatte, konnte er sie nicht selbst produzieren, da er als Beamter keiner unternehmerischen Tätigkeit nachgehen durfte. So machten andere mit seiner Erfindung Geld.

Doch damit nicht genug. Die Obrigkeit verbot den Gebrauch der Laufräder auf öffentlichen Wegen als zu gefährlich. Die Klimakatastrophe hatte sich ja inzwischen auch verflüchtigt, und den Pferden ging es wieder gut. Das Laufrad wurde so zum Sportgerät für den privaten Grund und Boden degradiert. Vorerst lohnte es sich nicht, die Technologie weiterzuentwickeln.

Drais machte nun noch den „Fehler", freimütig und öffentlich seine Sympathie für die Demokratie auszudrücken. Gleichzeitig urteilte sein Vater als badischer Oberhofrichter einen Demokraten nach dem anderen ab. Das konnte nicht gutgehen. Das „rechte" adelige Establishment kürzte ihm die Pension und erklärte ihn zur bei Hofe unerwünschten Person. Die „linken" Demokraten nahmen ihn in Sippenhaft für seinen Vater, drohten ihm permanent Prügel an und verübten schließlich einen Mordanschlag auf ihn, dem er nur knapp entging.

Im Revolutionsjahr 1849 glaubte Drais, nun sei in Deutschland endlich das Zeitalter der Freiheit und der Demokratie angebrochen. Begeistert legte er seinen Adelstitel ab. Heute, wo Adelstitel in den Illustrierten und auf den Stehempfängen der Republik wieder groß in Mode zu sein scheinen, kann man sich schwer vorstellen, dass es jemand kaum erwarten konnte, sich von solch schmeichelndem Wortgeklingel zu trennen. Aber der badische Erfinder wollte nichts lieber, als schlicht der „Bürger Karl Drais" zu sein. Daraus wurde auf die Dauer nichts. Als die Preußen kamen und die alte Ordnung wiederherstellten, befahlen sie dem Bürger Drais, gefälligst wieder ein „Freiherr" zu sein.

00:21

„Die Gedanken sind frei“

Henriette Herz erlebt die Hausdurchsuchung bei Ernst Moritz Arndt mit

Eine Minute am 15. Juli 1819

Das Haus ist ganz nach dem Geschmack eines deutschen Professors. Vor dem Koblenzer Tor, an der Chaussee von Bonn nach Godesberg, liegt es direkt oberhalb des Rheinufers. Von der Terrasse blickt man über den Fluss hinweg zum Siebengebirge, einem Mittelgebirgsausläufer, der die Landschaft unspektakulär, aber harmonisch einrahmt. Der Garten liegt zur Straße und ist gepflegt. Ein Kiesweg führt schnurgerade auf die verzierte Eingangstür zu. In dem schlichten, aber eleganten Haus findet sich ausgesuchtes Mobiliar. Im Salon im ersten Stock eine Kommode mit Spiegelaufsatz, ein großes Sofa und Stühle aus Kirschholz. Der Hausherr sitzt am liebsten in seinem Lehnstuhl. Das imposante Stück ist mit Leder bezogen, und die Armlehnen sind als goldene Löwentatzen ausgeführt.

Ernst Moritz Arndt lehrt seit vergangenen Oktober Geschichte an der Rheinischen Friedrich-Wilhelms-Universität. Der Wiener Kongress hat das – zwischenzeitlich französische – Rheinland den Preußen zugeschlagen, und diese haben hier, wie in allen ihren Provinzen, eine Universität gegründet. Sie haben dem kleinen und als tolerant geltenden Bonn den Vorzug vor dem streng katholischen und klerikalen Köln gegeben. Und sie besetzen jetzt die Professorenstellen bevorzugt mit Protestanten. Für den Pommern Ernst Moritz Arndt ist das die Chance gewesen, seine außerordentliche Professur in Greifswald gegen eine ordentliche Professorenstelle mit 1500 Talern Jahresgehalt einzutauschen.

Professor Arndt ist in Deutschland kein Unbekannter. Seine Bücher und Flugschriften für die deutsche Nation und gegen alles Französische haben ihn populär gemacht. Ein dichtes Netzwerk von Bekanntschaften verbindet ihn mit zahlreichen Schriftstellern, Künstlern und Bildungsbürgern. Gerade ist Henriette Herz bei ihm zu Gast. Die Berlinerin, deren literarischer Salon um die letzte Jahrhundertwende berühmt war, ist vor kurzem erst vom jüdischen zum evangelischen Glauben übergetreten. Das ist nach dem Geschmack von Arndt, der auch theologische Traktate verfasst und von Juden nicht viel hält.

Henriette Herz fühlt sich wohl in diesem Haus am Rhein. Doch was ist das plötzlich für ein Aufruhr? Stimmengewirr, Gepolter, Stiefeltritte. Sie geht nach unten, um nachzusehen. Überall Gendarmen! Und sie packen alles in Kisten. Sämtliche Papiere, Briefe, Skripte, Bücher des Professors, alles!

Die Hausdurchsuchung bei Ernst Moritz Arndt fand im Zuge des Ermittlungsverfahrens zu einem politischen Mord statt. Der Professor mit dem gepflegten Vorgarten galt Sicherheitskreisen als einer jener geistigen Brandstifter, die mit ihren nationalen Pamphleten die Studenten im Land aufwiegelten und inzwischen sogar zu Bluttaten anstachelten.

Das Mordopfer war der deutsche Schriftsteller und russische Generalkonsul August von Kotzebue. Der Freund des Zaren hielt von den deutschnationalen und freiheitlichen Umtrieben der Studenten nicht viel und gab das in seinem „Literarischen Wochenblatt" auch regelmäßig zum besten. Deshalb hatten die studentischen Burschenschafter, als sie auf ihrem legendären Wartburgfest 1817 eine Bücherverbrennung inszenierten, bereits Kotzebues „Geschichte des deutschen Reichs" feixend den Flammen übergeben. Der Burschenschafter und Theologe Karl Ludwig Sand wollte den Mann dann für immer zum Schweigen bringen. Am 23. März 1819 erstach er Kotzebue vor den Augen seiner Familie mit den Worten: „Hier, du Vaterlandsverräter!"

Die Polizeibehörden im Deutschen Bund – so hieß der Zusammenschluss der deutschen Länder nach dem Ende des alten Reichs und dem Wiener Kongress – reagierten mit umfassenden Maßnahmen. Im August 1819 traf man sich in dem Kurort Karlsbad unter der Führung des österreichischen Außenministers Metternich zu einer Sicherheitskonferenz. Ergebnis waren die „Karlsbader Beschlüsse“, die unter anderem anordneten, dass private politische Meinungen nicht mehr veröffentlicht werden durften und sich die Presse einer strengen Zensur zu unterwerfen hatte. Die Burschenschaften der Studenten wurden verboten, und ihre Professoren konnten fristlos aus dem Staatsdienst entlassen werden, wenn sie als „Demagogen“ auftraten, sich also polemisch zu politischen Fragen äußerten.

Im November 1820 wurde Ernst Moritz Arndt tatsächlich vom Dienst suspendiert. Man eröffnete ein Gerichtsverfahren wegen „demagogischer Umtriebe“ gegen ihn. Das Verfahren endete weder mit einem Schuldspruch noch mit einem Freispruch. Auf dem Angeklagten blieb also ein Verdacht sitzen, deshalb gab ihm die Universität die Erlaubnis, Vorlesungen abzuhalten, nicht zurück. Im Jahr 1826 gab Arndt seine Professur auf und wurde Privatgelehrter. Erst im Jahr 1840 wurde er von Preußenkönig Friedrich Wilhelm IV. rehabilitiert. So konnte er 1841 schließlich Rektor der Bonner Universität werden. Und er machte nach der Revolution von 1848 noch einen kurzen – und für ihn bitter enttäuschenden – Ausflug in die Politik.

Was viele „Intellektuelle“ der damaligen Zeit – Studenten, Professoren, Schriftsteller, Künstler, Journalisten – so sehr aufwühlte, ist gar nicht so leicht zu umreißen, wie es auf den ersten Blick scheint. Natürlich war man frustriert angesichts des provinziellen Machtgehabes der deutschen Fürsten, denen nach dem Sieg über Napoleon Ruhe und Ordnung über alles ging. Aber es war nicht so, dass man als Alternative nun einfach nur Bürgerrechte und demokratische Wahlen gefordert hätte.

Das französische, englische oder amerikanische Modell lehnte die Mehrheit der deutschen Gebildeten ebenso ab wie die alte Adelsherrschaft. Ernst Moritz Arndt hatte sich in jahrelanger publizistischer Tätigkeit sogar den Ruf eines „Franzosenhassers" erworben – und dabei ging es ihm nicht bloß um Ländergrenzen, sondern auch um das französische Denken, für dessen abscheulichsten Vertreter er Jean-Jacques Rousseau, den Anwalt der Gleichberechtigung, hielt.

Man war auf der Suche nach einem eigenen, einem „deutschen Weg" zur Freiheit. Und da entstand bald ein neuer Mythos – der Mythos von der „Nation". Die Gebildeten glaubten, die Deutschen würden erst dann wahrhaftig frei sein, wenn ihre Länder innerhalb der Grenzen der deutschen Sprache und Kultur einen mächtigen Nationalstaat bildeten. Eine intellektuelle Bewegung entstand, um diesen nationalen Gedanken zu untermauern. Das Wörterbuch der Brüder Jacob und Wilhelm Grimm steht ebenso in diesem Zusammenhang wie die Turnübungen des Friedrich Ludwig Jahn, dem eine spezifisch deutsche Art der körperlichen Ertüchtigung ein Herzensanliegen war.

Irgendwann war für einige der Gedanke der deutschen Nation ein solches Erlösungsversprechen am Horizont geworden, dass sie die Frage, mit welchen realistischen Schritten man zu einer Verbesserung der politischen Verhältnisse kommen könnte, kaum noch interessierte. Die Nation war etwas so Großes und Heiliges – wer wollte sich da noch mit pragmatischem Kleinklein abgeben?

So wurden viele deutsche Intellektuelle zu Kulturpessimisten. Gemessen an ihren hehren Idealen, war die Welt einfach zu schlecht, zu banal, zu dumm, zu geldgierig, zu unentschlossen. Was sollte ein Professor, der ja besser zu wissen glaubte, wozu ein Deutscher eigentlich berufen sei, sich da in die Niederungen der Debatte und des mühsamen Interessenausgleichs begeben? Lieber schrieb er Bücher und verfasste Aufsätze, in denen er der Welt seinen Ekel vor ihr mitteilte.

So auch Ernst Moritz Arndt, der – ohne dass dies seine Verfolgung jemals gerechtfertigt hätte – in seiner Wortwahl nie zimperlich war. Politiker? „Wir ringen um die Erschaffung des deutschen Volkes aus den Völkchen, unsere Herren aber bekehren sich nicht zur Treue – der Teufel hole sie!“ Adelige? „Edel und wohlgeboren ist nichts, was die Natur gut gemacht.“ Journalisten? „Man könnte doch wohl verlangen, das jeder, der sich herausnimmt zu schreiben und andere zu belehren, etwas Besseres wollen sollte, als auf den Jahrmärkten kaufen und verkaufen und karren und schreien.“ Zeitgenössische Musiker wie Mozart oder Beethoven? „Wie lieb und fromm klingen uns die alten Weisen und Lieder! Wie gemütlich und freundlich gehen sie zu Herzen! Aber hört das Neue! Haben die Menschen keine Ohren mehr, oder könnte selbst die Kunst unkünstlerisch werden?“ Philosophen? „Diese Schwächlinge, diese elenden Nachkrächzer der Menge.“ Theologen? „Sie glauben nicht mehr, lehren aber doch den Glauben.“ Künstler? „Sie treiben ein bedeutungsloses Spiel mit dem Götzen der Mode, es ist ein leerer Klang des Augenblicks.“

Ja, solche Sätze schrieb Ernst Moritz Arndt gern. Und dann legte der Professor die Feder weg, zog sein Jackett aus, krempelte die Ärmel auf und ging in seinen Garten. Er beschnitt die Rosen und harkte die Beete. Er jätete das Unkraut und wischte sich den Schweiß von der Stirn. Schließlich, nach getaner Arbeit, setzte er sich für einen Moment auf seine Terrasse und genoss den Blick über den Rhein zum Siebengebirge.

00:22

Ein wundersamer Knabe

Kaspar Hauser wird in Nürnberg auf der Straße aufgegriffen

Eine Minute am 26. Mai 1828

Zitternd vor Erregung und schwankend wie ein Betrunkener steht der Junge da. 16 oder 17 mag er sein, seine Körperhaltung ist höchst seltsam, er kann kaum stehen, die Füße scheinen ihm weh zu tun. In der rechten Hand hält er zwei verschlossene Umschläge, mit dem linken Arm sucht er Balance. Es ist Pfingstmontag kurz nach vier Uhr auf dem Nürnberger Unschlittplatz, einem kleinen, etwas abschüssigen Stadtplatz, der von dreistöckigen Fachwerkhäusern umstellt ist.

Die rechtschaffenen und nüchternen Bürger der protestantischen Kaufmannsstadt tragen dem Feiertag gemäß ihre besten Kleider und laufen gemächlichen Schritts über den Platz. Und da ist dieser Junge. Er fällt auf. Er ist dreckig, wirkt verwahrlost, hat etliche Wunden und Narben am Kopf. Ist mittelgroß, von etwas eigenartiger Statur, trotzdem wohlgenährt. Hat hellbraune Haare, ein rundes Gesicht, braune Augen und eine ganz eigenartig helle, feine und weiche Haut. Die ersten Leute bleiben stehen und umringen den Jungen in einigem Abstand.

„Sag, wer bist du?“, ruft einer. „Wo kommst du her?“, will ein anderer wissen. Aber der Junge antwortet nicht. Er zittert und schwankt nur noch mehr. Und er schaut die Fragenden ängstlich an. Die Passanten tauschen vielsagende Blicke aus. Immer wieder tauchen Fremde plötzlich in der Stadt auf. Jedes Mal sind sie zerlumpt, und nie erfährt man etwas über ihre Herkunft. Entweder sind es „Blödsinnige“ – wie die Bürger sie nennen –, die von ihren Verwandten verstoßen worden sind. Oder es sind Betrüger. Leider ist der Unterschied nie auf den ersten Blick erkennbar. Man beschließt, die Polizei zu verständigen.

Doch da sind bereits zwei königlich bayerische Kreis- und Stadtpolizisten im Laufschritt auf den Platz gekommen und bauen sich vor dem seltsamen Knaben auf. Als er auch ihnen keine Antwort auf die Frage nach seinem Namen gibt, nehmen sie ihm die beiden Umschläge ab, packen ihn an den Armen und bringen ihn zur Polizeiwache. Dort fragen sie ihn noch einmal, wer er sei. „Weiß nicht", antwortet der Junge knapp. Aber dann schreibt er den Namen „Kaspar Hauser" auf ein Blatt Papier.

Zwei Tage später wurde der Nürnberger Amtsarzt Dr. Preu – ein Anhänger der Homöopathie nach Hahnemann und deshalb vielen Anfeindungen ausgesetzt – beauftragt, den Findling Kaspar Hauser eingehend medizinisch zu untersuchen und die Ergebnisse anschließend in einem Gutachten festzuhalten. Kaspar Hauser war zu diesem Zeitpunkt im städtischen Gefängnis inhaftiert, wo er sich weiterhin sehr auffällig verhielt. Er sprach kaum, ekelte sich vor Fleisch und Kuhmilch und wollte nur Wasser und Brot zu sich nehmen. Tageslicht schien ihm Schmerzen zu bereiten, und das kleinste Geräusch erschreckte ihn, so dass er am ganzen Körper zitterte.

In einem ersten Gutachten stellte Dr. Preu fest, „dass dieser Mensch weder verrückt noch blödsinnig, aber offenbar auf die heilloseste Weise, von aller menschlichen und gesellschaftlichen Bildung gewaltsam entfernt, wie ein halb wilder Mensch erzogen worden ist". Wegen der umstrittenen Methoden des Dr. Preu wurde noch ein allopathischer Arzt, Dr. Osterhausen, als Zweitgutachter herangezogen, der jedoch zum selben Ergebnis kam. „Hauser lebte die erste Zeit seiner Kindheit unzweifelhaft unter Menschen und genoss selbst eine Erziehung", schrieb er in seinem Gutachten und fuhr fort: „Wahrscheinlich war Hauser, als er eingekerkert wurde, schon 3 bis 4 Jahre alt. Sein Kerker muss dunkel und wahrscheinlich unter der Erde gewesen sein. So verlebte er wenigstens zwölf Jahre. Während dieser Zeit sah er kein menschliches Wesen, hörte keine menschliche Stimme, wurde vernachlässigt und sich selbst überlassen."

Nach etlichen Verhören schloss auch die Polizei aus, dass Kaspar Hauser ein Betrüger sein könnte. Der Nürnberger Bürgermeister Jakob Binder machte den Fall am 14. Juli öffentlich – und erregte damit großes Aufsehen. Dem „wilden Kind" schlug eine Mischung aus Sensationsgier und Mitgefühl entgegen. Nicht nur ganz Nürnberg, sondern halb Europa kannte bald den Namen Kaspar Hauser.

Die Herkunft des Jungen, der Ort und die genauen Umstände seiner Gefangenschaft, der Anlass für sein Schicksal – alles das konnte bis heute nicht aufgeklärt werden. Die beiden Briefe, die Kaspar Hauser bei sich trug, als er aufgegriffen wurde, nannten „Kaspar" als seinen Vornamen und den 30. April 1812 als sein Geburtsdatum. Aber wer hatte sie geschrieben? Bald kam das Gerücht auf, Kaspar Hauser könnte ein Spross des Hauses Baden sein. War er ein badischer Erbprinz, den man aus machtpolitischen Gründen hatte „verschwinden" lassen? War er gar ein uneheliches Kind der Großherzogin mit Napoleon Bonaparte? Hatte eine eigenartige Flaschenpost, die im September 1816 aus dem Rhein gefischt worden sein soll, etwas mit dem Fall zu tun? Immer gab und gibt es Argumente und Gegenargumente.

Am 18. Juli 1828 entließ die Stadt Nürnberg Kaspar Hauser aus dem Gefängnis und beauftragte den Gymnasiallehrer Georg Friedrich Daumer mit seiner Pflege und Erziehung. Daumer lehrte ihn mit Erfolg die üblichen Schulfächer. Im folgenden Jahr verübte ein maskierter Täter mit einem Beil einen ersten Mordanschlag auf Kaspar. Das Verbrechen konnte nicht aufgeklärt werden. Kaspar Hauser erhielt Polizeischutz.

In den kommenden Jahren kümmerten sich erst ein englischer Lord, dann der Jurist und Rechtsreformer Paul Johann

Anselm Feuerbach um den jungen Mann. Feuerbach verschaffte Kaspar Hauser 1832 eine Stelle als Schreiber beim Gericht in Ansbach. Im folgenden Jahr ermordete ein Unbekannter Kaspar mit einem Dolch. Am Tatort fand man ein Bekennerschreiben, doch auch die Hintergründe dieses Verbrechens liegen im Dunkeln.

Der mysteriöse Kriminalfall macht sicher einen großen Teil der bis heute spürbaren Faszination aus, die von dem Namen Kaspar Hauser ausgeht. Interessanter, weil charakteristischer für diese Epoche, ist aber ein anderer Aspekt. Zu dieser Zeit begann man, sich immer intensiver mit dem Individuum zu befassen. Wissenschaftler und interessierte Laien machten sich Gedanken über die Funktionszusammenhänge des menschlichen Körpers und die Tiefen der menschlichen Seele. Man fing an, über die richtige Erziehung, die richtige Ernährung oder die seelischen Folgen grausamer Behandlung zu streiten. So kämpfte Paul Johann Anselm Feuerbach leidenschaftlich für ein menschlicheres Strafrecht. Johann Gottfried Herder hatte über den „natürlichen“ Zustand des Menschen philosophiert. Und Samuel Hahnemann hatte mit seiner Homöopathie die Schulmediziner brüskiert.

Natürlich gab es schon seit der Antike ein breites Wissen über den Menschen. Aber nie war das Individuum in seiner ganzen körperlich-seelischen Gestalt so neugierig betrachtet worden wie seit Aufklärung und Romantik. Ein Sigmund Freud oder C. G. Jung waren zwar noch lange nicht zu erwarten, aber die Grundlagen für die moderne Psychologie und Psychosomatik wurden jetzt gelegt. Und Kaspar Hauser war da ein unfreiwilliges Versuchskaninchen.

Wer auch immer Kaspar Hauser über ein Jahrzehnt in Isolation gehalten hatte – er sorgte für eine Versuchsanordnung, wie sie den Forschern überaus gelegen kam, auch wenn ihr Gewissen es ihnen niemals erlaubt hätte, einem Menschen so etwas anzutun. Kaspar Hausers Schicksal war nun einmal nicht zu ändern, und so beobachtete man ihn genau. Erstaunt stellte der Lehrer Daumer fest, wie sprachlich und künstlerisch begabt Kaspar war. Und der Amtsarzt Dr. Preu machte an ihm Experimente mit homöopathischen Hochpotenzen, deren Ergebnisse er später im „Archiv für Homöopathische Heilkunst" veröffentlichte. So löste etwa millionenfach potenzierter Schwefel starke Kopfschmerzen, Nasenbluten, Hautausschlag und Durchfall aus.

Das heißt nun nicht, dass man Kaspar Hauser zum bloßen Objekt des Forscherinteresses herabgewürdigt hätte. Im Gegenteil, viele identifizierten sich mit ihm, ja verklärten ihn zu einem „reinen, offenen" Menschen, der unverdorben „die höchste Unschuld der Natur" verkörpere und mit seiner „alle Umgebungen anziehenden Herzlichkeit und Gutmütigkeit" besteche. So jedenfalls schrieb es der Nürnberger Bürgermeister Binder und fuhr fort, er sei der „Überzeugung, dass ihn die Natur mit den herrlichsten Anlagen des Geistes, Gemüts und Herzens reich ausgestattet hat."

Was die Menschen hier bereits umtreibt, wird Freud später das „Unbehagen in der Kultur" nennen. Die Industrialisierung schreitet rasant voran und mit ihr ein beschleunigter sozialer Wandel, ein beispielloser Zivilisationsprozess. Die moderne Massengesellschaft erscheint am Horizont. Manchen bereitet das Sorge. Sie fragen sich: Leben wir noch gemäß der Natur? Oder entfernen wir uns schon zu weit von ihr? Was ist eigentlich gesund, was krank? Was ist angeboren, was ist anerzogen? In diesem Spannungsfeld wird der moderne Mensch seine Position bestimmen müssen. Kaspar Hauser ist die Personifizierung dieses Konflikts.

00:23

„Ein freies deutsches Vaterland“

Auf dem Turm des Hambacher Schlosses wird die schwarz-rot-goldene Fahne gehisst

Eine Minute am 27. Mai 1832

Hoch über dem Rheintal liegt die Ruine der Maxburg an der Pfälzischen Weinstraße. Die Romantiker, deren Schriften und Gemälde in diesen Jahren populär sind, hätten sie sich kaum schöner ausdenken können. Ein gut erhaltener Turm, ein von pittoresk verfallenem Gemäuer umgebener Innenhof, viel Grün ringsumher und ein spektakulärer Ausblick in die Landschaft.

Die Menschen, die am heutigen Sonntag zur Burgruine ziehen wollen, haben sich schon seit dem frühen Morgen auf dem Marktplatz des nahe gelegenen Neustadt versammelt. Es sind Männer und Frauen, sie sind jung, und es werden immer mehr. Alle sind sie festlich gekleidet, viele tragen bunte Fahnen, Musikinstrumente oder frische Blumengebinde. Von den Kirchtürmen der Stadt ertönt Glockengeläut. Nur das Maiwetter ist noch nicht ganz so festlich. Es ist schwülwarm, und es ziehen Schauerwolken heran. Dann ertönen Schüsse. Böllerschüsse! Es ist das Signal für den Aufbruch des Festzugs zur Burgruine ins benachbarte Hambach. An der Spitze marschiert die Bürgergarde im Takt ihrer Musik. Dann folgen rot-weiß gekleidete Mädchen, angeführt von einem jungen Fähnrich mit einer polnischen Fahne. Nach einer weiteren Abteilung der Bürgergarde marschieren die Festredner. Jeder von ihnen, auch Philipp Jakob Siebenpfeiffer, trägt eine schwarz-rot-goldene Schärpe mit der Aufschrift „Deutschlands Wiedergeburt“.

Dann eine Abordnung nach der anderen. Studenten aus allen deutschen Ländern, aus dem zur Freiheit drängenden Polen und dem schon freien Frankreich. Der große Wagenzug, angeführt von dem Mitorganisator Johann August Wirth, der von Kaiserslautern nach hier gekommen ist und nun über den staubigen Weg poltert. Und irgendwo im Gewühl der Ehrengast Ludwig Börne, ein deutscher Publizist, der inzwischen in Paris lebt, weil seine Äußerungen hierzulande unerwünscht sind.

Gegen Mittag ist der Festzug auf dem Schlossberg angekommen. Doch vor dem Festessen im Innenhof wird auf dem Turm der Ruine langsam und feierlich eine Fahne gehisst. Alle halten inne. Alle recken die Hälse. Die Fahne hat die Farben des Freikorps Adolf von Lützows aus den Kriegen der Deutschen gegen Napoleon: Schwarz, Rot und Gold.

Hambach – ach ja. Als in den 1980er Jahren die öffentlich-rechtlichen Fernsehanstalten der Bundesrepublik nach langem Gezerre in ihren von den Parteien beherrschten Gremien dazu übergingen, zum abendlichen „Sendeschluss" – so etwas gab es damals noch – die Nationalhymne zu spielen, hatten die Redakteure in den Funkhäusern ein Riesenproblem. Wie das „Deutschlandlied", Strophe drei, für die Zuschauer an den Geräten mit Bildern unterlegen? In einer Republik, die jedem nationalen Pathos für immer abgeschworen hatte, ließ sich gar nicht ermessen, wie heikel diese Aufgabe war.

Zum Glück gab es das Hambacher Schloss. Das, neben ein paar anderen unverfänglichen Requisiten der deutschen Geschichte, war die Rettung. Und so sahen wir denn nach den letzten Nachrichten – irgendwie hatten sie für mich einen flapsigeren Ton als die Hauptnachrichten, aber ich kann mich auch getäuscht haben – und dem allerletzten Wetterbericht die Fahne auf dem Turm des Hambacher Schlosses wehen. Jene Fahne, von der es immer hieß, sie sei schwarz-rot-golden, auch wenn wir allesamt seit Kindertagen ausschließlich schwarz-rot-gelbe gesehen hatten.

Hambach, der gute Teil unserer Geschichte. Hambach, unsere demokratischen Wurzeln. Hambach, auf das wir zwar auch nicht stolz sein, aber an das wir wenigstens denken durften, ohne uns zu schämen. Das Hambacher Fest erfüllte alle Voraussetzungen eines staatstragenden Minimalmythos der alten Bundesrepublik. Und es erfüllte damit ebenfalls die Voraussetzungen für alle, die in dieser auf biedere, aber manchmal auch gewinnende Weise selbstzufriedenen Blase der Weltgeschichte aufgewachsen sind, zu so etwas wie dem langweiligsten Ereignis aller Zeiten zu werden. Schulstoff eben. Und Abspann.

Dabei ist die Leidenschaft, mit der die Jugend von 1832 auf den Hügel der Maxburg zog, mit dem Überschwang zeitgeschichtlicher Ereignisse wie Woodstock oder der Friedensdemo im Oktober 1981 in Bonn durchaus vergleichbar. Der Hauptunterschied besteht vielleicht in dem persönlichen Risiko, das junge Menschen zur Zeit des Hambacher Festes auf sich nahmen, wenn sie öffentlich ihre Meinung kundtaten. Jahrelange Gefängnishaft und anschließende Ausweisung aus der Heimat konnten die Folge sein. Grundlage waren die im buchstäblichen, aber nicht übertragenen Sinn fürstlichen „Karlsbader Beschlüsse" von 1819.

Politische Versammlungen waren damals in Deutschland schlicht verboten. Ausnahmslos. Das Maifest, offiziell als Essen unter freiem Himmel angemeldet, wurde zunächst erlaubt, dann verboten, dann wieder erlaubt. Ein Hickhack, der sich unter Studenten als die bestmögliche Werbung entpuppt hatte. Die Gasthäuser in Neustadt und Umgebung waren schon Tage im Voraus überfüllt, ebenso die Privatquartiere. In Sälen und Schulen richtete man Massenunterkünfte aus Stroh ein. Die Lebensmittel wurden knapp, und Händler nahmen Wucherpreise.

Die Pfälzer, die zu Bayern gehörten, hatten es noch relativ gut, denn die bayerische Verfassung garantierte ihnen einige Freiheiten. Aber die Studenten in ganz Deutschland wollten mehr als ein paar Zugeständnisse der Obrigkeit. Konnte es denn sein, dass im Land der Dichter und Denker, in Schillers „Kulturnation", kein Mensch öffentlich über Politik reden durfte? Und konnte es sein, dass dieses Land, Nachbar einer so großen Nation wie Frankreich, in weiten Teilen einem Flickenteppich glich, in dem bornierte Landesfürsten Kleinkriege führten und die Bürger wie Leibeigene behandelten? Das musste aufhören. Vereint sollte Deutschland sein. Vereint und frei.

Deshalb die Farben Schwarz, Rot und Gold, die seit dem Wartburgfest 1817 für die Studenten das Symbol der Einheit und Freiheit Deutschlands waren. Deshalb die polnischen Gäste, die vor zwei Jahren einen Aufstand gegen ihre russischen Aufseher gewagt hatten. Deshalb auch Ludwig Börne, der den Herrschern als Agitator, ja als Staatsfeind galt.

Als die Fahne auf dem Schlossturm wehte, gab es erst einmal etwas zu essen. Aber nicht für alle, sondern nur für diejenigen, die im Vorverkauf happige anderthalb Gulden zu berappen bereit gewesen waren. Die meisten brachten da ihr Essen lieber selbst mit und setzten sich damit irgendwo ins Gras statt an die für zahlende Gäste reservierten Tische.

Und nach dem Essen – die Festreden. 25 Redner hatten sich angekündigt, darunter allein 19 Redakteure freiheitlich gesinnter Zeitungen. Es war nicht nur eine Studentenversammlung, sondern auch ein Journalistentreffen. Hauptredner waren Siebenpfeiffer und Wirth. Vor allem der studierte Jurist Philipp Jakob Siebenpfeiffer verstand es, mit einer bildreichen Sprache das Publikum zu fesseln. Er forderte die Deutschen auf, sich nicht mehr wie Knechte unter das Joch der Fürsten zu beugen. Und er prophezeite ein vereintes Deutschland, in dem Männer und Frauen gleichberechtigt sein werden.

Wegen dieser und anderer Inhalte seiner Rede wurde Siebenpfeiffer kurz nach dem Hambacher Fest zu zwei Jahren Gefängnis verurteilt. Er floh in die Schweiz und wurde dort Professor. Bayerische Truppen rückten unterdessen in die Pfalz ein, und die Presse wurde nun noch schärfer zensiert. Doch irgendwann, eines fernen Tages, würde Deutschland frei sein. Dann würde der Druck der Politiker auf die Medien nicht mehr Zensur heißen, sondern Rundfunkrat.

00:24

Der schnaufende Adler

Die erste deutsche Dampfeisenbahn für den Personenverkehr setzt sich in Bewegung

Eine Minute am 7. Dezember 1835

Der Lokführer trägt Frack und Zylinder. Es heißt William Wilson und stammt genau wie die Lokomotive, mit deren 21 Pferdestärken sich in dieser Minute der erste Personenzug von Nürnberg nach Fürth in Bewegung setzt, aus England. Die Dampflok ist einschließlich des Schlepptenders gerade einmal siebeneinhalb Meter lang. Und abgesehen von dem imposanten Schornstein, der ganz vorn aufragt, geht sie einem erwachsenen Mann bloß bis zur Brust. Der Lokführer und sein Heizer, Johann Hieronymus aus Nürnberg, sind weder vor Regen noch vor dem Fahrtwind geschützt. Aber niemand scheint sich bisher darüber beschwert zu haben. Auf der Strecke zwischen Stockton und Darlington bewährt sich das Modell schon seit zehn Jahren.

„Adler" steht groß auf dem Dampfkessel, darauf haben die Franken dann doch bestanden. Aber konstruiert haben „The Eagle" die beiden Engländer George und Robert Stephenson. Die private Nürnberger „Ludwigs-Eisenbahn-Gesellschaft" hat die Lok für 1140 Pfund Sterling bei Stephenson and Company in Newcastle gekauft. Sie ist in über 100 Einzelteilen geliefert worden und musste in der hiesigen Maschinenfabrik Spaeth zusammengesetzt werden. Gleichzeitig hat man auf einer fast schnurgeraden Strecke neben der Nürnberg-Fürther Chaussee, der meistbefahrenen Straße im Königreich Bayern, die schmiedeeisernen Schienen verlegt. Kutschbauer aus der Region haben dann die Wagen hergestellt. Diese besitzen jeweils drei Einstiege, sind je nach Klasse seitlich offen oder geschlossen und sehen aus, als habe man eine Postkutsche verlängert und dann auf ein Fahrgestell montiert.

Jubel bricht aus, als der Zug Fahrt aufnimmt. Schwarzer Qualm dringt aus dem Kamin, der Dampfkessel schnauft. William Wilson blickt konzentriert. Die Schaulustigen winken den ersten Fahrgästen zu. Einige – nicht alle – winken zurück. Die Zeitungsreporter zücken ihre Notizbücher. In Deutschland hat das Eisenbahnzeitalter begonnen.

Die Eisenbahnstrecke zwischen Nürnberg und Fürth gehört heute zu den langweiligsten in Deutschland. Niemand schaut aus dem Fenster, nachdem der ICE 3 im Nürnberger Hauptbahnhof leise summend Fahrt aufgenommen hat. Die meisten wollen nach Leipzig, Berlin oder Hamburg – was sind da die gut sieben Kilometer nach Fürth? Der eine packt seinen Laptop auf den Tisch, fährt das Betriebssystem hoch und beginnt, auf der Tastatur hektisch irgendetwas zu tippen. Ein anderer vertieft sich in das „Handelsblatt". Und ein dritter lässt sich einfach in die Lederpolster sinken und schließt die Augen. Hier gibt es absolut nichts zu sehen.

Wenn die Zeitungs- und Magazinleser im Großraumwagen auf einen Artikel über die Deutsche Bahn stoßen, dann hat er mit hoher Wahrscheinlichkeit einen negativen Beigeschmack. Manchmal fällt er regelrecht sarkastisch aus. Und oft dreht er sich um die Frage: Staat oder privat? Von der Begeisterung der ersten Bahnfahrt im Jahr 1835 ist nichts mehr zu spüren. Die Bahn ist zu einem Unternehmen geworden, an dem die Deutschen gerne ihren Frust abreagieren. Mit ihren modernen Wagen, ihren schicken neuen Bahnhöfen und ihrem freundlichen Service hat sie es weniger denn je verdient. Aber gerecht war die öffentliche Meinung noch nie.

Nein, man kann sich nicht mehr so recht vorstellen, dass die Deutschen in der ersten Hälfte des 19. Jahrhunderts den Anbruch einer neuen Epoche in nichts so sehr symbolisiert sahen wie in der Eisenbahn. Der schnaufende Zug mit dem „Adler“ vorneweg – für heutige Augen sieht er aus, als solle er Kinder durch einen Vergnügungspark befördern – sorgte für eine ungeheure Aufbruchstimmung. Im „Eisenbahnzeitalter“ würde der Mensch über sich hinauswachsen!

Der Reporter des „Stuttgarter Morgenblattes“, der bei der ersten Fahrt der „Bayerischen Ludwigsbahn“ dabei war, schrieb daraufhin in seiner Zeitung:

> *Wer möchte in einem solchen Moment nicht den ganzen Unterschied der modernen wie der alten und der mittleren Zeit im Lokomotivführer personifiziert erblicken! Jedes körperliche Geschick, welches gleichwohl nicht fehlen darf, tritt bei ihm in den Hintergrund, in den Dienst der verständigen Betrachtung auch des Kleinsten, als eines für das Ganze Wichtigen. Keinen Augenblick müßig, auf alles achtend, die Minute berechnend, da er den Wagen in Bewegung zu setzen habe, erschien er als der regierende Geist der Maschine und der in ihr zu ungeheurer Kraftwirkung vereinigten Elemente.*

Den Journalisten faszinierte, wie Mensch und Maschine verschmolzen. Angesichts der Einfachheit der Technik, die es hier zu bedienen galt, wirkt der Bericht auf uns heute unfreiwillig komisch. Aber für ein Space Shuttle kurz vor dem Start oder auch nur einen Airbus auf dem Rollfeld kommt es immer noch darauf an, „keinen Augenblick müßig, auf alles achtend, die Minute berechnend“ vorzugehen. Und dieses Prinzip ist entscheidend. So eine Art der Arbeit, bei dem die körperliche Kraft des Menschen überhaupt nicht wichtig ist, bei der auch das körperliche Geschick nur eine zweitrangige Rolle spielt und es stattdessen ganz auf volle Konzentration und Kenntnis des Geräts ankommt, hatte es früher nie gegeben. Die Menschen brachen mit Volldampf auf in das Zeitalter der modernen Technik.

In Deutschland ging dieser Aufbruch von Anfang an sowohl auf staatliche als auch auf private Initiative zurück. Dabei waren sich Staat und Private über die einzuschlagende Richtung selten einig – und würden es auch in Zukunft nicht sein. Die erste Dampfeisenbahn für den Personenverkehr hieß zwar „Ludwigsbahn" – nach dem bayerischen König Ludwig I. – doch der Monarch interessierte sich kaum für das Projekt und ließ sich auch bei der Eröffnung nicht blicken.

Ludwig hatte der Namensgebung zugestimmt und die bayerische Regierung veranlasst, symbolisch zwei Aktien der Eisenbahngesellschaft zu kaufen. Aber eigentlich sah der König die Eisenbahn, nachdem er kurze Zeit mit ihr geliebäugelt hatte, als lästige Konkurrenz für seine eigene Infrastrukturpolitik, die vorsah, das Land Bayern über ein Netz von Schifffahrtskanälen zu erschließen.

So waren es Nürnberger Kaufleute, die am 14. Mai 1833 eine „Gesellschaft zur Errichtung einer Eisenbahn mit Dampffahrt" gründeten und innerhalb von nur sechs Monaten Kapital in Höhe von 132 000 Gulden zusammenbrachten. Man versprach den Anlegern einen Kapitalzins von 12,66 Prozent, was vielen unrealistisch erschien. Doch schon ein Jahr nach der Aufnahme des Eisenbahnbetriebs konnte die Gesellschaft eine Dividende von 20 Prozent zahlen – so erfolgreich war die Eisenbahn.

Dabei war der Bau der Strecke nicht ohne Schwierigkeiten abgelaufen. Durch den Erwerb der nötigen Grundstücke war es zu einer Kostenexplosion gekommen. Eine private Gesellschaft konnte ja niemanden enteignen und auch – mangels gesetzlicher Regelungen für derlei Infrastrukturprojekte – niemandem einen Preis diktieren. So verkaufte mancher Bauer der Gesellschaft ein eigentlich wertloses Stück Land zu einem Wucherpreis, weil er ja wusste, dass der Eisenbahnbau ohne dieses Grundstück scheitern musste. Man sieht daran, dass ein verlässlicher wirtschaftspolitischer Rahmen komplett fehlte. Aber die Unternehmer jammerten nicht, sondern verstanden zu improvisieren und erreichten ihr Ziel trotzdem. Der Fahrbetrieb, der zunächst nur zwei Mal am Tag mit der einzigen Lokomotive bestritten werden konnte, wurde zügig ausgebaut.

Schon im Jahr 1839 entstand zwischen Leipzig und Dresden die erste Fernbahn. Auf einer Länge von 120 Kilometern und – sensationell – mit einem Tunnel. Überall in den deutschen Ländern nahmen private Eisenbahngesellschaften ihren Betrieb auf. Im Lauf der Zeit wurde auch die politische Bedeutung der Eisenbahn erkannt. Viele sahen in ihr ein Symbol für die Überwindung des deutschen Kleinstaatendenkens. Mit der Eisenbahn würde Deutschland vernetzt werden. Man sah, wie Warenströme und die Mobilität von Menschen die Wirtschaft ankurbelten.

Schließlich war es der preußische Ministerpräsident Otto von Bismarck, der nach der Gründung des Deutschen Reiches 1871 mit den vielen privaten Eisenbahngesellschaften Schluss machen und eine einheitliche Staatsbahn schaffen wollte. Ein Hauptgrund dafür war die steigende militärstrategische Bedeutung der Eisenbahn. Der effektive Truppentransport sollte nicht in privaten Händen liegen. Das Eisenbahnwesen war aber auch wenig effizient. Die unterschiedlichen Gesellschaften gingen sich aus dem Weg, statt Chancen für Verknüpfungen des Netzes zu nutzen. Und die uneinheitlichen Tarife erforderten bei jedem überregionalen Gütertransport wahre Kalkulationskünste.

Erst nach dem Ersten Weltkrieg wurde die Eisenbahn komplett verstaatlicht. Es entstand die Deutsche Reichsbahn, der Vorläufer der Deutschen Bahn, die heute die Strecke zwischen Nürnberg und Fürth bedient. Doch wer weiß, vielleicht überlegt es sich die Politik noch einmal anders, und wie schon 1835 stellt hier ein privates Unternehmen die Lokomotiven.

00:25

„Niemals war ein Mann so frech ...“

Heinrich Ludwig Tschech schießt auf Preußenkönig Friedrich Wilhelm IV.

Eine Minute am 26. Juli 1844

Es wird ein heißer Tag werden. Ende Juli macht sich der kontinentale Einschlag des Berliner Klimas bemerkbar. Die Luft ist staubig, das Licht gelblich, und manchmal regnet es wochenlang nicht. Schon früh am Morgen ziehen die Arbeiter ihre Jacken aus und knöpfen die Hemden auf. Die Pferde in den Geschirren schnaufen und lassen den Tag langsamer angehen als sonst.

Doch der Mann, der da am Portal des Stadtschlosses steht, trägt einen dicken schwarzen Mantel. Er hat etwas zu verbergen. Es ist eine Pistole mit Doppellauf, in die man zwei Kugeln laden und mit separaten Hebeln abfeuern kann. Gestern Abend hat er schon einmal hier gewartet. Da hat er eine Dame in einem schwarzen Kleid getroffen, die dem König eine Bittschrift überreichen will. Und er hat erfahren, dass der König und die Königin heute Morgen zu einer Reise nach Frankfurt an der Oder aufbrechen werden.

Um halb acht ist noch nichts von einem Aufbruch zu erkennen. Der schlanke Mittfünfziger mit den markanten, aber vornehmen Gesichtszügen und dem sorgfältig gescheitelten dunklen Haar geht hinüber zum königlichen Marstall. Dort, wo für den König angespannt wird, erfährt er, dass Majestät um punkt acht aufbrechen wird. Also zurück zum Portal.

Quälende Minuten des Wartens. Dann endlich fährt die offene Kutsche vor. König und Königin kommen die Schlosstreppe hinunter. Und die Dame von gestern Abend ist wieder da. Sie überreicht dem König ihr Schreiben. Dieser nimmt es an und gibt es einem Kammerdiener. Der König steigt zu seiner Frau, die schon sitzt, in die Kutsche. Da tritt Heinrich Ludwig Tschech an den Wagen, zielt mit seiner Pistole auf die Brust des Königs und feuert beide Kugeln schnell hintereinander ab.

Im Pulverdampf ist erst einmal nichts zu sehen. Als sich der Rauch verzieht, wendet sich der König seiner Frau zu, um sie zu beruhigen. Unterdessen ist Tschech von einer Menge umringt, die ihn beschimpft und verprügelt, bis Polizei und Militär hinzukommen und den Attentäter festnehmen. „Der Mann hat sich einen Spaß gemacht", meint der König zu seiner schockierten Gattin. Dann steht er auf und zeigt sich der Menge. In volkstümlichem Berlinisch ruft er den Leuten zu: „Kinder, mir fehlt nischt!"

Nein, Heinrich Ludwig Tschech wollte sich keinen Scherz erlauben. Er wollte Preußens König Friedrich Wilhelm – nördlich des Mains der mächtigste Mann in Deutschland – aus nächster Nähe erschießen. Am Tag vor den Schüssen ließ er eine Daguerreotypie, eine frühe Form der Fotografie, von sich anfertigen. Sie zeigt ihn in Heldenpose, die linke Hand auf dem Herzen, den rechten Arm siegessicher erhoben. Heutige Attentäter machen Bekennervideos, damals war die Technik noch nicht so weit.

Aber was wollte dieser Tschech? Einen politischen Umsturz definitiv nicht. Es sollte ein Ehrenmord werden. Denn Heinrich Ludwig Tschech fühlte sich vom preußischen Staat in seiner bürgerlichen Ehre zutiefst gekränkt. Der Pfarrerssohn war Bürgermeister des kleinen Ortes Storkow im Seengebiet der Dahme gewesen. Doch er hatte sich mit den vorgesetzten Behörden immer wieder gestritten. Da setzten diese ihn kurzerhand ab, um ihre Ruhe zu haben.

Damit wollte Tschech sich nicht abfinden. Er machte Eingaben bei allen möglichen Ämtern und schließlich beim König. Ohne Erfolg. Als klar war, dass es bei seiner Entlassung bleiben würde, griff er zur Waffe. Und schoss daneben. Tschech wurde in Spandau inhaftiert und dort zum Tode verurteilt. Das vor allem, weil er darauf beharrt hatte, im Recht zu sein. Er zeigte keinerlei Reue. Ja, nach dem Todesurteil lehnte er es zum Entsetzen des Königs sogar ab, ein Gnadengesuch zu stellen.

Das aber war der öffentlichkeitswirksame Plan der Obrigkeit gewesen: Tschech erst zum Tode verurteilen und ihn dann begnadigen. So demonstriert man absolute Macht über Leben und Tod. Aber Tschech spielte nicht mit. Unter Tränen, so heißt es, unterschrieb Friedrich Wilhelm schließlich das Todesurteil. Am 14. Dezember wurde es vollstreckt.

Dass Friedrich Wilhelm seinen Attentäter herzlich gern begnadigt hätte, ist sehr wahrscheinlich. Nicht nur, weil die Schriftstellerin Bettina von Arnim und andere Intellektuelle, für die der König stets ein Ohr hatte, sich dafür einsetzten. Sondern auch, weil es zur Harmoniebedürftigkeit eines Mannes gepasst hätte, der so gar nicht in die Reihe der preußischen Säbelrassler passen will. Friedrich Wilhelm IV. ging als „der Romantiker auf dem Thron" in die deutsche Geschichte ein. Wie alle solche Etiketten vereinfacht es die Wahrheit, ohne sie ganz zu verfehlen.

Angefangen hatte alles mit den Ritterromanen des Baron Friedrich de la Motte Fouqué, die Friedrich Wilhelm als Kronprinz verschlang. Am liebsten hätte der Monarch, mitten im Zeitalter der rasanten Industrialisierung, in der märchenhaft entrückten Welt eines idealen Mittelalters gelebt. Einer Welt, in der eine gottgewollte Standesordnung herrscht und in der Volk und Obrigkeit nicht durch Rechtsbeziehungen, sondern durch Zuneigung und Treue verbunden sind.

Man hat es ein „deutsches Ideal" genannt, das Friedrich Wilhelm sich da erträumte. Ein Staat, der allein auf persönliche Bindungen und kulturelle Werte gegründet ist, war jedoch mit dem neuen Industriekapitalismus ebenso wenig vereinbar wie mit dem aggressiven Nationalismus, der immer mehr Anhänger fand. Die Vorstellungen des Königs, getrieben von dem

Wunsch nach vollkommener sozialer Harmonie, wurden von Tag zu Tag weltfremder.

Allein in Kunst und Kultur konnte Friedrich Wilhelm seine Ideen tatsächlich umsetzen. Die Vollendung des Kölner Doms nach jahrhundertelangem Baustopp ist seinem leidenschaftlichen Engagement zu verdanken. Schließlich symbolisiert nichts die mittelalterliche Vorstellung einer gottgewollten Weltordnung eindrucksvoller als die gotische Kathedrale.

In Potsdam ließ der König Bauten errichten, die heute zu den schönsten der Schlösser- und Gartenlandschaft an der Havel zählen: die Friedenskirche, die Orangerie, Schloss Charlottenhof, Krongut Bornstedt, das Belvedere auf dem Pfingstberg und manches mehr. Der Marlygarten an der Friedenskirche wurde wegen seiner Harmonie und Schönheit zum Vorbild für die Villengärten der zweiten Hälfte des 19. Jahrhunderts. Und das Volk hatte zu den königlichen Gärten immer freien Zutritt. Der Monarch wollte beim Morgenspaziergang seine Untergeben treffen und ihnen einen guten Tag wünschen.

Die Schüsse von 1844 waren nur der erste Anschlag auf diese – in den Augen Friedrich Wilhelms – heile Welt. Vollends in die Wirklichkeit zurückholen sollte den Monarchen die Revolution vom März 1848. Nicht umsonst nennt man die Jahre davor die „Vormärzzeit". Überall gärte es, die Unruhen warfen ihre Schatten voraus. Industrielle Moderne und politisches Mittelalter – das wollte auf Dauer nicht zusammenpassen.

Und ausgerechnet der schöngeistige Friedrich Wilhelm kam so noch an eine Schurkenrolle in der deutschen Geschichte: als der Reaktionär, der die Chance verstreichen ließ, schon 1848 die Weichen in Richtung Demokratie zu stellen. Und als Monarch, der nun seinerseits auf Bürger schießen ließ. Das hat er zwar nicht persönlich angeordnet, musste es sich aber politisch zurechnen lassen. Eine berühmte Karikatur zeigt ihn an einer dicken Kanone, eine riesige Kugel auf das ängstliche Volk abfeuern. „An meine lieben Berliner", heißt es dazu.

Unterdessen wurde Tschech zum lustigen Volkshelden der Arbeiterbewegung. Zwar hatte er den korpulenten König auf zwei Meter Entfernung nicht getroffen. Aber immerhin hatte er geschossen! In einem Spottlied, das bald zu den Lieblingsliedern von Friedrich Engels, dem Co-Autor des „Kommunistischen Manifests" zählte, heißt es:

Niemals war ein Mann so frech
wie der Bürgermeister Tschech,
denn er traf fast um ein Haar
unser teures Königspaar.
(...)
Hatte je ein Mensch so'n Pech
wie der Bürgermeister Tschech,
dass er diesen dicken Mann
auf zwei Schritt nicht treffen kann?

Tschechs gescheiterter Ehrenmord mag heute eine historische Fußnote sein. Und doch steckt mehr dahinter. Die unerschütterliche Überzeugung moralischer Überlegenheit, verbunden mit dem Willen zur Selbststilisierung, macht Tschech vielleicht zum ersten modernen Terroristen. Noch wichtiger scheint mir aber ein anderer Aspekt. In Tschechs Überzeugung, dass man einen Bürgermeister nicht mal so eben absetzen darf, drückt sich der Wunsch nach Rechtsstaatlichkeit statt obrigkeitlicher Willkür aus. Vier Jahre später, nachdem noch einige Schüsse mehr gefallen sein werden, wird Friedrich Wilhelm gezwungen sein, Preußen die erste Verfassung zu geben. Sie wird die Basis unseres modernen Rechtsstaats bilden.

00:26

Das Parlament der klugen Köpfe

Die Abgeordneten der Nationalversammlung ziehen in die Paulskirche ein

Eine Minute am 18. Mai 1848

Die Kirche ist kaum noch als solche zu erkennen. Und das ist Absicht. In den nächsten Wochen soll hier nicht gebetet, sondern debattiert werden. Sogar den Vorschlag eines Eröffnungsgebets werden die Männer in den schwarzen Anzügen, die gerade in einem langen Zug an der Ehrengarde vorbei auf das Portal zuschreiten, ablehnen. Immerhin läuten die Glocken. Doch sie werden übertönt vom Donner der Salutschüsse aus eisernen Kanonenrohren.

Man hatte im Rathaussaal tagen wollen, hier in Frankfurt, der Krönungsstadt deutscher Kaiser, wo schon die Mitglieder des von den Fürsten bestimmten Bundestags regelmäßig zusammenkommen. Aber auf dem Römerberg ist viel zu wenig Platz für die knapp 400 Abgeordneten des ersten gewählten Parlaments für ganz Deutschland.

Da trifft es sich gut, dass die vor 15 Jahren fertiggestellte Paulskirche, der größte Versammlungsraum des politisch selbstständigen Frankfurt, von Anfang an ein städtisches Bauvorhaben gewesen ist. Der Senat hat nicht nur eine moderne Kirche errichten lassen, sondern kommt auch für Logis und Gehalt der lutherischen Pfarrer auf. Für den Gemeindevorstand ist es da selbstverständlich, die Paulskirche zeitweise für einen politischen Zweck zur Verfügung zu stellen.

Nun hängen überall an den Wänden und vor den Fenstern schwarz-rot-goldene Fahnen. Die Kanzel ist mit einem Tuch verhüllt. Der Altar ist beseitigt. Stattdessen befinden sich in der Mitte des Raums eine lange Bank für das Präsidium der Versammlung sowie unmittelbar davor ein Rednerpult. Die Orgel schließlich ist hinter einem monumentalen Gemälde verschwunden. Es zeigt eine ernst blickende Frau, die Germania – langes Gewand, Kranz auf dem Kopf, Reichsadler auf der Brust, Schwert in der rechten und schwarz-rot-goldene Fahne in der linken Hand. Über den Bergen im Hintergrund geht die Sonne auf.

Dann, unter dem Jubel der Zuschauer auf den Emporen, ziehen die Abgeordneten ein. Die meisten von ihnen sind höhere Beamte, Rechtsanwälte, Richter, Staatsanwälte, Professoren, Lehrer, Pfarrer, Schriftsteller oder Privatgelehrte. Als erstes will die Versammlung ihren Präsidenten wählen. Aber sie wird erst morgen dazu kommen, weil sie sich bis heute Abend nicht auf eine Geschäftsordnung einigen kann.

Wer heute die Frankfurter Paulskirche betreten hat und eine Treppe hinaufgestiegen ist, kommt in eine kalte, graue, karge Wandelhalle. Westdeutsche Nachkriegsmoderne, wie man sie auch vom Kölner Gürzenich und anderen im Bombenhagel des Zweiten Weltkriegs ausgehöhlten Landmarken her kennt. Den einzigen Farbtupfer in dem tristen Raum bildet ein deckenhohes Wandgemälde, das der ostdeutsche Maler Johannes Grützke ab 1987 entworfen und 1991 fertiggestellt hat.

Es zeigt, auf etlichen Metern Länge, einen „Zug der Volksvertreter" zur Paulskirche. Lauter Männer in schwarzen Anzügen sind da zu sehen, dicht gedrängt, durchaus realistisch gemalt – und doch: Karikaturen. Die Gesichter selten ebenmäßig, oft zur Fratze verzerrt. Die Haltungen der Köper ungelenk, zusammengestaucht, verklemmt. Zwischen den Gestalten Bildertrümmer aus der Kunstgeschichte – fleischige, hässliche Körper, Leichen, Statuen, ein König, eine Krone. Der Betrachter merkt schnell: Dieses Bild möchte nicht schön sein. Genauso hässlich, grotesk und abstoßend, wie es wirkt, ist es auch gemeint. Und die Preisrichter des Wettbewerbs um eine neue künstlerische Ausgestaltung der Paulskirche waren offensichtlich der Meinung, so etwas passe zu diesem Ort.

Ich will das gar nicht bestreiten. Ich frage mich nur, wie anders der Raum – aus dem ich nichts lieber möchte als fliehen – wohl aussähe, wenn das Jahr 1848 die Geburtsstunde der deutschen parlamentarischen Demokratie geworden wäre. Wenn heute schon deutschen Grundschülern antrainiert würde, bei der Jahreszahl 1848 einen ähnlichen Schauer zu empfinden wie französische Eleven bei der Zahl 1789 oder amerikanische Kids bei der Hausnummer 1776. Was fände sich hier wohl heute, wenn 1848 bedeutet hätte: Revolution! Und dann: Freiheit, Menschenrechte, Volkssouveränität! Und schließlich: Republik!

Ein Teil davon war ja Realität, aber insgesamt kam es anders, Sie wissen das. Was ist der Zusammenhang? Eine Welle revolutionärer Unruhen ging Anfang 1848 quer durch Europa, und diesmal konnte sich auch Deutschland nicht ganz wegducken, als der Windhauch der Moderne von links des Rheins herüberwehte. Zu viel Unruhe herrschte schon im Land, als dass die Fürsten wie gewohnt ausschließlich auf Repression hätten setzen können. Der Mittelstand war frustriert, die Intellektuellen waren von den „Karlsbader Beschlüssen“ immer noch geknebelt, und eine neue Unterschicht trat hervor, die knapp über dem Existenzminimum dahinvegetierte. Missernten und eine rasant voranschreitende Industrialisierung, die auch die menschliche Arbeit nur als „Kraft mal Weg“ definierte, hatten die sozialen Spannungen verschärft.

Nach eher kurzen und begrenzten Scharmützeln stimmten die Fürsten zunächst auf der Ebene einzelner Länder, dann für den gesamten Deutschen Bund der Wahl von Parlamenten zu. Es war also eine vergleichsweise sanfte Revolution, die den 397 Abgeordneten der Paulskirche im März 1848 zu ihren Mandaten verhalf. Und die Mehrheit dieser Parlamentarier wollte einen deutschen Verfassungsstaat im Konsens mit den Fürsten, nicht gegen sie. Sie wollten Österreich nur dabeihaben, wenn Wien zugunsten eines deutschen Nationalstaats auf seine nicht deutschsprachigen Gebiete verzichtete. Und sie wünschten sich den preußischen König – den frommen Romantiker Friedrich Wilhelm – als Staatsoberhaupt.

Im Großen und Ganzen war in der Paulskirche versammelt, was heute gern als „liberales Bürgertum" bezeichnet wird. Tatsächlich gab es aber unter den Parlamentariern große Unterschiede, was Grundhaltung und Ziele betraf. Zwischen einem stramm nationalen Ernst Moritz Arndt und einem sozialrevolutionären Friedrich Hecker taten sich tiefe Gräben auf. Mehr noch: In der Paulskirche lassen sich bereits politische Richtungen erkennen, wie sie Deutschland bis in 20. Jahrhundert prägen werden.

Den einen gingen Größe und Stärke der Nation über alles. Anderen war der soziale Ausgleich das drängendste Zeitproblem. Wieder andere wollten umfassende Freiheitsrechte des Bürgers verwirklicht sehen und forderten die Abschaffung von Privilegien. Und dann gab es noch jene, denen es vor allem auf die wirtschaftlichen Entfaltungsmöglichkeiten des Individuums ankam, die Handelsschranken abbauen und Gewerbefreiheit verwirklichen wollten. Insgesamt entwickelte sich das Stimmungsbild so, dass der Mehrheit die Einheit der Nation letztlich wichtiger war als die Freiheit des Individuums. Ein Nationalstaat mit einer Verfassung sollte also schnellstens her.

Bei allen Meinungsverschiedenheiten sah sich die Paulskirche denn auch vorrangig als verfassunggebende Versammlung. Die klugen Köpfe waren auf der Suche nach dem perfekten Gesetzestext. Und leisteten dabei sicherlich ganze Arbeit. Sowohl die Weimarer Verfassung von 1919 als auch das Bonner Grundgesetz aus dem Jahr 1949 werden auf die Paulskirchenverfassung zurückgreifen.

Doch eines übersahen die Beamten, Juristen und Professoren: Das politische Machtspiel gewinnt nie, wer den besten

Text vorbereitet hat. Und Machtfragen gab es hier zu lösen. Zum Beispiel: Welche Stellung sollten die beiden Großmächte Preußen und Österreich in einem vereinten Deutschland haben? Es war weltfremd zu glauben, die Österreicher würden ihren riesigen Vielvölkerstaat sausen lassen, um unter einem Preußenkönig geeinte Deutsche sein zu dürfen. Für die Intellektuellen – vor allem, wenn sie Hegel gelesen hatten – waren Volk, Staat und Nation eine ganz große Idee. Für die Herrschenden waren es Mittel zu dem Zweck, ihre Macht zu verteidigen und auszubauen.

Spätestens als die Paulskirche sich mit der Lösung der Frage, wie der deutsch-dänische Streit um Schleswig beizulegen wäre, überfordert zeigte und ohne Überlegung einen europäischen Krieg riskierte, wurde den Fürsten in Berlin, Wien und anderswo klar, dass mit diesen Parlamentariern kein Staat zu machen war. Als die Verfassung fertig war und man dem Preußenkönig die Rolle des Staatschefs anbot, lehnte dieser – kaum überraschend – ab. Das Parlament zerfiel.

Neue Unruhen kamen auf, man wollte die Verfassung auf der Straße erkämpfen. Doch die Armeen der Fürsten, allen voran die preußische, waren stärker. Bald herrschte Grabesstille. Und demokratisch gesinnte Bürger machten sich massenweise auf in die USA, gaben Deutschland für die Demokratie verloren. Die Fürsten wussten indessen: Der Nationalstaat würde kommen. Weil die anderen europäischen Nationen Konkurrenten waren. Aber er würde „von oben" kommen. Nach dem Geschmack des Adels, nicht nach den Vorstellungen des gebildeten Bürgertums.

Nur eine der bürgerlichen Interessengruppen sah jetzt ihre Chance – nämlich die Industriebarone, die Besitzer der großen Fabriken und Gruben. Der Mittelstand hatte sich als zu schwach erwiesen, um ihr Verbündeter zu sein. Aber wenn sie sich an den Adel und sein Militär, an die Verfechter der alten Ordnung halten würden, dann bekämen auch die Industriellen bald ihren Platz am großen Tisch der Macht.

00:27

Genie und Wahnsinn

Der Komponist Robert Schumann springt von der Düsseldorfer Rheinbrücke

Eine Minute am 27. Februar 1854

Rosenmontag am Rhein. Aus einem wolkenverhangenen Himmel regnet es unaufhörlich, doch in den Gassen der Düsseldorfer Altstadt wird schon am Mittag ausgelassen gefeiert. Es ist der Höhepunkt der närrischen Jahreszeit – da wird sich verkleidet, da zieht man umher, da fließt das Bier in Strömen. Clowns und Ritter, Prinzessinnen und Matrosen bevölkern die Straßen. Am Aschermittwoch werden sie wieder in ihrer Schreibstube sitzen oder in ihrer Werkstatt den Hammer schwingen. Aber jetzt grölen sie Lieder, heben die Gläser, reißen Zoten.

Durch diese Menge drängt ein kräftiger Mann Mitte 40 in einem Morgenrock mit Blümchenmuster und Filzpantoffeln. Es ist kein Kostüm. Ihm ist nicht nach Schunkeln zumute. Er hat das Schlafzimmer seines Hauses in der Bilker Straße unbemerkt verlassen. Seit zwei Wochen verschlechtert sich sein Zustand dramatisch. Er kann nicht mehr schlafen, hört Stimmen, irre Geräusche. Seine Familie wollte ihn nicht mehr aus den Augen lassen, aber es ist ihr nicht gelungen.

Auch der Karneval hat seine Regeln. Ein Morgenrock ist kein Kostüm. Darin macht sich ein Bürger selbst am Rosenmontag lächerlich. Böse Blicke treffen den Mann, den nur wenige als den hiesigen Musikdirektor erkennen. Doch Robert Schumann lässt sich durch nichts aufhalten. Er hört die Lieder nicht, die aus den Kneipen schallen. In seinem Kopf explodieren schrillere Töne, eine wilde Sinfonie der Verzweiflung. Schließlich erreicht er die Rheinbrücke, außer Atem, durchweicht vom Regen. An der Mautstelle verlangen sie den Brückenzoll von ihm. Er hat kein Geld dabei. Er gibt den Zöllnern sein Taschentuch. Die lachen aus vollem Hals und lassen den Mann im Schlafrock passieren.

In der Mitte der Brücke steigt Schumann auf die Brüstung. Er zögert kurz, dann springt er. Klatschend trifft sein Körper auf das eiskalte Wasser. Ein paar Fischer, die eben noch über den Verrückten gelacht haben, machen sofort ihr Boot los und rudern so schnell sie können auf den Fluss. Sie ziehen den Mann ins Boot. Er wehrt sich, schlägt um sich, springt noch einmal ins Wasser. Sie ziehen ihn abermals hinaus, überwältigen ihn, und bringen ihn ans Ufer. Acht kräftige Männer tragen ihn schließlich nach Hause. Eine johlende, feixende Menge folgt ihnen. Es ist ein grotesker Rosenmontagszug.

Mir träumte, ich wäre im Rhein ertrunken“, schrieb der 19-jährige Robert Schumann in sein Tagebuch. Den Fluss kannte er da nur aus Büchern. Gerade hatte er sich auf Wunsch seiner Mutter und seines Vormunds – der Vater, ein Autor, Übersetzer und Verlagsbuchhändler aus Zwickau, war früh gestorben – als Jurastudent an der Leipziger Universität eingeschrieben. Doch juristische Vorlesungen hat er dort wohl nie besucht. Stattdessen beschäftigte er sich mit Literatur, Philosophie – und natürlich Musik. Denn ein großes Talent schlummerte da. Oft blieb der junge Schumann bis mittags zu Hause und hing im Schlafrock seinen Träumen nach. Es waren Träume von Schönheit, von Wahrheit, von Kunst.

Knapp 25 Jahre später dann also Düsseldorf. Seine Frau Clara ist gefeierte Konzertpianistin. Schumann selbst ist verantwortlich für den Musikbetrieb der Stadt und leitet das städtische Orchester. Ein solider Job. Ein ehrenwertes bürgerliches Leben. Und doch die Hölle. Schumann hatte gehofft, Nachfolger von Felix Mendelssohn Bartholdy als Leiter des Leipziger Gewandhauses zu werden. Dort spielt die Musik. Doch daraus wurde nichts. Dann eben ab in die kulturelle Provinz. Besser als nichts.

Schumanns anfängliche Begeisterung für die rheinische Lebensart, wie sie in seiner dritten, der „Rheinischen" Sinfonie strahlend zum Ausdruck kommt, verflüchtigte sich schnell. Die Musiker kamen nur zur Arbeit, wenn sie Lust hatten. Die Mitglieder des Chores quatschten die ganze Zeit. Hier fehlte einfach das Niveau, die Professionalität. Aber Schumann hatte nicht das Privileg des Erfolgsmenschen, anderen die Bedingungen diktieren zu können. Als Komponist war er umstritten. Bei den Uraufführungen seiner Werke hielt sich der Applaus in Grenzen.

Anfang des Jahres 1854 war Schumann ein psychisches Wrack. Er ließ keinen Menschen mehr an seine Gefühle heran. Er sprang nachts aus dem Bett und notierte Musik, von der er sagte, ein Engel habe sie ihm eingegeben. Ständig spukten Töne in seinem Kopf herum. Er wollte nur noch in eine Heilanstalt, um endlich zur Ruhe zu kommen. Doch das hätte das Ende seiner bürgerlichen Existenz bedeutet – für Verrückte gab es keine Rückkehr in die Gesellschaft, selbst dann nicht, wenn sie geheilt waren. Erst nach seinem Sprung in den Rhein brachte man ihn in die Anstalt Endenich bei Bonn, wo er zwei Jahre später starb. Auf Anraten der Ärzte sah Clara Schumann ihren Mann nur ein einziges Mal wieder. Er starb allein.

Seit 150 Jahren wird über Robert Schumanns Krankheit spekuliert. Meist lernt man dabei mehr über den Urheber der Spekulationen als über den Komponisten. Manisch-depressiv sei er gewesen. Oder er habe eine Psychose entwickelt. Die Schumann-Biografin Veronika Beci meint dagegen, das, was Schumann zum Sprung in den Rhein trieb, würde man heute als Burn-out bezeichnen. Er hatte sich jahrelang überanstrengt, verzehrt für seine Musik, an inneren und äußeren Konflikten zerrieben, war eben „ausgebrannt". Im Gegensatz zu früheren Zeiten schreibt man heute zudem offen darüber, dass Schumann an der Syphilis litt. Diese sexuell übertragene Krankheit bricht oft erst viele Jahre nach der Ansteckung aus und kann zu Persönlichkeitsveränderungen führen. Aber erklärt all das den Menschen Robert Schumann? Erklärt es den Künstler?

Wer heute Schumanns Musik live hört, wird das üblicherweise in einem festlichen Konzertsaal tun. Das Publikum ist meist älter, der Ton ist gedämpft, die Hemden sind frisch gebügelt, das Orchester trägt Frack. Deutsche Musik der Romantik – das ist eine durch und durch gediegene Veranstaltung. Der Konzertmeister zertrümmert auf Tourneen keine Hotelzimmer. Der Oboist schleppt nicht reihenweise Groupies ab. Ausnahmen bestätigen nur die Regel.

Allzu gern stellen wir uns die großen Komponisten des 19. Jahrhunderts so vor, dass sie in dieses Setting passen. Sie sitzen auf ihrem Biedermeiersofa, rühren in der Kakaotasse und streichen ihren Kindern übers Haar. Johannes Brahms, dem Schumann noch seine besten Empfehlungen mit auf den künstlerischen Weg geben konnte, bekam die auch damals erwünschte Betulichkeit noch ganz gut hin. Bis auf die Kinder. So wurde aus dem androgynen Jungen ein Grantler mit Rauschebart, der nach der Uhr lebte und seine Gefühle meistens für sich behielt.

Robert Schumann hat es letztlich nicht geschafft, sich immer unter Kontrolle zu haben. Eines Tages explodierte alles. Die inneren Spannungen waren zu groß. Schon als er 1834 die „Neue Zeitschrift für Musik“ gründete, schaffte er sich zwei Kunstfiguren, die den Zwiespalt seiner Seele spiegeln. Florestan, der leidenschaftliche Schumann, will Grenzen überschreiten, neue, ungewöhnliche, ja unerhörte Dinge tun. Und Eusebius, der in sich gekehrte, bescheidene, bürgerliche Schumann, ist sein Gegenspieler.

Die deutsche Musik des 19. Jahrhunderts ist ja eigentlich genau so – voller Leidenschaft, voller Widersprüche, voller Drang, voller Kitsch, voller Harmoniesucht, voller Lust am

Überschreiten von Grenzen. Ohne die Künstler und Musiker der Romantik wären heutige Szenegrößen mit ihren öffentlichen Marotten gar nicht denkbar. Noch ein musikalisches Genie wie Johann Sebastian Bach verstand sich als Handwerker, als biederer „Tonsetzer". Erst die Romantiker lebten Kunst mit Leib und Seele.

Dass die großen Komponisten nicht nur leidenschaftliche Musik schrieben, sondern auch extrem lebten, an ihrer Begabung schier verzweifelten, oft Affären mit Vertretern beider Geschlechter hatten oder sich reihenweise die Syphilis zuzogen, ähnlich wie die Künstler der 1980er Jahren den HI-Virus, passt immer noch nicht so recht zur musikalischen Traditionspflege.

Schumann ist der einzige, bei dem sich wegen eines peinlichen Vorfalls am Rosenmontag nie alles Unerwünschte verbergen ließ. Doch was, wenn wir die gipsweißen Halbgötter auf den Klaviersimsen wieder Menschen sein ließen? Ich bin sicher, sie könnten uns in unserer Zeit ziemlich nahe sein. Und wir könnten ihre Musik vielleicht ganz neu hören.

00:28

Zweikampf statt Klassenkampf

Ferdinand Lassalle wird bei einem Duell verletzt

Eine Minute am 28. August 1864

Der andere schießt schneller. Nur einen Sekundenbruchteil früher als der deutsche Arbeiterführer drückt der junge rumänische Adelige Janko von Rakowitza seine Pistole ab. Doch dieser Wimpernschlag ist entscheidend. Der Deutsche hat keine Chance mehr, genau zu zielen. Aber er feuert noch. Er feuert auf den früheren Verlobten seiner Geliebten. Und schießt vorbei. Dann stolpert er zwei Schritte nach links. Einer seiner Begleiter, im Frack mit schwarzem Zylinder, fragt ihn: „Sind Sie verwundet?" Und mit zusammengebissenen Zähnen antwortet er: „Ja." Die Helfer stützen ihn, führen ihn zu einer Decke auf der Wiese und sagen ihm, er solle sich hinlegen. Dann versuchen sie, ihn so gut es geht zu verbinden. Er blutet stark. Die Kugel des Rumänen hat ihm die Geschlechtsteile zerfetzt.

Ferdinand Lassalle hat die Nacht zuvor gut geschlafen. Wie immer. In Carouge, einem Dorf in der Nähe von Genf, ist der Präsident des Allgemeinen Deutschen Arbeitervereins zum Duell verabredet. Aber das scheint seinen Pulsschlag keine Sekunde zu erhöhen. Der Sohn eines reichen Breslauer Tuchhändlers hat schon in der Schule alle mit seiner Chuzpe verblüfft. Nun steht eben ein Duell auf dem Programm. Sein Sekundant, Oberst Rüstow, weckt Lassalle um Punkt fünf Uhr. Sofort fällt sein Blick auf die Duellpistole, die der Offizier mitgebracht hat. Er reißt sie ihm aus der Hand, fällt ihm um den Hals, lacht und sagt: „Da habe ich ja schon, was für mich passt!"

Um halb sieben geht es mit der Kutsche von Genf nach Carouge. Bei der Abfahrt überreicht Lassalle Oberst Rüstow sein Testament. So ist es Sitte. Auf der Fahrt meint Lassalle, man solle das Duell doch bitte auf französischem Boden stattfinden lassen. Bei einem verbotenen Schusswechsel in der Schweiz müsse er Genf verlassen. Was schade wäre, denn es gefiele ihm da gerade so gut. Der Offizier ist schockiert über den Ton. Lassalle möge doch bedenken, dass auch der Gegner ihn treffen könnte. Doch Lassalle amüsiert sich prächtig.

Kurz vor halb acht, auf einer einsamen Wiese in einem Wäldchen angekommen, trinkt Lassalle noch in aller Ruhe eine Tasse Tee. Dann erscheint Rakowitza mit seinem Sekundanten. Das Los hat bestimmt, dass Oberst Rüstow die Kommandos geben soll. Zum Zielen und Schießen sind 20 Sekunden Zeit. Rüstow ruft laut „Eins!" Die Uhr läuft. Nach fünf Sekunden fällt der erste Schuss und trifft. Das Kommando „Zwei!", nach der Hälfte der Zeit, ist nicht mehr nötig.

Drei Tage lebte der Gründervater der deutschen Sozialdemokratie noch. Dann erlag er in Carouge seiner schweren Verletzung. Die Frau, die gewissermaßen der Auslöser des Ganzen gewesen war, sah er nicht wieder. Es war ohnehin eine aussichtslose Liebe gewesen. Ferdinand Lassalle, der eigentlich Lassal hieß, aber seinen Namen als Reverenz an die revolutionären Ideen Frankreichs französisierte, hatte sich in einem schicken Kurort in die Diplomatentochter Helene von Dönniges verliebt. Er wollte sie heiraten, aber ihr Vater, Wilhelm von Dönniges, lehnte das strikt ab.

Das Nein kam nicht wirklich überraschend, denn Lassalle war ein in ganz Deutschland bekannter politischer Aktivist, der alle paar Monate im Gefängnis landete. Er war nicht unbedingt das, was in besseren Kreisen als gute Partie galt. In seiner Ehre zutiefst gekränkt, forderte Lassalle den alten Herrn Dönniges zum Duell. Der sah aber überhaupt nicht ein, sich von einem Sozialisten abknallen zu lassen, und schickte stattdessen den Rumänen. Obwohl die Verlobung zwischen Rakowitza und der schönen Helene längst wieder gelöst war.

Ein Arbeiterführer stirbt in der Folge einer Auseinandersetzung mit einem Adeligen, die sich gänzlich um den leicht gekränkten Stolz der Oberschicht dreht. Auf den ersten Blick ist das eine aberwitzige Ironie der Geschichte. Aber vielleicht nur auf den ersten Blick. Auf den zweiten Blick passt es exakt zu Ferdinand Lassalle, der bereits ganz dem Typus des modernen Berufspolitikers entspricht. Bei diesem erwächst das politische Engagement eben nicht aus der unmittelbaren Betroffenheit, sondern aus dem Wunsch nach Selbstverwirklichung. Er ist Demagoge aus Leidenschaft, nicht aus Leidensdruck.

Das machte die politischen Ziele Ferdinand Lassalles nicht automatisch falsch. Es war bloß etwas in neuerer Zeit – lassen wir die Antike mal außen vor – Ungewöhnliches, wenn da jemand weder die Privilegien seines Standes verteidigte noch gegen die ihn behindernden Verhältnisse ankämpfte. Sondern, nun ja, ein interessantes Betätigungsfeld suchte. Drängt es dann so jemandem vom Naturell her zum Kampf, wird er auch in sozialen Konflikten nicht unbedingt den fairen Ausgleich anstreben.

Schon der junge Lassalle, mit seinem überbordenden Selbstbewusstsein, emanzipierte sich rasch vom Elternhaus, das für ihn, wie es damals selbstverständlich war, den Weg des Vaters vorgezeichnet sah. Ferdinand Lassal wollte aber nicht mit Stoffen aus Seide, sondern aus Büchern hantieren. Nicht auf den Märkten und Messen, sondern auf geistigem Gebiet wollte er glänzen. Er wollte Schriftsteller und Philosoph werden. So wurde Lassalle ein politischer Intellektueller, der sich überhaupt erst auf die Bühne der praktischen Politik begab, als sein Geist randvoll mit Theorie war.

Was seine Theorien anging, so wurde sein wichtigster Gewährsmann der Philosoph Georg Wilhelm Friedrich Hegel. Bei Hegel bekommt der Staat eine metaphysische Dimension. Kreisten die Gedanken der Deutschen im Mittelalter um das Verhältnis von geistlicher und weltlicher Macht und kam es mit Luthers Reformation zur Aufgabenteilung von Innerlichkeit und Obrigkeit bei Pfarrer und Landesfürst, so fällt nun, da das Christentum für die geistige Elite seine prägende Kraft verliert, im Staat alles zusammen, was den Deutschen heilig ist.

Im Staat, so Hegel, verschmelzen die Individuen zu einer Einheit, vereinen ihre Kräfte millionenfach und wachsen über sich hinaus. Die bürgerliche Gesellschaft, so wie sie ist, sieht Hegel als wildwüchsig, unvollkommen und zu keiner wahren Größe fähig an. Aber der moderne Staat überwindet alle diese Unvollkommenheit und führt die Menschen – zur Einheit geronnen – der höchsten sittlichen Freiheit entgegen. Dabei wogt die Geschichte in einem „dialektischen" Prozess hin und her, bewegt sich aber dennoch auf dieses höchste Ziel zu. Es geht Hegel wohlgemerkt nie um die Freiheit des Individuums, seinen eigenen Weg zu gehen. Vielmehr findet der Mensch ausschließlich im Kollektiv zu sich selbst. Vielen Deutschen, die in ihrer Mehrheit nie gelernt hatten, die persönlichen Ressourcen zu mobilisieren, gefiel dieser Gedanke.

Lassalle fehlte jetzt aber noch das passende Kollektiv, das sich zum Höchsten führen ließe. Er fand es in der geschundenen Arbeiterschaft, deren Teil er nie war, deren Führer er aber durch sein enormes rhetorisches Talent und seine Durchsetzungsfähigkeit werden konnte. Die Arbeiter allein, so entwickelte Lassalle Hegels Gedanken weiter, würden sich nicht befreien können. Was sie bräuchten, sei ein philosophisch geschulter „Führer" – so seine Worte –, der ihnen die Augen öffnen und ihnen zeigen würde, welche Macht sie haben würden, schlössen sie sich zusammen.

Lassalle hatte allerdings Konkurrenz beim Kampf um die Aufmerksamkeit der Arbeitermassen. Seine Konkurrenten hießen Karl Marx und Friedrich Engels. Es waren die Autoren des „Kommunistischen Manifests". Auch sie kamen gedanklich von

Hegel her. Aber sie gaben Hegels „Dialektik“ eine Wendung ins Materialistische, die der Idealist Lassalle nie mitmachte. So bleib sein Verhältnis zu Marx und Engels konfliktbehaftet. Mal arbeitete er mit ihnen zusammen, mal distanzierte er sich.

In einer Phase politischer und sozialer Umbrüche, nach der gescheiterten Revolution von 1848, bei fortschreitender Industrialisierung und einem härter werdenden Machtpoker der deutschen und europäischen Adelshäuser beginnt nun also das Zeitalter der politischen Ideologien. Nach den Klerikern und den Kaisern, den Fürsten und den Bürgern kommt eine weitere politische Kaste ins Spiel: die Demagogen.

Egal, welche Färbung ihre Ideologie letztlich hat, immer werden die Demagogen den Menschen Erlösung versprechen, wenn – ja, wenn nur die ganze Welt (nicht weniger) nach einem bestimmten Prinzip (keine Abweichung, bitte) umgestaltet wird. Und wenn sich nur alle zusammenschließen und mitmachen. Einige wollen nicht mitmachen? Kein Problem, es gibt Mittel und Wege, da nachzuhelfen.

00:29

Das Land der Ingenieure

Wilhelm Siemens führt einen Telegrammwechsel von London nach Kalkutta vor

Eine Minute am 12. April 1870

Wilhelm Siemens lässt es sich nicht nehmen, vor geladenen Gästen die Apparatur selbst vorzuführen. Es ist 12.45 Uhr Greenwich-Zeit im Telegrafenzimmer des Londoner Büros der „Siemens Brothers". Der Deutsche mit der Halbglatze und dem wuchernden schlohweißen Backenbart bittet General William Baker, ein Mitglied der Kolonialregierung Indiens, um ein paar Worte. Diese sollen über die neue, von Siemens gebaute indo-europäische Telegrafenlinie an den mit Baker befreundeten Colonel Robinson geschickt werden. Der Colonel sitzt in Kalkutta. Und die indische Metropole ist 11 000 Kilometer von London entfernt – mehr als ein Viertel des Erdumfangs.

„Sir William Baker an Colonel Robinson, Kalkutta", näselt der General bedeutungsvoll. „Hocherfreut über Betrieb der indo-europäischen Linie direkt nach Indien." Ein Assistent der Firma Siemens tippt sofort auf einer Tastatur mit 32 Tasten, die aussieht wie bei einem Klavier. In dieser Minute ist die Nachricht unterwegs. Und nun heißt es warten.

Für die Engländer ist die neue Telegrafenlinie enorm wichtig. Indien ist seit 200 Jahren die bedeutendste Kolonie des Königreichs und sorgt für einen großen Teil des Wohlstands auf der Insel. Die politische Lage ist bloß – aus englischer Sicht – nicht mehr sonderlich stabil. Mit dem letzten blutigen Aufstand der Inder ist die Ostindische Kompanie, eine zivile Handelsgesellschaft, nicht mehr fertig geworden. Seitdem liegt die Verwaltung bei der britischen Krone, und es herrscht das Militär. Es hat den Aufstand niedergeschlagen – und dabei gemerkt, dass die schnelle Kommunikation über die Telegrafie heute die eigentliche Überlegenheit der Armee ausmacht. Wenn es jetzt noch eine direkte Verbindung nach London gäbe! Die bestehenden Verbindungen, bei denen eine Nachricht an den Relaisstationen immer wieder von Hand eingegeben werden muss, sind äußerst unzuverlässig. Vor allem die Perser schaffen es, die ihnen unverständlichen Nachrichten zur Unleserlichkeit zu entstellen. Sollte den Deutschen der Vorsprung durch bessere Technik gelungen sein?

Es ist 13.50 Uhr, als der Fernschreiber bei „Siemens Brothers" zu rattern beginnt: „Kalkutta 7 Uhr 7 Minuten nach Mittag. Betriebsdirektor an Sir William Baker, London. Dank für Ihre in 28 Minuten erhaltene Depesche. Werde weiter senden an Colonel Robinson." Die Sensation ist perfekt. Mit den nächsten Ausgaben der Zeitungen wird Wilhelm Siemens berühmt sein.

Schon um 1870 gab es eine „Old Economy" und eine „New Economy". Die „alte" Industrie, das hieß Eisen, Stahl und Maschinen. Hier waren die Engländer seit Jahrzehnten führend, aber die einst so rückständigen Deutschen hatten eine Aufholjagd begonnen und waren der britischen Industrie dicht auf den Fersen. Bis 1890 würden sie das Rennen gewonnen haben. Insgesamt verdreifachte sich zwischen 1860 und 1913 der deutsche Anteil an der weltweiten Industrieproduktion, während der englische Anteil um ein Drittel zurückging. Um 1900 erbrachte die deutsche Industrie ungefähr ein Viertel der Wirtschaftsleistung in ganz Europa.

Die „alte" Industrie schuldete ihren Erfolg immer auch einer gewissen Nähe zur politischen Macht. Unternehmen wie Borsig oder Krupp wären ohne die enorme Aufrüstung Preußens und des späteren Deutschen Kaiserreiches nicht so schnell groß geworden. Namentlich Alfred Krupp, um 1870 der bekannteste und reichste deutsche Industrielle, verdankte den legendären Ruf seines „Kruppstahls“ der Produktion zunächst von Geschützrohren, später dann kompletten Kanonen. Den auf der ganzen Welt bekannten „Kanonenkönig“ besuchten in Essen regelmäßig hohe Staatsmänner und gekrönte Häupter. Der „alte Krupp“ wurde zwar von Zeitgenossen als menschlich unerträglich charakterisiert, aber er wusste, was die Mächtigen der Welt von ihm erwarteten.

Die „neue“ Industrie, das hieß Chemie und Elektrotechnik. In diesen forschungsintensiven Branchen waren Labor und Fabrikhalle oft noch ein und dasselbe. Und es war ein anderer Menschenschlag, der sich hier betätigte. Emil Rathenau, der Gründer der späteren AEG, oder eben die Brüder Werner und Wilhelm Siemens fingen in Hinterhofschuppen in Berliner Arbeitervierteln an zu tüfteln. Von der Obrigkeit hielten sie nicht viel. Werner Siemens machte nie einen Hehl daraus, dass seine Sympathien bei der Revolution von 1848 auf Seiten des „Volkes“ gewesen waren, das er gegen die „Reaktion“ unterstützte. Später engagierte er sich für die freiheitliche „Fortschrittspartei“, die der konservativen Politik Bismarcks kritisch gegenüberstand, aber auch den Sozialdemokraten misstraute.

Die Firma Siemens verdankte ihren Aufstieg zu einem Gutteil dem Forschergeist, dem technischen Ehrgeiz, dem Kommunikationstalent und der Weltoffenheit der Angehörigen der Eigentümerfamilie. Vor allem die Brüder Werner und Wilhelm Siemens ergänzten sich ähnlich kongenial wie heute die beiden charakterlich so unterschiedlichen Gründer der Internetfirma Google, Sergei Brin und Larry Page. Werner Siemens, der Tüftler, blieb zeitlebens in Berlin, während sein mehr kaufmännisch begabter Bruder in die Handelsmetropole London übersiedelte. Weitere Familienmitglieder gingen zum Beispiel nach St. Petersburg. Für die Eigentümerfamilie war schnell klar, dass man das Geschäft mit Kommunikationstechnik nicht allein von Deutschland aus betreiben konnte.

Der Erfolg gab ihnen schließlich Recht. Hatte schon die „alte“ Industrie England bald eingeholt und überholt, so setzte sich die „neue“ Industrie noch schneller an die Spitze. Um 1900 zählte Siemens zu den Großunternehmen und hatte bei der Kommunikationstechnik eine ähnlich marktbeherrschende Stellung auf der Welt wie BASF in der Chemieindustrie – dem zweiten, hoch innovativen Sektor der damaligen Zeit.

Schon im Jahr 1850 hatte Wilhelm Siemens die Leitung des Londoner Büros des Familienunternehmens übernommen, das damals wegen eines später ausgeschiedenen Kompagnons noch „Siemens & Halske“ hieß. Wilhelm hatte sowohl seine Ingenieursausbildung als auch sein naturwissenschaftliches Studium abgebrochen. Aber er war ein Verkaufsgenie und ein brillanter „Netzwerker“, wie man heute vielleicht sagen würde. Binnen kurzer Zeit lebte er sich in London ein, knüpfte ausgezeichnete Kontakte und schaffte es, in den Markt für Telegrafen einzusteigen, obwohl dieser in England bereits hoch entwickelt war.

Im Jahr 1857 legten Werner und Wilhelm Siemens im britischen Auftrag das erste Tiefseekabel im Mittelmeer zwischen Sardinien und Algerien. Ihnen kam zugute, dass die britische Regierung auf private Konkurrenz setzte und Aufträge nicht an diejenigen vergab, welche die geschickteste Lobbyarbeit gemacht hatten oder die größten Patrioten zu sein vorgaben, sondern an diejenigen, welche die beste Leistung erbrachten. So lagen die Brüder Siemens immer öfter vorn. Wilhelm Siemens wurde unterdessen englischer Staatsbürger und änderte 1859 seinen Vornamen in „William“. Seinen Geschäften kam das zugute.

Überhaupt teilte die Familie Siemens den engstirnigen Nationalismus vieler ihrer deutschen Landsleute nicht. In dem erfolgreichen Unternehmen wusste man, wie eng Offenheit, Innovation und Wohlstand miteinander zusammenhängen. Und im Gegensatz zu einem Alfred Krupp galten die Brüder Siemens auch persönlich als aufgeschlossen, vorurteilsfrei und liebenswürdig.

Die indo-europäische Telegrafenlinie von Siemens zählt zu den großen technischen Erfolgsgeschichten des 19. Jahrhunderts. Ausschließlich durch die Einlagen vieler optimistischer Kleinaktionäre in Deutschland und England finanziert, wurde sie innerhalb von nur zwei Jahren errichtet. Wobei vor allem im Vorderen Orient enorme technische und politische Schwierigkeiten zu überwinden waren. Nach einigen Kinderkrankheiten arbeitete die Telegrafenleitung über Gebühreneinnahmen äußerst profitabel und blieb bis 1931 in Betrieb.

Dies ist nur ein Beispiel, das den Aufstieg Deutschlands an die Spitze der Industriestaaten zwischen 1860 und 1890 illustriert. Wie war es möglich, innerhalb nur einer einzigen Generation England zu überholen und mit den viel größeren USA gleichzuziehen? Zunächst einmal gab es eben Unternehmerpersönlichkeiten, die ihre Chancen ergriffen. Aber es kam noch etwas anderes hinzu.

Der Historiker Arnulf Baring weist darauf hin, dass den Deutschen in der Folge des internationalen Konkurrenzdrucks eine Verknüpfung von Industrie und wissenschaftlicher Forschung gelang, die damals einmalig war. So beruhte etwa der Erfolg der Ammoniaksynthese auf der Kooperation von Fritz Haber an der TH Karlsruhe und der BASF, die das Haber-Bosch-Verfahren entwickelte.

Sowohl der Staat als auch private Spender steckten enorme Summen Geldes in die Forschung – und in eine hervorragende Ausbildung junger Menschen. Die deutschen Universitäten – nicht Harvard oder Princeton – galten damals als die besten der Welt. Das deutsche Bildungsideal verknüpfte sich nun mit technischem Geschick, das Land der Dichter und Denker wurde *gleichzeitig* das Land der Ingenieure. Es war diese Kombination aus Intellekt und Tatendrang, die einen großen Teil des Erfolgs der Deutschen ausmachte.

00:30

Vereint unter der Pickelhaube

In Versailles wird der preußische König zum deutschen Kaiser erklärt

Eine Minute am 18. Januar 1871

Schloss Versailles ist der Stolz Frankreichs. Daran haben auch Revolution und Guillotine, Bonaparte und Republik nichts geändert. In den letzten Jahren hat Frankreich sogar wieder einen Monarchen gehabt. Es ist Kaiser Napoleon III. Sein Ansehen ist allerdings auf dem Tiefpunkt. Die Wirtschaft steckt in der Krise, der Staat ist hoch verschuldet, die Arbeiter sind unzufrieden, die Bürger fühlen sich von der Regierung entrechtet. Und jetzt hat der Kaiser auch noch gegen den Erzrivalen Preußen Krieg geführt – und verloren.

Dem Glanz der 73 Meter langen Spiegelgalerie des Versailler Schlosses tut das keinen Abbruch. Der Saal nimmt den Mittelbau im ersten Stock in seiner ganzen Breite ein. 17 große Spiegel reflektieren das einfallende Licht der großen Bogenfenster und verdoppeln den Ausblick in den Garten. Um die Mittagszeit haben sich hunderte deutsche Offiziere hier versammelt. – Deutsche Offiziere! – Hier! Sie fühlen sich als Sieger und wollen in einem nationalen Heiligtum des besiegten Feindes ihre eigene Macht krönen.

Es herrscht Unruhe im Saal, bis die Hauptakteure auftreten. Es sind der preußische König Wilhelm, sein Kronprinz Friedrich, die übrigen deutschen Fürsten sowie – in weißer Uniform – Otto von Bismarck, der Kanzler des Norddeutschen Bundes. Alles verstummt. An einem eilends errichteten Altar beginnt ein evangelischer Gottesdienst. Der Militäroberpfarrer erinnert in seiner Predigt an die Krönung Friedrichs I. zum preußischen König heute vor 170 Jahren. Wilhelm hat auf diesem Datum für die Zeremonie bestanden. Der Abschied vom alten preußischen Königtum fällt dem Mann, der in wenigen Minuten Kaiser sein wird, nicht leicht.

Nach dem Schlusslied „Nun danket alle Gott“ treten König, Thronfolger und Fürsten über drei Stufen auf eine Erstrade. Hinter ihnen ein Fahnenmeer aller am Krieg beteiligten Regimenter. Links und rechts Soldaten der Ehrengarde mit Pickelhauben. Im Namen der deutschen Fürsten trägt Bayernkönig Ludwig II. dem Hohenzollern die Kaiserkrone an. So ist es abgesprochen. Wilhelm hält eine kleine Rede, die Bismarck ihm aufgeschrieben hat. „Ich nehme die Kaiserwürde für mich und meine Nachfolger in der Krone Preußens an“, sagt er. Da ruft Großherzog Friedrich von Baden: „Hoch lebe Kaiser Wilhelm!“ Und unter Säbelgeklirr brüllt es dann der ganze Saal drei Mal. Draußen ertönt dumpfer Kanonendonner.

Nur in einem Punkt hatten sich die deutschen Fürsten an diesem Tag der Einigung nicht einigen können: Wie genau sollte der Titel des Kaisers lauten? Wilhelm wollte – wenn schon, denn schon – „Kaiser von Deutschland“ sein. Das hätte zum Ausdruck gebracht, dass der Hohenzoller nun über ganz Deutschland herrschen würde. Aber so war es nicht vorgesehen, denn die übrigen Fürsten dankten nicht etwa ab, sondern behielten weitgehende Selbstständigkeit. Darauf hatten vor allem die süddeutschen Länder bestanden. So wäre aber „Deutscher Kaiser“ der einzig protokollarisch mögliche Titel gewesen. Oder sollte „Kaiser der Deutschen“ die Lösung sein? Auch das erwies sich als nicht konsensfähig. So blieb die Frage bis zur Zeremonie umstritten. Und der badische Großherzog kaschierte den Konflikt clever, indem er einfach „Kaiser Wilhelm“ hochleben ließ.

Die Querele zeigt, wie schwierig es war, die deutschen Landesfürsten unter einen Hut zu bekommen. Unter normalen Umständen war das sogar ganz und gar unmöglich. Das wusste auch Otto von Bismarck, der preußische Ministerpräsident und Kanzler des Norddeutschen Bundes. Sein Ziel war es seit Jahren gewesen, Deutschland unter der Führung Preußens in einen Nationalstaat zu verwandeln. Vereint und stark – bloß bitte nicht allzu demokratisch. Nur „durch Blut und Eisen" sei die Deutsche Einheit zu haben, sagte Bismarck einmal und meinte damit, dass nur die Ausnahmesituation eines Krieges genügend Kräfte freisetzten würde, um die politischen Verhältnisse in Deutschland neu zu ordnen.

Eigentlich ist das ja erstaunlich, wenn man bedenkt, wie sehr sich breite Bevölkerungsschichten seit Jahrzehnten in einen Mythos von der deutschen Nation hineingesteigert hatten. Tatsächlich löste die Reichsgründung, als sie dann kam, bei der Mehrheit Wogen der Begeisterung aus. Bloß war seit Jahren schon nationale Mystik das eine, europäische Machtpolitik das andere gewesen.

Und so standen einem neuen Kaisertum und einem neuen Reich vor allem drei Probleme entgegen: Erstens der Dauerkonflikt zwischen Preußen und Österreich. Wien würde keinem deutschen Nationalstaat angehören wollen, der von Preußen dominiert wäre. Zweitens die gewachsenen Traditionen der kleineren süddeutschen Länder, vor allem Bayerns, Württembergs und Badens. Südlich des Mains gingen die Uhren anders, auch hier wollte niemand in einem von Norddeutschen dominierten Staat leben. Schließlich drittens das seit den Feldzügen Napoleons heikle Verhältnis zu Frankreich. In Paris sah man die erstarkende Macht Preußens mit großer Skepsis und hatte immer klargemacht, dass es Krieg bedeuten würde, sollte Berlin versuchen, seine Einflusssphäre bis nach Süddeutschland auszudehnen.

Was Österreich anging, so kam es 1866 in einem Machtkampf um die Vorherrschaft in Deutschland zum Krieg mit Preußen. Der Sieg Preußens in der Schlacht bei Königgrätz bedeutete das Ende des Deutschen Bundes. Zum Bedauern vor allem der Katholiken im Süden und Westen Deutschlands konnte die Donaumonarchie nun beim Großprojekt „Deutsches Reich" auf absehbare Zeit nicht mehr dabei sein. Preußen dagegen nutzte die Gunst der Stunde und vergrößerte seine Macht nochmals erheblich, indem es sich die während des Krieges mit Österreich verbündeten Länder Hannover, Hessen, Schleswig und Holstein sowie die freie Stadt Frankfurt einverleibte.

Südlich des Mains und westlich des Rheins wurde man nervös. Den Süddeutschen konnte Bismarck mit geschickter Diplomatie den Beitritt zum Norddeutschen Bund – als Vorstufe zu einem einheitlichen Reich – schmackhaft machen. Preußen versprach, die gewachsenen Traditionen der süddeutschen Länder zu respektieren und sicherte ihnen zahlreiche Sonderrechte zu, etwa bei der Post oder im Steuerwesen. Gleichzeitig gewährte Preußen den süddeutschen Fürsten Schutz vor künftigen Übergriffen Frankreichs – und vor allem auch vor den Umtrieben der lästigen südwestdeutschen Demokraten. Die Landesfürsten, denen ja schon seit Jahrhunderten alles recht gewesen war, was ihre Macht sicherte, stimmten zu.

Blieb also noch Frankreich – die Grande Nation mit einem autoritär regierenden Kaiser, der zwar mit Hilfe des Barons Haussmann Paris aufgehübscht hatte, aber politisch in der Krise steckte. In Berlin zeigte sich Bismarck überzeugt, dass ein Krieg gegen Frankreich kommen werde und nötig wäre, um ein Deutsches Reich nach seinen Vorstellungen gründen zu können.

Bismarck behauptete jedoch zunächst, niemand habe die Absicht, einen Schützengraben zu errichten: „Nie werde ich einem Krieg zustimmen, der sich irgend vermeiden lässt, geschweige denn einen solchen Krieg herbeiführen", äußerte er 1868. Und fuhr fort: „Aber dieser Krieg mit Frankreich, der wird kommen, und der wird uns vom Kaiser der Franzosen aufgedrängt werden." Tatsächlich wartete der preußische Strippenzieher nicht einfach auf eine Gelegenheit zu einem Krieg gegen Frankreich. Vielmehr wartete er auf eine Gelegenheit zu einem Krieg gegen Frankreich, bei dem die Franzosen als die Schuldigen dastehen würden.

Die Geschichte tat ihm den Gefallen. Im Herbst 1868 wurde die spanische Königin durch einen Militärputsch gestürzt. Nun boten die Spanier dem Prinzen Leopold von Hohenzollern-Sigmaringen, einem entfernten und noch dazu katholischen Verwandten des Preußenkönigs, die spanische Krone an. Das entfesselte in Frankreich einen Sturm der Entrüstung. Die Gallier sahen sich bereits eingekeilt von einer deutschen Fürstensippe und drohten mit Krieg. Erschrocken zog Prinz Leopold seine Kandidatur zurück.

Doch die französische Diplomatie agierte wenig glücklich. Sie schickte Botschafter Vincent Benedetti zu Preußenkönig Wilhelm, der sich zur Kur in Bad Ems aufhielt. Der Botschafter sollte auf eine Garantie pochen, dass solch ein Affront gegen Frankreich nie mehr vorkommen würde. Wilhelm empfing Benedetti und entgegnete ihm höflich, aber preußisch-trocken, für eine Zukunft, die niemand kenne, könne er keine Garantien geben. Als Benedetti den König ein zweites Mal sprechen wollte, lehnte dieser – wiederum höflich – mit dem Hinweis ab, Prinz Leopold habe sich ja inzwischen öffentlich erklärt und damit sei die Sache doch wohl erledigt.

Wilhelm telegrafierte routinemäßig an Bismarck und unterrichtete ihn darüber, wie er mit dem französischen Botschafter verblieben war. Gleichzeitig ermächtigte er den Ministerpräsidenten, die Sache an die Presse zu geben. Auch das war nichts Besonderes. Bismarck aber sah jetzt die Chance, das deutsch-französische Pulverfass zu entzünden. Er kürzte das Telegramm aus Bad Ems so geschickt, dass es sich wie eine Brüskierung Frankreichs las, auf welche die Franzosen mit einer Kriegserklärung reagieren könnten. Und das taten sie – exakt nach dem Fahrplan des „Eisernen Kanzlers“.

00:31

„Dem Deutschen Volke“

In Berlin wird der Grundstein für das Reichstagsgebäude gelegt

Eine Minute am 9. Juni 1884

Für den Regen kann niemand etwas. Doch sonst ist die Inszenierung perfekt. Der Königsplatz zwischen der Dorotheenstraße und der sogenannten Krolloper, einem Theaterbau für das seichte Vergnügen, hat sich in einen Freiluftzirkus aus weißem Holz und Blattgold verwandelt. Nach Süden, Westen und Norden sind riesige Zuschauertribünen aufgebaut. Ringsherum hat man auf Stelen die Wappen der deutschen Länder angebracht. Alles ist mit schweren Girlanden geschmückt. Dazu überall Fahnen. Und überall Uniformen! Jeder, der eine Uniform besitzt, hat sie heute aus dem Schrank geholt. Auch auf den Zuschauerrängen sind kaum Zivilisten zu sehen.

An der Ostseite begrenzen vier weiße, 30 Meter hohe Pilaster diesen Staatszirkus. Sie sind mit Eisernen Kreuzen im Ährenkranz geschmückt. Auf den Spitzen schwingen preußische Adler ihre Flügel. In der Mitte zwischen zwei Pilastern befindet sich eine Bühne mit einem gewaltigen, 15 Meter breiten Baldachin aus verziertem Stoff. Die Krone obenauf bedeutet allen Zuschauern, dass hier der deutsche Kaiser seinen Logenplatz eingenommen hat. Von der Bühne führt ein roter Teppich über 16 Treppenstufen hinab auf den staubigen Platz und weiter in die Mitte der Arena. Hier steht, weiß getüncht und weithin sichtbar, der Grundstein für den Reichstag.

Seit der Gründung des Reichs vor 13 Jahren tagt das Parlament in Provisorien. Sicher, die Parlamentarier haben kaum Befugnisse. Sie dürfen abnicken, was die eigentlich Mächtigen –

die Landesfürsten unter der Führung Preußens – beschlossen haben. Aber was wirft das für ein Licht auf einen großen Nationalstaat, wie Deutschland jetzt einer ist, wenn es nicht einmal einen würdigen Parlamentsbau gibt? Jahre hat allein die Grundstückssuche gedauert. Zwei Wettbewerbe wurden ausgeschrieben – an dem zweiten durften nur noch Deutsche teilnehmen. Ein alter Adeliger beharrte auf seinem Grundstück. Doch nun ist es so weit. Nach dem siegreichen Entwurf von Paul Wallot soll gebaut werden.

Drei Generationen von Hohenzollern – Kaiser Wilhelm, sein Sohn Friedrich und sein Enkel Wilhelm – schreiten über den roten Teppich zum Grundstein. Unter den Augen Bismarcks, der wieder seine weiße Uniform trägt, ergreift der alte, bartige Kaiser den verzierten Hammer. Es ist kein richtiger Hammer, eher ein Schmuckobjekt. „Möge Frieden nach außen und im Innern den Bau dieses Hauses beschirmen", steht auf der Urkunde, die Wilhelm mit einem Hammerschlag einmauern soll. Der Monarch schlägt beherzt zu. Der Hammer zerbricht in zwei Teile.

Auch der 20. Juni 1991 war verregnet. Und auch an diesem Tag stand dem deutschen Parlament mit dem ehemaligen Bonner Wasserwerk nur ein Provisorium als Tagungsort zu Verfügung. Aber der Sitz des Parlaments als solcher war Gegenstand einer stundenlangen Debatte. Trotz des Regens verfolgten einige hundert Menschen die Übertragung auf dem Bonner Marktplatz. Ein blau-weißer Aufkleber mit der Aufschrift „Ja zu Bonn!" klebte seit Wochen auf den Kofferraumdeckeln so manches Mercedes 230 E der höheren Beamtenschaft. Noch hoffte man im alten Westen, es möge alles so bleiben, wie es war.

Sollte der Deutsche Bundestag nach der wiedererlangten deutschen Einheit erneut in das Berliner Reichstagsgebäude von Paul Wallot einziehen? Oder repräsentierte Bonn, jenes einstige Ausweichquartier am Rhein, das heutige Deutschland nicht längst viel besser? Der Unionspolitiker Norbert Blüm argumentierte in seiner Rede, Berlin werde in zehn Jahren – also 2001 – ohnehin eine Stadt „mit acht Millionen Einwohnern" und „die größte Metropole zwischen Atlantik und Ural" sein. Und an seine Prophezeiung schloss er die Frage an: „Braucht es da noch Parlament und Regierung?"

Besser hätte der Sozialexperte das Politikverständnis der alten Bundesrepublik kaum auf den Punkt bringen können. Der Staat hatte demnach die Hauptaufgabe, den Wohlstand möglichst gleichmäßig zu verteilen. Wer noch nicht genug hatte, sollte mehr bekommen, und wer schon alles hatte, für den musste Schluss sein. War da sonst noch was?

Für Blüms Parteifreund Wolfgang Schäuble – ja. Er sprach in derselben Debatte den Satz: „Es geht um Deutschland!" Dafür wurde er von einigen heftig kritisiert. „Inhaltsleer" und „pathetisch" sei die Aussage, wie die ganze Rede, gewesen. Ging es um Deutschland? Solche Formulierungen befremdeten viele Deutsche der mittleren Generation. Diese Töne galten als historisch überwunden. Und doch traf der Innenpolitiker Schäuble – vielleicht unbeabsichtigt – den Zeitgeist des nächsten Jahrzehnts viel besser als der Sozialpolitiker Blüm.

Es geht heute – auch – wieder um Deutschland, wenn auch nicht in derselben Weise wie vor 125 Jahren. Was dieses Deutschland in seiner Geschichte gewesen ist, welchen Gefahren es heute ausgesetzt ist und welche Rolle es in einer noch weitgehend ungewissen Zukunft spielen soll, muss Gegenstand von demokratischen Debatten sein. Nichts ist mehr selbstverständlich. Die deutsche Frage ist wieder offen, aber nicht als nationale Frage, sondern als Sinnfrage. Den ersten dämmert, dass auch die Strukturen, die wir in den letzten 50 Jahren geschaffen haben, nicht für die Ewigkeit sein werden. Also: Wie wollen wir in Zukunft leben?

Vielleicht steckt ja irgendeine Idee hinter diesem Deutschland, die auch für Menschen aus anderen Teilen der Welt attraktiv genug sein könnte, um hierher zu kommen, ihr Glück zu machen und uns mehr oder minder Eingesessene mit ihren Talenten zu bereichern. Oder sollen die wieder einmal „draußen bleiben“? Als der Grundstein des Reichstags gelegt wurde, lebten meine Vorfahren noch in Polen. Sie werden gewusst haben, was eine Zukunft in Deutschland für sie attraktiv machte. Sie wollten nichts lieber als „richtige“ Deutsche werden. Wie sieht das heute aus? Ist Deutschland anziehend? Und: Entscheidet darüber tatsächlich allein das Wohlstandsniveau, wie manche meinen?

Das Reichtagsgebäude, das dank einer Mehrheit von nur 18 Stimmen für Berlin bei der Abstimmung am 20. Juni 1991 inzwischen Sitz des Deutschen Bundestags ist, repräsentiert dieses ergebnisoffene Deutschland zwischen Vergangenheit und Zukunft überraschend gut. Sicher, es ist ein Protzbau aus autoritären Zeiten. Aber auch in anderen Ländern Europas sitzen heute demokratische Politiker in Gebäuden aus feudalen und imperialen Tagen. Die Spuren der Vergangenheit lassen sich nicht einfach tilgen. Und warum sollte man das auch wollen?

Zu den Hauptidentifikationsorten von Preußentum und Kaiserreich zählte Wallots Bau ohnehin nie. Da gibt es andere Kandidaten. Allen voran das Berliner Stadtschloss. Oder den Berliner Dom, von Kaiser Wilhelm II. als „Petersdom des Protestantismus“ gewollt. Oder die Kaiser-Wilhelm-Gedächtniskirche, errichtet als das deutsche Mittelalter idealisierender Ort prunkvoller Familienfeiern der Hohenzollern, und deshalb im damaligen Volksmund auch „Taufhaus des Westens“ genannt.

Das Reichstagsgebäude hingegen bezeichnete Kaiser Wilhelm II. einmal als den „Gipfel der Geschmacklosigkeit“, und seine Funktion identifizierte er als die einer „Quasselbude“ oder eines „Reichsaffenhauses“. Aber auch diese Äußerungen werden oft überbewertet. Wilhelms geliebter Berliner Dom ist dem Reichstag zu ähnlich, um für einen gänzlich anderen Geschmack zu stehen. Und der junge Kaiser begleitete den Parlamentsbau bis zur Schlusssteinlegung am 5. Dezember 1894 insgesamt wohlwollend.

Das Gebäude war den Mächtigen bloß nicht so wichtig, wie viele heute glauben. Das Parlament hatte ein Gewicht, das vielleicht dem des heutigen Europaparlaments annähernd vergleichbar ist – für das sich auch niemand interessiert. Die politische Musik spielte anderswo.

Der Deutsche Bundestag ist nun in dieses Reichstagsgebäude umgezogen – und auch wiederum nicht. Das Gebäude wurde vorher „entkernt", wie es in der Architektensprache heißt. Dem Körper wurde ein anderes Herz eingepflanzt. Und nachdem der Ursprungsbau mit Geld aus von Frankreich erpressten Kriegsreparationen errichtet worden war, konnte für diese Transplantation der geniale britische Architekt Norman Foster gewonnen werden.

Was Fachleute nüchtern als „Bauen im Bestand" bezeichnen, lief auf nicht weniger als einen Neubau im Altbau hinaus. Ein lichtdurchfluteter Plenarsaal erstreckt sich nun über drei Geschosse und wird von einer spektakulären, begehbaren Kuppel gekrönt. Die mit 3000 Quadratmetern Glas verkleidete Stahlkonstruktion ist ein neues Wahrzeichen Berlins. Aber sie ist auch Teil eines ausgeklügelten, ökologischen Energiekonzepts, mit dem es Foster gelang, ein voll klimatisiertes Gebäude mit nur etwa zehn Prozent des jährlichen CO_2-Ausstoßes eines vergleichbaren Bauwerks zu errichten.

Doch man täusche sich nicht – eine Mischung aus alt und neu prägte auch schon den 1894 fertiggestellten Bau. Hinter den wuchtigen, an den Epochen von Renaissance und Barock orientierten Fassaden verbargen sich eine hochmoderne Zentralheizung, elektrische Ventilatoren, Doppelglasfenster, ein hauseigenes Telefonsystem und perfekte Waschräume mit fließend warmem Wasser. Der Geschmack der Bauherren war zwar der Vergangenheit verpflichtet – aber die Zukunft aufhalten wollten auch sie nicht.

00:32

Der Lotse muss von Bord

Bismarck beugt sich der Rücktrittsforderung Kaiser Wilhelms II.

Eine Minute am 18. März 1890

Es wird dunkel im Berliner Regierungsviertel. Gaslaternen tauchen die Gegend rund um die Wilhelmstraße in ein mattes Licht. Reichskanzler Otto von Bismarck sitzt an seinem Schreibtisch und schreibt mit schwarzer Tinte auf schweres Papier.

Berlin, den 18. März 1890.
Seiner Majestät dem Kaiser und Könige

Der Hüne mit dem weißen Schnauzbart nimmt einen Schluck Branntwein. Den „Eisernen Kanzler" nennt das Volk den Mann. Und ein eiserner Trinker war er immer auch. Vor ein paar Jahren, als er auf dem Berliner Kongress Gastgeber für Europas Staatsmänner war, brauchte er jeden Morgen erst „zwei bis drei Biergläser allerstärksten Portweins", wie er bekannte, „um das Blut ordentlich in Wallung zu bringen". Zum Mittagessen trank er dann gewöhnlich zwei Flaschen Champagner. Und abends am liebsten Branntwein. Der beruhigt.

Nach meinen Eindrücken der letzten Wochen darf ich in Ehrfurcht annehmen, dass ich mit diesem meinem Entlassungsgesuch den Wünschen Eurer Majestät entgegenkomme.

Bismarck füllt sein Glas neu mit Branntwein und leert es sogleich. Dann zieht er an seiner Zigarre. Warum soll er gehen? Es ist ihm überhaupt nicht einsichtig. Hat er nicht den Deutschen den Traum der nationalen Einheit erfüllt? Herrscht nicht dank seines Bündnissystems seither Frieden? Hat er nicht die Katholen und die Sozis in die Schranken gewiesen?

Ich würde die Bitte um Entlassung aus meinen Ämtern schon vor Jahr und Tag Eurer Majestät unterbreitet haben, wenn ich nicht den Eindruck gehabt hätte, dass es Eurer Majestät erwünscht wäre, die Erfahrungen und Fähigkeiten eines treuen Dieners Ihrer Vorfahren zu benutzen.

Dieser Jungspund! Dieser gekrönte Hallodri! Aus dem Bett geklingelt hat er Bismarck vor drei Tagen. Um ihm an den Kopf zu werfen, er hätte nicht das Recht, den Führer der Zentrumspartei zu treffen. Um den Rückversicherungsvertrag mit Russland zu kritisieren. Um die Gesetze gegen die Sozialisten für überflüssig zu erklären. Dieser Schnösel!

Nachdem ich sicher bin, dass Euer Majestät derselben nicht mehr bedürfen, darf ich aus dem politischen Leben zurücktreten.

Viele, die seit der gescheiterten Revolution von 1848 auf eine neue Chance für die Demokratie hofften, hatten die ganzen 1870er Jahre und die erste Hälfte der 1880er Jahre hindurch auf den Tod Kaiser Wilhelms I. gewartet. Nach ihm, so glaubten sie, könnte alles nur besser werden. Wilhelms Sohn Friedrich galt als Hoffnungsträger für Reformen, die, wenn nicht „von unten", so doch wenigstens „von oben" kommen müssten. Friedrich war mit einer Engländerin verheiratet und galt als fortschrittlich gesinnt.

Friedrich würde auch bestimmt als erstes Bismarck entlassen. Den Konservativen, der schon bei der Märzrevolution die Monarchie als einzig mögliche Staatsform verteidigt hatte und jede nennenswerte Beteiligung des Volkes an der Regierung strikt ablehnte. Den ostelbischen Landadeligen, der sich mit seinen Lieblingsfeinden – der katholischen Kirche und der Arbeiterbewegung – in verbissene Machtkämpfe verstrickt hatte, die nur dazu führten, dass sowohl die katholische Zentrumspartei als auch die Sozialdemokraten immer mehr Zuspruch bekamen. Den Kanzler und Außenminister, der den Frieden durch ein Dickicht geheimer Verträge sichern wollte, das außer ihm niemand mehr durchschaute.

Es kam anders. Bismarck musste irgendwann gehen, aber das Machtvakuum füllte nicht Friedrich, sondern dessen Sohn Wilhelm. Kaiser Wilhelm I. starb im Jahr 1888 – wenige Tage vor seinem 91. Geburtstag. Doch der Thronfolger Friedrich war bereits schwer krank und regierte nur 99 Tage. Noch im selben Jahr – dem „Dreikaiserjahr" – bekam sein damals 29-jähriger Sohn Wilhelm die Krone auf. Der junge Mann weinte seinem Vater keine Träne nach. Ja, er ließ sich nicht einmal beim Trauerzug blicken – so sehr verachtete er ihn für seine liberalen Ideen.

Aber auch Bismarck war dem jungen Wilhelm ein Dorn im Auge. Weniger wegen seiner politischen Vorstellungen als wegen der Machtfülle, auf die der Monarch neidisch war. „Sechs Monate will ich den Alten verschnaufen lassen, dann regiere ich selbst", sagte er schon im August 1888. Zwar dauerte es knapp zwei Jahre, bis Wilhelm Bismarck aus dem Amt drängen konnte. Doch nach der hitzigen Aussprache am frühen Morgen des 15. März 1890 forderte der Kaiser den Kanzler ausdrücklich zum Rücktritt auf. Der „Lotse" musste „von Bord", wie es in der deutschen Übersetzung einer Bildunterschrift der englischen Zeitschrift „Punch" hieß.

Damit waren für Bismarck 20 Jahre Reichskanzlerschaft und 30 Jahre auf dem Sessel des preußischen Ministerpräsidenten zu Ende. Tatsächlich war er immer der Lotse des Regierungsschiffs gewesen, denn Wilhelm I. und die übrigen deutschen Fürsten ließen ihm praktisch freie Hand. So hinterließ der eiserne Kanzler seinem Nachfolger Leo von Caprivi ein „System Bismarck", das ohne seinen Schöpfer gar nicht funktionierte.

Sogar die Reichsverfassung hatte Bismarck nach seinen Vorstellungen entwerfen und seinem politischen Stil anpassen können. So errichtete man zwar gerade einen Prachtbau für das Parlament, an dem nach der Vorstellung des Architekten Paul Wallot die Inschrift „Dem Deutschen Volke“ angebracht werden sollte (tatsächlich geschah das erst 1916) und dessen Kuppel die des Berliner Schlosses überragen würde. Doch die politische Machtzentrale war in Wirklichkeit der Bundesrat.

In der Länderkammer kamen die deutschen Fürsten – ganz nach Bismarcks Geschmack – zu streng geheimen Sitzungen zusammen und fällten alle wichtigen politischen Entscheidungen. Preußen, das größte Land mit dem mächtigsten Militär, spielte hier die erste Geige. Die Parteien im Reichstag mussten sich dagegen aufs öffentliche Debettieren beschränken und konnten vielleicht hier und da einmal Zugeständnisse erringen. Die formalen Kompetenzen des Parlaments waren nicht viel wert.

Bismarck hatte nun darauf geachtet, dass dem Kanzler eine Schlüsselfunktion im Dreieck Bundesrat, Reichstag und Kaiserthron zukam. Da der Reichskanzler aber nicht das Staatsoberhaupt war und auch keine Richtlinienkompetenz im modernen Sinn hatte, konnte nur ein begnadeter Taktiker und knallharter Machtpolitiker hier Erfolg haben.

Für Bismarck waren diese verschwommenen Verhältnisse, in denen er immer wieder jeden gegen jeden ausspielen konnte, genau passend. Für seinen Nachfolger waren sie eine schwere Erblast. Leo von Caprivi hoffte, die Machtansprüche des jungen Kaisers konstruktiv nutzen und ihn für eine politische Reformagenda gewinnen zu können.

Der ruhige Ex-General Leo von Caprivi pflegte einen bescheidenen Lebensstil. Seiner christlichen Überzeugung entsprechend wollte er die regionalen, sozialen und konfessionellen Gegensätze in Deutschland fair ausgleichen. Als Protestant ging er aktiv auf die katholische Zentrumspartei zu und gewann schnell deren Vertrauen. Auch die Arbeiterbewegung und die sozialdemokratische Partei hoffte er, Schritt für Schritt einbinden zu können. Schließlich gab es auch eine christliche Arbeiterbewegung – einer ihrer herausragenden Köpfen war der Katholik Adolph Kolping –, der es mehr auf eine reale Verbesserung der Lebensverhältnisse als einen ideologisch diktierten Staatsumbau ankam. Für mehr Pragmatismus und weniger Revolution wollte Caprivi auch die Sozialisten gewinnen.

Den Schlüssel zur Lösung der sozialen Frage sah Caprivi in wirtschaftlichem Wachstum, das einen breiter verteilten Wohlstand für alle ermöglichen würde. Dies setzte voraus, Handelsschranken und Schutzzölle abzubauen, den Export anzukurbeln – „Wir müssen exportieren!“ riet Caprivi den Deutschen am 10. Dezember 1891 im Reichstag – und neue Märkte zu schaffen.

Caprivi hätte aber klar sein müssen, dass er sich damit jenen Landadel zum Feind machte, dem auch Bismarck entstammte und der zu den größten Stützen des Reichs zählte. Denn die adeligen Großgrundbesitzer waren die Nutznießer der Handelsschranken und Schutzzölle.

Und der machtgierige Wilhelm? Der sah das ihm vorschwebende „persönliches Regiment“ bald sogar durch den zurückhaltenden Caprivi zu sehr eingeschränkt. So drängte der Kaiser nur dreieinhalb Jahre nach dem Rücktritt Bismarcks einen weiteren Kanzler aus dem Amt. Nachfolger mit eigenen politischen Vorstellungen sollte es nun nicht mehr geben. Ab jetzt herrschte der „Wilhelminismus“.

00:33

Ein Platz an der Sonne

General von Trotha informiert den Kaiser telegrafisch über den Ausgang der Schlacht am Waterberg

Eine Minute am 12. August 1904

Es ist eine fremdartige und faszinierende Landschaft, die den Deutschen im tiefen Südwesten Afrikas begegnet. Wie ein abgesägter Baumstumpf erheben sich die roten Felsen des Waterbergs über der mit Dornbüschen und Gräsern bewachsenen Steppe. Doch die jungen Männer der kolonialen Schutztruppe haben keine Augen für landschaftliche Reize. Es ist ihr Auftrag, bis zum Einbruch der Dunkelheit ihren Gegner komplett zu vernichten. Dazu hat sie Wilhelm II. gegen den Widerspruch von Reichskanzler, Generalstab und Kolonialdirektion dem Befehl des härtesten Hundes unterstellt, den er auftreiben konnte.

Der Gegner, mit dem es die Männer unter General Lothar von Trotha am Waterberg zu tun haben, ist der Stamm der Herero. Es sind Halbnomaden, die hier seit vielen Jahrhunderten Rinder halten. Die Deutschen sind erst ein paar Jahre da. Sie wollen ebenfalls Rinder züchten. Aber zu ihren Bedingungen. Als Grundbesitzer, nicht als umherziehende Hirten. So ist das in ihrer Kultur üblich. Und ihre Kultur halten sie für weit überlegen.

Die Herero haben sich einige Zeit darauf eingelassen. Sie haben zu handeln versucht. Aber es hat ihnen die Erfahrung gefehlt. Die Deutschen wissen, wie man sich auf dem Papier alle Vorteile sichert. Die Herero wissen das nicht. Irgendwann haben sie gehungert. Dann haben sie zu den Waffen gegriffen. Zu deutschen Gewehren, die sie legal gekauft hatten. Die Deutschen waren schockiert. Dann haben sie immer mehr Soldaten ins Land geschickt. Jetzt sind es 14 000. Am Waterberg stehen ihnen 35 000 Herero mit ihren Frauen und Kindern und ihrem Vieh gegenüber. Nur 5000 davon sind bewaffnete Krieger.

Die Schlacht beginnt. Sieben Abteilungen der Deutschen haben die Herero eingekreist. Die Soldaten geben Dauerfeuer aus Haubitzen und Maschinengewehren. Aber in der dicht bewachsenen Steppe sehen sie fast nichts. Und sie kennen sich nicht aus. Kein Engländer wäre hier ohne einheimische Aufklärer unterwegs. Die Deutschen halten sich auch so für stark genug.

Es ist ein Stahlgewitter. Doch die Vernichtung des Gegners misslingt. Nach Einbruch der Dunkelheit rattert im Berliner Schloss der Fernschreiber. „Hamakari, 12. August – Der Feind, der mit außerordentlicher Zähigkeit kämpfte, erlitt, trotz sehr gewandter Aufstellung im dichtesten Dornbusch, schwere Verluste“, meldet General von Trotha dem Kaiser. „Zersprengt und im Rückmarsch nach allen Seiten begriffen, bewegt sich die Hauptmasse des Feindes nach Osten, wo ich ihm den Abzug versperren werde.“

Einen „Platz an der Sonne“ wollte Kaiser Wilhelm II. seinen Deutschen bereiten. Mit diesen Worten hatte es einer aus der kaiserlichen Ja-Sager-Truppe, der spätere Reichskanzler Bernhard Fürst von Bülow, im Jahr 1897 verkündet. Im Vergleich mit den großen europäischen Mächten England, Frankreich oder Spanien empfand man die deutsche Nation als „zu spät gekommen“. Und den Rückstand galt es nun schleunigst aufzuholen.

Die Industrie brummte, nicht zuletzt dank eines gigantischen Aufrüstungsprogramms. Dieses machte Deutschlands europäische Nachbarn – vor allem England und Frankreich – immer nervöser. Schließlich aber sollte Deutschland endlich das bekommen, wonach sich der national gesinnte Teil der Bevölkerung seit Jahrzehnten sehnte – Kolonien in Übersee. Denn nur eine Kolonialmacht würde eine richtige Großmacht sein.

Otto von Bismarck, der Kanzler der deutschen Einheit, war fast immer ein Gegner kolonialpolitischer Ambitionen gewesen. Ihm schien es kompliziert genug, die Machtbalance mit den europäischen Staaten zu halten, von denen er glaubte – oder wusste –, dass sie argwöhnisch auf das größer gewordene Deutschland blickten. Sich um ein paar wirtschaftlicher Vorteile willen auch noch in fernen Ländern in Konkurrenz zu Briten, Franzosen, Holländern, Portugiesen, Spaniern und so weiter begeben? Das hätte aus seiner Sicht alles noch schwieriger gemacht und den Frieden ernsthaft gefährdet. Aus diesen taktischen Erwägungen – und nicht moralischen Skrupeln – hielt Deutschland sich im Kolonialzeitalter viele Jahre zurück.

So ganz verschließen konnte sich aber auch Bismarck der Sache nicht. Denn in den 1870er und 1880er Jahren packte ein wahres „Kolonialfieber" die deutsche Bevölkerung. So wurden nacheinander die „Afrikanische Gesellschaft", der „Deutsche Kolonialverein" und die „Deutsche Kolonialgesellschaft" gegründet. Es waren also zunächst private Initiativen, die nach Übersee drängten, bevor Wilhelm II. die Kolonialpolitik zu einem seiner Prestigeobjekte machte. Genauso war die Entwicklung zuvor in England verlaufen, wo die privaten Handelskompanien irgendwann unter staatlichen Schutz kamen und schließlich ganz der Regierung unterstellt wurden.

So hatte denn im Jahr 1884 auch der Bremer Kaufmann Adolf Lüderitz verschiedene küstennahe Gebiete im Südwesten Afrikas „erworben". Ob man angesichts der völlig unterschiedlichen Kulturen von einem rechtmäßigen Erwerb sprechen kann, wenn ein Stammesführer nach einer Mischung aus Überredung und Drohung sowie etlichen Schnäpsen seine drei Kreuze unter einen von Deutschen verfassten Vertrag setzte, darüber lässt sich trefflich streiten. Zumal die Stammesführer nicht selten über die Köpfe ihrer Untergebenen hinweg entschieden. Reichskanzler von Bismarck jedenfalls glaubte an saubere Geschäfte und stellte die Besitzungen des deutschen Kaufmanns an der inzwischen „Lüderitzbucht" genannten Küste unter den Schutz des Reiches.

Der im Dezember 1893 von Kaiser Wilhelm II. nach Südwestafrika entsandte Major Theodor Leutwein kam noch als Kommissar, wurde aber fünf Jahre später zum Gouverneur der Kolonie Deutsch-Südwest ernannt. Damit war nun klar, dass Wilhelm Südwestafrika – und die übrigen Kolonien in Afrika und Asien – als deutsches Hoheitsgebiet und die Ureinwohner als Untertanen seiner Majestät betrachtete.

Um 1900 hatten sich ungefähr 2500 Deutsche in Südwestafrika niedergelassen. Es war damit die einzige echte deutsche Siedlungskolonie. Und es kamen beileibe nicht nur Großinvestoren. Viele der Siedler hatten zu den Verlierern der neuen deutschen Industriegesellschaft gehört und waren auf der Suche nach einer neuen Chance. Und von der Reichsregierung wurde die Ansiedlung in Afrika als Alternative zur Auswanderung nach Amerika propagiert. So gingen die Leute zwar der Heimat, aber wenigstens nicht dem Fiskus verloren.

Problematisch war jedoch von Anfang an, dass sich die deutschen Siedler mit ihrer Absicht, Viehwirtschaft zu betreiben, in direkte Konkurrenz mit den Einheimischen begaben. Farmer mit eingezäuntem Weideland und Nomaden, die ihr Vieh von Weide zu Weide trieben, konnten auf die Dauer kaum nachbarschaftlich miteinander auskommen. Man tat sich nicht zusammen, sondern betrieb Verdrängungswettbewerb.

Hinzu kamen die kulturellen Unterschiede. Die deutsche Kultur beruhte auf strengstem Gehorsam gegenüber dem jeweils Ranghöheren und der Unterordnung der Frauen. Die Sozialstruktur der einheimischen Herero sah ganz anders aus. Bei dem Nomadenvolk zählte jede Hand, aber auch jede Stimme.

Ein Deutscher schrieb verwundert nach Hause: „Nicht allein die Männer, sondern häufig genug auch die Weiber, selbst die Diener geben ihren Rat. So fühlt sich hier keiner so recht als Untertan, keiner hat gelernt, sich zu fügen." Umgekehrt hatten aber die Deutschen bei kriegerischen Konflikten einen viel strengeren Moralkodex. Nach der Genfer Konvention könne man gegen die Afrikaner nicht kämpfen, rechtfertigte der umstrittene General von Trotha seine Methoden einmal. Schließlich, so der General, führten die Stämme untereinander Krieg bis zur völligen Auslöschung des gegnerischen Stamms.

Tatsächlich begann auch der Aufstand der Herero gegen die deutschen Kolonialherren am 12. Januar 1904 äußerst brutal. Hererokrieger überfielen Farmen und Ortschaften und ermordeten über 120 Menschen. Man schonte Frauen und Kinder, doch die Familienoberhäupter wurden oft vor den Augen ihrer Kinder bestialisch abgeschlachtet. Das schürte daheim in Deutschland den Hass auf die Herero, vor allem, wenn es sich bei den getöteten Siedlern um Neuankömmlinge handelte, die genauso mittellos und hungrig waren wie die um ihre Existenz kämpfenden Nomaden.

Doch den Grundkonflikt hatten die Deutschen selbst ins Land getragen. Sie wollten den Einheimischen nicht auf Augenhöhe begegnen. Sie konnten sich nicht vorstellen, friedlichen Handel zu betreiben und voneinander zu lernen. Sie wollten das Land für sich und sahen sich aufgrund der Stärke ihrer modernen Armee als die neuen Herren im Haus.

Kaiser Wilhelm II. verlangte von General von Trotha, er solle mit den aufständischen Herero kurzen Prozess machen. Doch das war nicht so einfach. In seinem Telegramm kaschierte der General mühsam, dass ihm die Einkesselung und Vernichtung misslungen war. Den Herero gelang der Rückzug – allerdings nur in die Wüste Omahake. Hier verdursteten Tausende.

00:34

Pulverfass Sarajevo

Der österreichische Thronfolger Franz Ferdinand und seine Frau werden ermordet

Eine Minute am 28. Juni 1914

Eine Kolonne aus sechs dunklen Autos fährt auf die Innenstadt von Sarajevo zu. Die Straßen sind von Schaulustigen gesäumt. Auf dem Rücksitz des zweiten offenen Wagens sitzen Franz Ferdinand und seine Frau Sophie. Man hat ein Manöver besucht, eine Tabakfabrik besichtigt und ist nun auf dem Weg ins Rathaus. Die Sicherheitsvorkehrungen sind lasch. Nur 40 Polizisten schützen die Strecke. Bosnien ist Teil der Donaumonarchie. Für den österreichischen Thronfolger sind solche Besuche in den entlegensten Winkeln des Habsburgerreichs normal.

Doch auf dem Balkan ist nie etwas normal. Schon gar nicht in Bosnien. Serbische Nationalisten halten die österreichische Herrschaft für unrechtmäßig. Sie sagen, Bosnien solle zu Serbien gehören. Und sie haben dafür Argumente aus dem Mittelalter. Einige von ihnen schreiben nur scharfe Leitartikel in der Belgrader Presse. Andere wollen den bewaffneten Kampf. Sie haben sich zu Terrororganisationen zusammengeschlossen.

Thronfolger Franz Ferdinand weiß nicht, dass ihn auf seiner Fahrtstrecke zum Rathaus zwei Bombenwerfer und drei Pistolenschützen erwarten. Aber die serbische Regierung in Belgrad weiß das. Und ist in der Bredouille. Gelingt ein Anschlag, könnte das Krieg bedeuten. Durch die Blume hat der serbische Botschafter in Wien einen österreichischen Minister gewarnt. Doch der Minister nimmt die Warnung nicht ernst und behält sie für sich.

Es ist zehn Uhr. Die Wagenkolonne fährt an dem ersten Bombenwerfer vorbei. Er unternimmt nichts, weil er das Auto des Thronfolgers in der Kolonne nicht ausmachen kann. Minuten später wirft der zweite Attentäter seine Bombe. Der Fahrer sieht es und gibt Gas. Franz Ferdinand wehrt die Bombe mit seinem Arm ab. Sie fliegt über das zurückgeschlagene Verdeck nach hinten und explodiert vor dem folgenden Wagen. Es gibt Verletzte.

Der Thronfolger besucht das Rathaus. Er ist empört. „Da kommt man nach Sarajevo und wird mit Bomben beworfen!", unterbricht er die Begrüßungsrede des Bürgermeisters. Franz Ferdinand ahnt nichts von den drei Pistolenschützen. Er ist an ihnen vorbeigefahren, aber keiner hat geschossen. Es ging zu schnell, sie waren überfordert. Der Thronfolger will nun die Verletzten im Lazarett besuchen. Doch jetzt ist der Fahrer überfordert. Er schwenkt auf die ursprünglich geplante Route ein, bemerkt seinen Fehler, hält an, will wenden. Genau vor dem 19-jährigen Gavrilo Princip, dem Mann mit der dritten Pistole. Princip feuert zwei Schüsse ab. Einen auf Franz Ferdinand und einen auf dessen Frau. Beide sind tödlich.

Der österreichische Thronfolger Franz Ferdinand hatte ein Talent, sich unbeliebt zu machen. Zunächst heiratete er für den Geschmack seiner Familie die falsche Frau. Sophie Gräfin Chotek entstammte zwar ganz altem tschechischem Adel. Aber für die kaiserlichen Habsburger war Adel nicht genug. Es musste schon europäischer Hochadel sein, um für eine standesgemäße Hochzeit in Frage zu kommen. Der zur Sturheit neigende Franz Ferdinand setzte sich gegenüber seinen Verwandten durch. Er würde trotzdem einmal Kaiser sein. Doch er musste den Thronverzicht für die aus seiner nicht standesgemäßen Ehe hervorgehenden Kinder erklären.

Auch politisch hatte Franz Ferdinand nicht nur Anhänger. Offiziell bekleidete er kein Regierungsamt, doch auf die Politik seines Onkels, des Kaisers Franz Josef, nahm er großen Einfluss. Schon allein die Tatsache, dass er dazu auf Schloss Belvedere eine Entourage von undurchsichtigen Beratern versammelte, machte ihn vielen suspekt. Hinzu kam, dass er eine Reform der habsburgischen Staatsverfassung anstrebte. Doch das Völkergemisch der Donaumonarchie neu sortieren zu wollen war in einem Zeitalter der nationalen Eitelkeiten eine mehr als heikle Angelegenheit.

Franz Ferdinands Pläne standen zudem den Ambitionen Serbiens im Weg, die führende Macht auf dem Balkan zu werden und möglichst viele Nachbarländer – darunter Bosnien, Kroatien und Dalmatien – zu einem Vielvölkerstaat unter der Führung des serbischen Königs zu vereinen. In leidenschaftlichem Hass auf Österreich-Ungarn schlossen sich serbische Nationalisten Untergrundorganisationen mit Namen wie „Schwarze Hand" oder „Junges Bosnien" an. Im Gegenzug schürte die Wiener Presse das Ressentiment gegen die Serben. „Serbien muss sterbien" wurde zum geflügelten Wort in den Caféhäusern an der Ringstraße.

Auch der Oberschüler Gavrilo Princip war Mitglied der proserbischen Organisation „Junges Bosnien". Als er im Frühjahr 1914 in einer Wiener Zeitung die Ankündigung des Besuchs Franz Ferdinands las, beschloss er, ihn zu töten. Die Medien veröffentlichten die genaue Fahrtroute des Thronfolgers. Die Regierung in Wien sah darin kein Sicherheitsproblem, sondern hoffte, möglichst viele Schaulustige anzuziehen. Das würde zeigen, dass das bosnische Volk hinter Österreich stehe.

Ein Angehöriger des serbischen Geheimdienstes erteilte dem jungen Princip Schießunterricht in einem Belgrader Park. Dann übergab er ihm am 27. Mai vier Pistolen mit Munition sowie vier Bomben. Sämtliche Waffen gehörten dem serbischen Staat. Kurz vor dem geplanten Anschlag wurde einigen Unterstützern die Sache zu heikel. Doch Princip hielt fanatisch an dem Plan fest und überredete genügend Mitverschwörer weiterzumachen.

Die tödlichen Schüsse von Sarajevo sind als Auslöser des Ersten Weltkriegs in die Geschichtsbücher eingegangen. Die Ursache des Krieges waren sie jedoch nicht. Sie waren nicht einmal der unmittelbare Auslöser. Vielmehr waren sie der Beginn einer Kettenreaktion, an deren Ende nach wenigen Tagen ein Krieg stehen würde, den einige europäische Mächte schon lange vorbereitetet hatten und längst für unvermeidlich hielten.

Das galt insbesondere für das deutsche Kaiserreich. Viele sehnten einen Krieg geradezu herbei, sprachen von einem „reinigenden Gewitter", das bald einmal nötig sei. Das Land hatte sich in den letzten hundert Jahren komplett verändert. Aus dem scheinbar harmlosen Fahnenschwenken einiger weniger Studenten war ein leicht zu kränkender Nationalstolz geworden, der mit seinen Symbolen und seinen Beschwörungsformeln praktisch alle Bereiche des öffentlichen Lebens durchdrang.

In den übrigen Ländern Europas sah es nicht grundsätzlich anders aus. Überall ging jetzt die „Nation" über alles. Sie war so absolut, so transzendent, so unhinterfragbar wie es im Mittelalter die christliche Kirche gewesen war. Und so sehr die Europäer das jeweils Eigene überhöhten, so sehr misstrauten sie dem Anderen.

Gleichzeitig hatte der wissenschaftliche und technische Fortschritt auch die Rüstungsindustrie erfasst. Man verfügte über Waffen einer Effektivität, die noch vor Jahrzehnten unvorstellbar gewesen wäre. Man besaß auf einmal Flugzeuge, Dampfschiffe, Panzer, schwere Geschütze und – chemische Kampfstoffe, mit denen sich der Gegner auf dem Schlachtfeld vergasen ließ. So standen sich die Europäer bis an die Zähne bewaffnet gegenüber und warteten – wie die Kontrahenten in einem Westernduell darauf warten, dass der andere zuckt.

Seit 1905 plante der preußisch-deutsche Generalstab einen Krieg an zwei Fronten. Im Westen gegen England und Frankreich und im Osten gegen Russland. Stolz auf den rasanten Aufstieg Deutschlands zur wirtschaftlichen Großmacht und gleichzeitig beleidigt wegen der vermeintlich mangelnden internationalen Wertschätzung, fühlte man sich eingekreist von Feinden. Doch trotzig sagte man sich: Jetzt erst recht!

Österreich-Ungarn blieb der einzig mögliche Verbündete für das deutsche Kaiserreich. In Berlin hätten die Generäle wissen können, dass auch eine Achse mit Wien nicht stark genug sein würde, Resteuropa mal eben in ein paar Wochen zu bezwingen. Das Gewitter würde zur Klimakatastrophe werden.

Doch das Nationalgefühl hatte längst religiöse Züge. Vernünftige Erwägungen spielten keine Rolle mehr. Berlin stärkte Wien den Rücken, mit aller Härte gegen Belgrad vorzugehen. Die Österreicher stellten den Serben ein Ultimatum, das diese nur zum Teil erfüllen konnten. Ein Wort gab das nächste. Am Schluss stand die Kriegserklärung Österreichs an Serbien.

Europa war ein Geflecht aus Bündnissystemen und geheimen Verträgen. Immer die einen gegen die anderen. Immer am „nationalen Interesse" orientiert. So zog im August 1914 jeder den anderen mit hinein. Der Kriegsplan des Alfred Graf von Schlieffen, nach dem die deutschen Truppen einen Blitzsieg im Westen erkämpfen und dann sofort nach Osten umschwenken sollten, erwies sich als das Hirngespinst eines größenwahnsinnigen Generalissimus. Der deutsche Vormarsch rannte sich schon nach Tagen fest. Es begann ein vierjähriger, mörderischer Stellungskrieg.

Die Bilanz: 15 Millionen Tote aus ganz Europa und Nordamerika. 20 Millionen Verletzte. Anzahl der damit gelösten Probleme: Null.

00:35

„Es lebe das Neue! Es lebe die deutsche Republik!“

Der Sozialdemokrat Philipp Scheidemann ruft einen neuen Staat aus

Eine Minute am 9. November 1918

Sie drängen ihn. Sie reden auf ihn ein. Doch Philipp Scheidemann, Reichstagsabgeordneter, Vizechef der Sozialdemokraten und bis vor wenigen Tagen noch Staatssekretär, hat resigniert. Müde sitzt er im dreiteiligen Anzug mit Friedrich Ebert und anderen Parteifreunden im Speisesaal des Reichstagsgebäudes. Müde und hungrig. Deutschland hat sich in vier Jahren Krieg aufgezehrt und am Schluss verloren. Auch für die Spitzenpolitiker gibt es nur noch eine wässrige Suppe, von der kein Mensch satt werden kann.

„Philipp!“, rufen die Arbeiter und Soldaten, die in den Saal gestürmt sind. „Du musst hier raus und reden!“ Der schlanke Mann mit Knebelbart und Halbglatze winkt ab. „Scheidemann, kommen Sie mit uns! Da stehen Tausende, die verlangen, dass Sie reden!“ Der Abgeordnete starrt auf seinen Suppenteller. „Vom Schlossbalkon redet gleich Liebknecht“, sagt einer hell aufgeregt. „Na, wenn schon“, murmelt Scheidemann.

Doch dann gibt er nach. Er ist ein Mann des Volks, und das Volk will ihn. Er geht durch die Halle in Richtung Lesesaal. Es ist ein Heerlager. Überall vor dem Reichstag und im Gebäude selbst sind Soldaten. Viele sind bewaffnet. Alle rufen durcheinander. Die staatliche Ordnung ist zusammengebrochen. Plötzlich begreift Scheidemann den Zusammenhang. Karl Liebknecht, der Führer der Kommunisten, will vom Schloss aus die Sowjetrepublik ausrufen! Die Massen laufen zwischen

Schloss und Reichstag hin und her. Sie wollen wissen, wie die Demokraten darauf reagieren.

Da packt Philipp Scheidemann die Wut. Es rotiert in seinem Kopf. Deutschland in russischen Händen? In den Händen der Bolschewisten? Nein, nein und nochmals nein! Nach all dem Elend nicht auch noch dieser Wahnsinn. Keine Schreckensdiktatur wie in der Sowjetunion! Endlich steht er am Fenster. Tausende Arme recken sich und schwenken Hüte und Mützen. Dann wird es still. Scheidemann spricht mit lauter und doch ruhiger Stimme:

> *Arbeiter und Soldaten! Der unglückselige Krieg ist zu Ende. Das Morden ist vorbei. Die Folgen des Kriegs, Not und Elend, werden noch viele Jahre auf uns lasten. Der Kaiser hat abgedankt. Er und seine Freunde sind verschwunden. Über sie alle hat das Volk auf der ganzen Linie gesiegt. Prinz Max von Baden hat sein Reichskanzleramt dem Abgeordneten Ebert übergeben. Unerhörtes ist geschehen. Große und unübersehbare Arbeit steht uns bevor. Alles für das Volk. Alles durch das Volk. Seid einig treu und pflichtbewusst! Das Alte und Morsche, die Monarchie ist zusammengebrochen. Es lebe das Neue! Es lebe die deutsche Republik!*

Die Geschehnisse in Berlin an diesem chaotischen Novembertag hatten eine eigenartige Symbolik. Alles entschied sich zwischen zwei Polen. Der eine Pol war das Stadtschloss im Osten des historischen Zentrums. Hier war seit Jahrhunderten die Schaltzentrale Preußens gewesen. Jetzt, nach der militärischen Niederlage Deutschlands, verkündete Reichskanzler Prinz Max von Baden eigenmächtig die Abdankung Kaiser Wilhelms. Dessen adelige Kamarilla hatte sich längst aus dem Staub gemacht.

Der überrumpelte Monarch hielt sich zu dieser Stunde im Ardennenkurort Spa auf, wo sich während des Kriegs das Hauptquartier der Deutschen befunden hatte. Er würde nie mehr nach Berlin zurückkehren. Am 28. November fuhr er in die Niederlande, wo er politisches Asyl erhielt und nun selbst ein Abdankungsschreiben aufsetzte.

Anstelle des Kaisers waren Karl Liebknecht und seine Genossen in das Schloss eingezogen. Von einem Balkon rief der Führer des radikalen Flügels der Arbeiterbewegung – sie würden sich jetzt „Kommunisten" nennen – Deutschland zu einer Sowjetrepublik aus. Liebknecht und seine Mitstreiter planten, nach dem Vorbild Russlands und seines neuen starken Manns, Wladimir Iljitsch Lenin, eine „Diktatur des Proletariats" zu errichten.

Der andere Pol an diesem Tag war das Reichstagsgebäude im Westen. Das hier tagende Parlament war nie ein großer Machtfaktor gewesen. Aber hier hatten die überzeugten Demokraten – vor allem Sozialdemokraten, katholische Zentrumspolitiker und Liberale – Diskussionen geführt, Beschlüsse gefasst und ihr Bestes gegeben, im politischen Geschehen wenigstens kleine Kurskorrekturen zu erreichen. Den Sozialdemokraten als der Partei mit dem größten Zuspruch bei den Wählern fiel nun die Aufgabe zu, für alle Demokraten zu sprechen. Und so rief Philipp Scheidemann – etwas früher als sein Kontrahent Liebknecht – eine demokratische Republik aus, die dem „Frieden und der Sorge um Arbeit und Brot" verpflichtet sein sollte.

Zwischen dem Stadtschloss im Osten und dem Reichstag im Westen gab es eine schnurgerade Verbindung: die Straße Unter den Linden. Auf diesem Boulevard liefen die Massen aus heimgekehrten Soldaten, Arbeitern und – Scheidemann klammert sie bei seiner Anrede aus – Bürgern hin und her. Wer würden die neuen Machthaber sein? Die Kommunisten oder die Demokraten? Noch war alles offen.

Die Geografie der Pole jedenfalls war stimmig. Der Westen stand für Demokratie. In Frankreich, England und den Vereinigten Staaten hatte sich die Volkssouveränität entwickelt und entfaltet. Auch Belgien, die Niederlande oder die Schweiz waren demokratische und fortschrittliche Staaten. Russland dagegen, die Großmacht im Osten, stand für das Gegenteil von Demokratie.

Die Oktoberrevolution von 1917 hatte, in den Worten Scheidemanns von 1924, „die Ablösung der zaristischen Schreckensherrschaft durch die bolschewistische“ gebracht. In wenigen Jahrzehnten würde das Sowjetsystem ein mächtiges Staatenbündnis – salopp „Ostblock“ genannt – bilden.

Mit etwas Verspätung, im März 1920, erhob noch eine dritte Gruppe den Anspruch auf die Machtübernahme. Angehörige sogenannter Freikorps unter der Führung des Generals Walther Freiherr von Lüttwitz stürmten und besetzten das Berliner Regierungsviertel. Nach der Flucht der gewählten Regierung nach Stuttgart ernannten sie den pensionierten preußischen Landschaftsdirektor Wolfgang Kapp zum Reichskanzler. Doch ein Generalstreik der Arbeiter ließ den Putsch schnell scheitern. Hier hatten extreme Nationalisten ihre Ansprüche angemeldet. Sie waren verbrüdert mit der Nationalsozialistischen Arbeiterpartei Adolf Hitlers, die von München aus die Errichtung einer Diktatur plante.

Doch war das ein dritter Pol? Kommunisten bezeichnen sich bis heute gern als „Antifaschisten“ und wollen damit ausdrücken, sie seien das genaue Gegenteil dieser anderen Gegner der Demokratie. Tatsächlich gab es Punkte, in denen sich Kommunisten und Faschisten stark unterschieden. Dazu zählte vor allem die Bewertung der Nation. „Die Arbeiterklasse ist international, sie hat kein Vaterland“, hatte Karl Marx, auf dessen Ideen sich die Kommunisten beriefen, gesagt. Entsprechend war ihr Ziel die „internationale Solidarität“ der Arbeiter. Für die Faschisten hingegen waren „Blut und Boden“, ethnische Abstammung und regionale Herkunft, der die menschliche Gemeinschaft zusammenhaltende Kitt.

Was aber beide – Kommunisten und Faschisten – gleichermaßen von den Demokraten unterschied, war der erklärte Wille, alle Deutschen unter Androhung von Gewalt in ein großes staatliches Gemeinschaftsprojekt einzubinden. „Der Einzelne ist nichts, die Gemeinschaft ist alles“ – diesem Ausspruch von

Joseph Goebbels hätte auch jeder Kommunist zugestimmt, wenn auch aus anderen Gründen.

Und nicht nur das einte rote und braune Diktatoren. Auch die Liebe zu Uniformen und Aufmärschen, die Intoleranz gegenüber jeder abweichenden Meinung, das Prinzip von Befehl und Gehorsam, die Straflager und Schauprozesse, schließlich der Wunsch, die Biografie jedes Einzelnen bis in den letzten Winkel des Privaten hinein zu kontrollieren und zu manipulieren.

Es gibt deshalb moderne politische Theoretiker, die den polaren Gegensatz zwischen „Links" und „Rechts" mit guten Gründen für eine optische Täuschung handeln. In Wirklichkeit – so sagen sie – sind die Extreme die autoritäre, gleichgeschaltete, zentral gesteuerte Massengesellschaft auf der einen Seite und die freiheitliche, plurale, dezentral organisierte Gemeinschaft selbst verantwortlicher Individuen auf der anderen Seite. Es sind dies im Grunde die politischen Modelle der antiken Stadtstaaten Sparta und Athen.

Zwischen Sparta im Osten und Athen im Westen mussten sich die Deutschen also 1918 entscheiden. Die Menschenmenge wogte hin und her. Es grenzt an ein Wunder, dass sich die Athener zunächst durchsetzen konnten. Die „Weimarer Republik" bekam die erste demokratische Verfassung Deutschlands. Sie trat am 11. August 1919 in Kraft. Im „Reichsbanner Schwarz-Rot-Gold" schlossen sich die Athener zusammen. Als „überparteiliche Schutzorganisation der Demokratie im Kampf gegen Hakenkreuz und Sowjetstern" bezeichnete sie sich 1931. Sozialdemokraten, katholische Zentrumspolitiker und Liberale setzten sich hier gemeinsam für den Erhalt der von Scheidemann ausgerufenen Republik ein.

Doch die Spartaner waren aggressiver, skrupelloser und letztlich erfolgreicher. Nazis und Kommunisten bekämpften einander und nahmen gleichzeitig die Demokratie in die Zange. 1933 war die Weimarer Republik am Ende. Und erst 1989 sollte für alle Deutschen die Demokratie zurückkehren.

00:36

„Sie müssen den Raubtieren zum Fraß vorgeworfen werden“

Rosa Luxemburg wird von Angehörigen einer Militäreinheit ermordet

Eine Minute am 15. Januar 1919

Das Hotel Eden ist das luxuriöseste Quartier im „Neuen Westen“ Berlins, jener Gegend rund um den Kurfürstendamm, in der sich wohlhabende Bürger seit gut drei Jahrzehnten so etwas wie ein neues Stadtzentrum schaffen. Abseits der historischen Stadtmitte, weit weg auch von den ausgedehnten Arbeiterbezirken im Osten der Stadt, mit ihren Mietskasernen und ihrem Elend. Hier, direkt am Zoo, steht der neubarocke Prachtbau aus hellem Muschelkalk, ein Haus mit über 200 Betten und einem eindrucksvollen Dachgarten. Doch in diesen feuchtkalten Januartagen sind es nicht mehr die Filmdiva Marlene Dietrich oder der Romanautor Heinrich Mann, die hier ein und aus gehen. Nein, es sind Soldaten.

Seitdem in Berlin bürgerkriegsähnliche Unruhen herrschen, dient das Luxushotel als Hauptquartier der Garde-Kavallerie-Schützen-Division. Diese und andere Einheiten aus ehemaligen Frontsoldaten sind mit Billigung der Reichsregierung in die Hauptstadt gekommen, um den Aufstand der „Bolschewisten“ – wie die Radikalen unter den Anhängern der Arbeiterbewegung genannt werden – niederzuschlagen. Die Soldaten im Hotel Eden sind in Siegerlaune. Denn in einem Mietshaus in Wilmersdorf haben sie zwei politische Aktivisten entdeckt und festgenommen, die allgemein als Rädelsführer des Aufstandes gelten: Rosa Luxemburg und Karl Liebknecht.

Rosa Luxemburg, die lange Jahre den Sozialdemokraten angehörte und vor wenigen Wochen gemeinsam mit Liebknecht die „Kommunistische Partei Deutschlands" gegründet hat, wird in einem Hotelzimmer verhört. Ein Zimmermädchen erlebt mit, wie die behinderte und von Krankheit geschwächte Frau nach heftigen Schlägen zu Boden fällt.

Nach Einbruch der Dunkelheit wird die verletzte Rosa Luxemburg abgeführt. Die Soldaten haben Rücksprache mit höheren Stellen gehalten. Am Dienstbotenausgang wartet ein Auto. Doch die Politikerin erreicht es nicht mehr bei Bewusstsein. Neben der Tür hat der Soldat Otto Runge gelauert und schlägt sie mit seinem Gewehrkolben nieder. Während der Fahrt, auf dem Rücksitz des Autos, setzt ihr der Leutnant Hermann Souchon dann seine Waffe an die Schläfe und drückt ab. Minuten später hält der Wagen an einer dunklen Ecke. Die Soldaten werfen die Leiche Rosa Luxemburgs in den Landwehrkanal.

Alljährlich am 15. Januar, dem Todestag von Rosa Luxemburg und Karl Liebknecht, ziehen heute viele hundert Menschen zum Grab der beiden Politiker auf dem Parkfriedhof Friedrichsfelde im Osten Berlins. Es sind einzelne Sympathisanten und Angehörige politischer Gruppierungen, die sich dem Gedankengut des Sozialismus verbunden wissen. Und ja – darunter sind sicherlich auch viele, die dem sozialistischen System der untergegangenen DDR nachtrauern. Dennoch wäre es zu einfach, Rosa Luxemburg bloß als Galionsfigur Ewiggestriger abzutun. Von ihrer Person scheint eine anhaltende Faszination auszugehen, die bis weit in die Mitte der Gesellschaft hinein ausstrahlt. Worin liegen die Ursachen für diese Bewunderung?

Der gewaltsame Tod Rosa Luxemburgs, der sich leicht als ein Sterben für eine Idee verklären lässt, mag hier eine Rolle spielen. Und ist es doch nicht allein. Die weltanschaulich begründeten Auseinandersetzungen des 20. Jahrhunderts haben Millionen Opfer gekostet, und den wenigsten von ihnen ist irgendein

Nachruhm zuteil geworden. Märtyrer gelten auch nach dem Ende der Prägekraft des Christentums als Identifikationsfiguren – aber die Auswahl ist groß.

Wenn ich als jemand, dem sozialistische und sozialdemokratische Milieus stets fremd waren, die Biografie Rosa Luxemburgs betrachte, so fallen mir zwei Konstanten auf, die zur anhaltenden Popularität der aus einer polnisch-jüdischen Familie stammenden Politikerin betragen dürften. Die eine ist die Kompromisslosigkeit, mit der sie für ihre Überzeugungen eintrat. Die andere ist ihr leidenschaftliches Engagement für den Frieden.

Als Politikerin war Rosa Luxemburg nie um taktischer und machtpolitischer Vorteile willen zu Kompromissen bereit. Zu ihren Lebzeiten nannte der Soziologe Max Weber eine solche Haltung „gesinnungsethisch" und stellte ihr die „verantwortungsethische" Einstellung gegenüber, die Welt so zu nehmen, wie sie ist, und sich am Machbaren zu orientieren. Bismarck nannte letzteres „Realpolitik". Und in den angelsächsischen Ländern gibt es selten einen Zwiespalt zwischen Gesinnung und Verantwortung, weil Pragmatismus ohnehin als oberstes Prinzip gilt.

Doch so vernünftig die kühle Realpolitik auch sein mag – ihre Anhänger übersehen leicht, dass es eben auch ein Merkmal charakterlich schwacher Menschen ist, stets ihr Mäntelchen nach dem Winde zu richten. Um des kleinen Vorteils willen Freunde und Ideale zu verraten. Und für ein winziges bisschen Machtzuwachs auf alles zu pfeifen, was ihnen bisher heilig war. Weil das jedem Menschen intuitiv klar ist und weil eigentlich jeder lieber innerlich stark als entscheidungsschwach und zerrissen ist, haben unbeugsame Menschen wohl ein solches Charisma. Wer für seine Überzeugungen jede Niederlage, jeden Gefängnisaufenthalt, jede Folter und schließlich den Tod auf sich zu nehmen bereit ist, der erwirbt sich unvergleichlich mehr Ansehen als der geschickteste Pragmatiker. Und Rosa Luxemburg war solch ein Mensch.

Nach politischen Aktivitäten in Polen und einem Studium

unter anderem der Politik, Volkswirtschaft und Philosophie in Zürich, trat die 1871 geborene Rosa Luxemburg sofort nach dem Erwerb der deutschen Staatsbürgerschaft in die SPD ein. Innerhalb der sozialdemokratischen Partei wurde sie schnell zur Wortführerin jener radikalen Linken, die sich streng am Kommunistischen Manifest von Karl Marx orientierte. Eine SPD als Reformpartei der kleinen Schritte, des Kompromisses mit der herrschenden Elite aus Hochadel, Militär und Großindustrie, lehnte sie ab.

Der innerparteiliche Konflikt spitzte sich zu, als die Reichstagsfraktion der Sozialdemokraten bei Kriegsausbruch im August 1914 den Waffengang des Deutschen Reiches ausdrücklich unterstützte. Mit dem Kaiser, der öffentlich bekundete, in dieser Stunde kenne er keine Parteien mehr, sondern nur noch Deutsche, wollte die Mehrheit der Sozialdemokraten nicht noch mehr Ärger haben als ohnehin. Ein Mal wollten auch die Genossen gute Patrioten sein.

Rosa Luxemburg fand, ein Krieg sei dafür der falsche Anlass. Wohl keine andere Figur des öffentlichen Lebens wandte sich von Anfang an so entschieden gegen den Ersten Weltkrieg wie sie. Maßgeblich beteiligt war sie dann an der Organisation der ersten großen Antikriegsdemonstration auf deutschem Boden am 1. Mai 1916.

Für ihre Überzeugungen musste Rosa Luxemburg mehrfach ins Gefängnis. Im Wahlkampf 1903 warf sie Kaiser Wilhelm II. öffentlich vor, er habe von der tatsächlichen Lage der deutschen Arbeiter „keine Ahnung". So eine Aussage genügte damals, um wegen „Majestätsbeleidigung" zu einer Haftstrafe verurteilt zu werden. Sechs Wochen ihrer Strafe musste Rosa Luxemburg tatsächlich verbüßen. Erst zu einem Jahr, kurz darauf zu zweieinhalb Jahren Haft und schließlich noch zu „Sicherungsverwahrung" wurde Rosa Luxemburg während der Kriegsjahre 1914 bis 1918 verurteilt, weil sie zur Kriegsdienstverweigerung aufgerufen hatte.

Doch dann, Ende 1918, als das Gemetzel auf den Schlachtfeldern ein Ende hatte, Deutschland als Verlierer dastand, der Kaiser und die deutschen Fürsten abgedankt hatten und auf den Straßen vielfach Rechtlosigkeit herrschte, griff der radikale Flügel der Arbeiterbewegung selbst zu den Waffen. Die Anhänger Rosa Luxemburgs und Karl Liebknechts nannten sich nun nicht mehr Sozialdemokraten, sondern „Spartakisten" – nach Spartakus, dem Anführer eines Sklavenaufstandes im alten Rom – oder „Kommunisten".

Rosa Luxemburg hatte Bedenken gegen den Versuch, sich mit Waffengewalt an die Regierung zu putschen. Schon Lenins Oktoberrevolution in Russland hatte sie nicht ohne Skepsis beobachtet, denn sie sah die Gefahr von Diktatur und Unterdrückung. Mahnend prägte sie den berühmt gewordenen Satz. „Freiheit ist immer die Freiheit des Andersdenkenden." Doch Karl Liebknecht und andere Köpfe der neu gegründeten KPD hielten die Stunde für gekommen, eine sozialistische Gesellschaftsordnung handstreichartig zu erzwingen.

Der sogenannte Spartakusaufstand scheiterte kläglich. Reichspräsident Friedrich Ebert setzte die Reichswehr gegen die Aufständischen ein. Die gerade erst von der Front heimgekehrten Soldaten fackelten nicht lange. Mehr und mehr nationalistisch gesinnte Militärverbände kamen nach Berlin. Die Anführer des Aufstands mussten sich verstecken. „Sie müssen den Raubtieren zum Fraß vorgeworfen werden", forderten aufgebrachte Bürger, die von dem Putschversuch schockiert waren.

Trotz ihrer gefälschten Pässe wurden Rosa Luxemburg und Karl Liebknecht nach wenigen Tagen entdeckt. Die Leiche Rosa Luxemburgs konnte erst ein halbes Jahr nach ihrer Ermordung aus dem Landwehrkanal geborgen werden.

00:37

„Dr. Hirschfeld ist eine öffentliche Gefahr“

Der Sexualforscher Magnus Hirschfeld wird auf offener Straße zusammengeschlagen

Eine Minute am 4. Oktober 1920

Das Leben in der Münchner Innenstadt geht seinen gewohnten Gang. Fuhrwerke mit Bierfässern poltern über das Kopfsteinpflaster, Herrschaften eilen über das Trottoir, auf dem Weg ins Theater. Nur die vielen Bettler, die vielen Krüppel, die vielen Blinden deuten darauf hin, dass diese Stadt in einem Land liegt, in dem bis vor zwei Jahren Krieg herrschte. Und dass dieses Land seitdem innerlich zerrissen ist. In den Brauhäusern schwingt Adolf Hitler seine Hetzreden – aber auf der Straße merkt man davon zunächst nichts.

Der kleine, untersetzte Mann im dreiteiligen dunklen Anzug hat es jedenfalls nicht eilig, in sein Hotel zu kommen. Er lässt sich Zeit, genießt den Abend. Er ist entspannt, denn er hat seinen Vortrag in der Tonhalle in Ruhe zu Ende gebracht. Sie haben Stinkbomben geworfen im Saal, die Nazis, aber das kennt Magnus Hirschfeld schon. Im März in Hamburg haben sie es auch versucht. Doch die Störer wurden verhaftet. Der Berliner Arzt hat das Recht auf seiner Seite. Es gibt eine Zensur in der Weimarer Republik, aber wissenschaftliche Vorträge sind davon praktisch nicht betroffen.

Natürlich weiß der Mann mit der Nickelbrille und dem Schnauzbart, dass er gehasst wird. Weil seine Eltern Juden sind. Und er deshalb auch als Jude gilt, obwohl an keinen Gott glaubt, sondern an die Ideen der Sozialdemokratie. Und weil er ein Thema öffentlich diskutiert, über das man in Deutschland nicht spricht. Homosexualität. Schon dieses

Wort lässt die Menschen in ihren Wohnstuben erschaudern. Doch Hirschfeld will erklären, aufklären. Er ist Sexualforscher. In seinen Vorträgen will er zeigen, dass Homosexualität kein Verbrechen ist.

Plötzlich merkt Hirschfeld, dass er verfolgt wird. Sind das nicht die Männer, die im Saal die Stinkbomben geworfen haben? Da schlägt einer schon zu. Dann noch einer, heftiger. Hirschfeld blutet. Aber die Schläge lassen nicht nach. Treffen ihn wie Geschosse. Sie müssen Gegenstände in den Händen haben. Er hört noch „Judensau ..." Danach sinkt er zusammen, wird bewusstlos. Die Schläge gehen weiter, immer weiter. Niemand hilft. Keine Polizei kommt. Magnus Hirschfeld atmet nicht mehr.

Nur weil sie ihn für tot hielten, ließen die Schläger von Magnus Hirschfeld ab. Irgendwann brachte man ihn ins Krankenhaus. Auch da glaubte man erst, er sei nicht mehr am Leben. In Berlin meldeten bald darauf die ersten Boulevardblätter seinen Tod. Doch Hirschfeld kam durch. Er erholte sich und setzte seine Arbeit fort. Die Täter wurden nie belangt. In Bayern standen Polizei und Justiz schon während der 1920er Jahre fest auf der Seite der Nationalsozialisten. Wenn Hitlers Schlägertrupps in München, der „Hauptstadt der Bewegung", dreinschlugen, brauchten sie keine oder nur symbolische Strafen zu fürchten.

Und in diesem speziellen Fall war für viele das Opfer der eigentliche Täter. „Ich kann nicht verstehen, dass solche Leute nicht vor den Richterstuhl zitiert werden", rief Adolf Hitler seinen Anhängern zu. „Im Gegenteil, die Staatsanwaltschaft schützt solche Schweinejuden! Da muss sich das Volk selbst helfen und Volksjustiz ausüben."

Aber auch der linke Schriftsteller Kurt Tucholsky kommentierte den Überfall nicht gerade mitfühlend: „Die Persönlichkeit des Doktor Hirschfeld ist vielen von uns nicht allzu angenehm", schrieb er und fuhr fort: „Eine ziemlich üble Mischung von kitschiger Sentimentalität, falscher Romantik und Schein-Wissenschaftlichkeit, die mancher männlichen Jungfer einen Ersatz für das Leben bot, zeichneten Werke und Wirken des Mannes aus. Seine Aufklärungsfilme waren entsprechend. Es liegt uns ganz fern, aus dem Mann einen Märtyrer zu machen."

Ursache und Wirkung sieht Tucholsky dann aber so: „Man hat ihn geschlagen, weil in diesen dumpfen Spießergehirnen die Begriffe Aufklärungsfilm, Jude, Preuße, Bolschewismus, Dadaismus, Pazifismus und kein Vollbier – weil sich all das in diesen Gehirnen zu einem unentwirrbaren Knäuel verfilzt hatte."

Den „Aufklärungsfilm", auf den Tucholsky anspielt, drehte der Regisseur Richard Oswald mit Beteiligung von Magnus Hirschfeld im Jahr 1919. Er heißt „Anders als die Andern" und handelt von dem gefeierten Musiker Paul Körner, der einst wegen „homosexueller Neigungen" von der Schule verwiesen wurde. Nach einem Faschingsball nimmt er einen jungen Mann zu sich nach Hause und wird daraufhin erpresst. Körner zahlt, bis ihm der Besuch eines Vortrags von Magnus Hirschfeld – der in film-untypischer Länge dokumentiert wird – neuen Mut gibt. Er zeigt den Erpresser an. Doch damit wird auch seine Liebe zu jungen Männern bekannt, und er wird sozial geächtet. Am Schluss begeht Körner Selbstmord.

Die „Schein-Wissenschaftlichkeit", wie Tucholsky es nennt, vertrat Magnus Hirschfeld seit 1899 vor allem in seinem „Jahrbuch für Zwischenstufen". Unter „Zwischenstufen" verstand Hirschfeld Männer und Frauen mit seelischen oder körperlichen Eigenschaften des jeweils anderen Geschlechts. Und davon sind eigentlich alle Menschen betroffen! Jeder ist eine individuelle Mischung aus „männlichen" und „weiblichen" Elementen, auf einer Skala zwischen den gedanklichen Extremen „Vollmann" und „Vollweib". Homoerotische Empfindungen sind nur die logische Folge dieser Mischung. Der eine hat davon mehr, der andere weniger.

Solche Gedanken waren geistiger Sprengstoff im deutschen Kaiserreich und der Weimarer Republik. Ein Mann hatte ein

Mann, eine Frau eine Frau zu sein. Die Frau galt schließlich seit Jahrhunderten als dem Mann untergeordnet. Und wie ließe sich das noch begründen, wenn die Übergänge fließend wären?

„Dr. Hirschfeld ist eine öffentliche Gefahr", schrieben die Zeitungen. Denn „die ideale Männerfreundschaft", das „Edelste, was wir Deutschen haben", werde durch den „hebräischen Arzt" in den Schmutz gezogen. Darin, so der Publizist Eugen Dühring 1898, komme „die bekannte jüdische, schon von Tacitus gegeißelte, bestialische Geschlechtsgier" zum Ausdruck.

Und heute? „Heute muss ein Minister seinen Hut nehmen, wenn er versucht, seinen keineswegs schwulen, vielleicht sogar nur homophilen Regierungschef mit dessen Homosexualität zu erpressen", schreibt Volkmar Sigusch, einer der renommiertesten Sexualmediziner, in seinem jüngsten Buch. Ein Mal im Jahr zieht ein buntes Völkchen durch die Metropolen der Republik und feiert einen Karneval der geschlechtlichen Multikultur. Und wie fast überall in Europas Union verbandeln Standesbeamte hierzulande Menschen auch dann zu einem Lebenspakt, wenn sich ihre äußeren Geschlechtsmerkmale gleichen.

Nähern wir uns damit dem Ende der Geschichte? Das ist wenig wahrscheinlich. Denn kaum haben Menschen angefangen, sich als „Schwule" oder „Lesben" zu definieren, deuten Anzeichen auf weiteren sozialen Wandel hin. „Empfindungsweisen, die früher der Heterosexualität, der Homosexualität oder der Perversion zugeschlagen worden sind, weil keine anderen Raster zur Verfügung standen", so Volkmar Sigusch, „treten aus deren Bannkreis heraus und pluralisieren sich". Will heißen: Was in Zukunft als normal gelten wird, wissen wir nicht.

Im Sinne „schwuler" Emanzipation möchten wohlmeinende Sozialpädagogen heute schon 15-Jährigen ihr „Coming-out" erleichtern – aber die Frage wird selten gestellt, ob sich Jugendliche wirklich so früh darauf festlegen können, wo sie denn stehen wollen, wenn sie „herausgekommen" sind. Immerhin sorgt ein subtiler, aber mächtiger Druck dafür, dass solche Weichenstellungen nur schwer rückgängig zu machen sind.

Erstaunlicherweise belegen Studien, dass männliche Jugendliche heute mehr Angst vor körperlicher Nähe zum eigenen Geschlecht haben als jemals zuvor. Niemand will als „schwul" abgestempelt werden. Aber wann und warum besteht dazu überhaupt Anlass? Über die Theorien Hirschfelds lässt sich trefflich streiten. Aber wenn er eines wollte, dann dass jeder angstfrei seine Gefühle ausdrücken soll. Dafür wurde er halbtot geschlagen.

00:38

„Sie bringen mir meine Todesbotschaft"

Außenminister Walther Rathenau wird auf der Fahrt in sein Büro erschossen

Eine Minute am 24. Juni 1922

Sein Haus ist zweigeteilt. Vor zwölf Jahren hat Walther Rathenau, der Sohn des Gründers der Firma AEG, dieses Haus in Grunewald selbst mit entworfen. Die Villa in der Koenigsallee 65 ist vollkommen symmetrisch angelegt, ein zweigeschossiger, blassgelber Kubus mit einem Mansardendach. Der Hausherr ist ein Freund der schlichten Eleganz des preußischen Klassizismus aus der Zeit um 1800. Man sieht es dem Haus auf den ersten Blick an. Alle Details der Fassaden und die gesamte Innenausstattung hat der Industrielle und heutige Reichsaußenminister selbst bestimmt. Nur für die Statik und die handwerklichen Details musste er einen Architekten bemühen, den er über die AEG kannte.

Die Villa Rathenau ist nicht äußerlich zweigeteilt, sondern im Innern. Im ersten Stock lebt der nach innen gekehrte Walther Rathenau. Neben dem Schlafzimmer und den Waschräumen befindet sich ein kleines Arbeitszimmer. Hier denkt er über Philosophie, Religion und Gesellschaft nach. Hier liest er immer wieder die Klassiker. Hier schreibt er auch seine Bücher – einige darunter sind Bestseller. Und in dem kleinen Besuchszimmer empfängt er seine privaten Freunde. Viele davon sind junge, zupackende Burschen – voller naivem Tatendrang und so ganz anders als er, der Grübler und Zweifler.

Im Erdgeschoss lebt der nach außen aktive Walther Rathenau. Der Unternehmer, der Politiker, der Mäzen. Auch hier hat er ein Arbeitszimmer. Aber es ist viel geräumiger als das im ersten Stock, und der Schreibtisch ist wuchtig und repräsentativ. Auch hier stehen Bücher. Aber es sind bibliophile Kostbarkeiten, wahre Prunkstücke der Einrichtung. Diesen Walther Rathenau holt sein Fahrer kurz vor elf Uhr vormittags im offenen Wagen ab, um ihn ins Auswärtige Amt zu fahren. Rathenau geht aus dem Haus. Verabschieden muss er sich von niemandem. Er lebt allein.

Der Außenminister setzt sich auf den Rücksitz. Ihm stehen zwei Leibwächter zu, doch er nimmt sie fast nie in Anspruch. Der Fahrer fährt los, die Straße hinauf in Richtung Kurfürstendamm. Bald folgt ein weiteres Auto. In dem Wagen sitzen drei Männer, alle mit dunklen Ledermänteln und Fliegerkappen bekleidet. Rathenau nimmt keine Notiz von seinen Verfolgern. Auf der Höhe der Erdener Straße macht die Koenigsallee eine scharfe Kurve. Der Fahrer des Ministers bremst. Der andere Wagen überholt. Feuer aus einer Maschinenpistole. Eine Handgranate explodiert. Rathenaus Fahrer glaubt erst, es sei nur ein Reifen geplatzt.

Schlagt tot den Walther Rathenau, die gottverdammte Judensau" – dieser Satz kursierte auf den Straßen und in den Bierkellern Deutschlands, lange bevor der 23-jährige Jurastudent Erwin Kern aus Kiel und der 26-jährige Ingenieur Herrmann Fischer aus Chemnitz die darin enthaltene Aufforderung in die Tat umsetzten. Der Politiker, Industrielle und Schriftsteller hatte viele Feinde.

Walther Rathenau war einer der höchsten Repräsentanten der noch jungen Demokratie – ein liberaler Außenpolitiker, der sich um Ausgleich und Entspannung mit Deutschlands Nachbarn in Europa bemühte. Deshalb hassten ihn alle, die es gar nicht abwarten konnten, erneut in den Krieg zu ziehen. Nationalisten und Anhänger der alten Monarchie bekämpften die Weimarer Republik, wo sie nur konnten, und überzogen die Gesellschaft mit Terror.

Kern und Fischer waren Mitglieder der „Organisation Consul", die mit politischen Morden die Demokratie zu erschüttern versuchte. Walther Rathenau wusste, in welcher Gefahr er schwebte. Als er Ende Januar 1922 vom Reichspräsidenten seine Ernennungsurkunde zum Außenminister überreicht bekam, sagte er halb scherzhaft, halb bitter: „Sie bringen mir meine Todesbotschaft."

Walther Rathenau stammte aus einer jüdisch geprägten deutschen Familie. Deshalb hassten ihn alle, für die „der Jude" schon immer ein perfekter Sündenbock gewesen war, wenn es um die Ursachen für die Jämmerlichkeit und Bedeutungslosigkeit der eigenen Existenz ging. Je reicher und erfolgreicher „der Jude" war, desto besser eignete er sich zu diesem Zweck.

Walther Rathenau war zu sensibel, um die Verletzungen des allgegenwärtigen Judenhasses an sich abprallen zu lassen. Niemand in seinem Elternhaus ging in die Synagoge. Stattdessen feierte man Weihnachten. Doch religiös war die Familie eigentlich überhaupt nicht. Walther Rathenau strickte sich später eine eigene, schwärmerische Philosophie als neue Religion. Trotzdem lernte er Hebräisch. In den Personalbogen des Auswärtigen Amtes schrieb er in das Kästchen für das religiöse Bekenntnis: „Diese Frage entspricht nicht der Verfassung." Tatsächlich hatte die Weimarer Reichsverfassung jede Bevorzugung oder Benachteiligung der Angehörigen einer bestimmten Religion untersagt. Auch dafür standen die Demokraten ein.

Walther Rathenau war ein erfolgreicher Unternehmer. Deshalb hassten ihn alle, die glaubten, sämtliche Unzulänglichkeiten der Welt hätten darin ihren Grund, dass die „Kapitalisten" die Arbeitenden um die eigentlichen Früchte ihrer Werktätigkeit betrögen. Im Vergleich zu den Nazis hatten die Kommunisten immer die spitzfindigeren Begründungen für ihren Hass. Schließlich beriefen sie sich auf Philosophen und nannten ihre Weltanschauung „wissenschaftlich".

Als Jugendlicher wollte Walther Rathenau nichts weniger, als in die Fußstapfen seines Vaters Emil Rathenau, des Chefs der „Allgemeinen Electricitäts Gesellschaft", zu treten. Die Leidenschaft des Unternehmersohns galt der Philosophie, der Literatur und der Kunst. Trotzdem fügte er sich und nahm das Erbe an. Er studierte Physik, Chemie, Maschinenbau und Elektrotechnik.

Dem Hochbegabten fiel das Studium leicht. Mit einer Doktorarbeit über „Die Absorption des Lichts in Metallen" schloss er es ab. Doch die Firma des Vaters wurde nicht sein Leben, sondern nur ein Teil davon. Er brauchte, er suchte sich noch andere Betätigungsfelder. Als Emil Rathenau 1915 den Vorstandsvorsitz der AEG abgab, wurde Felix Deutsch sein Nachfolger. Sein Sohn dagegen erhielt den Titel „Präsident der AEG", mit eigens für ihn geschaffenen Vollmachten, aber ohne die volle Verantwortung für das Geschäft.

Nicht alle hassten Walther Rathenau. Vielen war er eine Symbolfigur, ja in gewisser Weise auch ein Idol. Für jene, die das neue, demokratische Deutschland unterstützten, repräsentierte er es nahezu perfekt. Auf internationalen Konferenzen legte Rathenau eine Gewandtheit an den Tag, die die alten Adeligen und Militärs mit ihrem Tschingerassabumm wie die sprichwörtlichen Elefanten im Porzellanladen aussehen ließ.

Vorsichtig versuchte Rathenau, Deutschland und Frankreich, zwischen denen sich besonders großer Hass aufgestaut hatte, einander wieder näher zu bringen. Wo auch immer Minister Rathenau im Ausland auftrat, stieg das Ansehen Deutschlands ein wenig. Im italienischen Ort Rapallo verhandelte er am 16. April 1922 ein Abkommen mit der Sowjetunion, das auch die Beziehungen nach Osten entspannte. Eines der dringendsten politischen Probleme blieb jedoch eine harte Nuss: Wie konnte man zu einer Lockerung der für Deutschland praktisch unerfüllbaren Entschädigungsforderungen aus dem Versailler Friedensvertrag kommen?

Nach der Ermordung Walther Rathenaus war die demokratisch gesinnte Öffentlichkeit schockiert. Hunderttausende gingen auf die Straße, um gegen den Terror und für die Demokratie zu demonstrieren. Überall in der westlichen Welt, von Rom über Paris und London bis nach New York, gab es tagelang nur dieses eine Gesprächsthema.

Der Bankier Max Warburg schrieb noch am Tag des Attentats an seinen Bruder:

> *Der Mord ist tief erschütternd, beschämend, bemitleidenswert. Tief traurig für die alte Mutter, an der er hing und die ich vor wenigen Monaten kennenlernte, voller Stolz auf ihren Sohn. Erschütternd, weil Rathenau in dem Augenblick ermordet wurde, als er wirklich ohne jedes Nebeninteresse seine ganze Kraft hergab, um die trostlose Lage seines Landes zu bessern. Beschämend, weil er die Verwilderung der deutschen Sitten wieder offenbart. Man spürt schon wieder die Gewitterluft ...*

Zehn Jahre sollte das Wetter noch halten. Dann würden Männer wie Fischer und Kern nicht Lederklamotten, sondern Uniformen tragen. Und noch ein Jahrzehnt später würden sie nicht vereinzelt, sondern millionenfach morden.

00:39

„Die tödliche Krankheit des deutschen Volkes“

In Berlin verbrennen Nationalsozialisten die Werke Friedrich Wilhelm Foersters und tausende weitere Bücher

Eine Minute am 10. Mai 1933

Das Wichtigste sind Bild und Ton. Die Scheinwerfer der Nachrichtenleute tauchen den spätabendlichen, regennassen Opernplatz in grelles Licht. Überall stehen Mikrofone. Propagandaminister Joseph Goebbels hat den Studenten und Professoren, die diese Aktion geplant haben, genaueste Anweisungen gegeben. Zwischen 23 und 24 Uhr wird der Deutsche Rundfunk zu allen Bücherverbrennungen schalten. Aus Hamburg und München, Bonn und Würzburg kann er ebenso berichten wie aus Berlin – jener Stadt, die für die Nazis das Wespennest der literarischen Dekadenz und der verlotterten Sitten ist. In der „Deutschen Wochenschau“, den vor jeder Kinovorstellung gezeigten Hauptnachrichten, soll ein Ehrfurcht gebietendes Ritual zu sehen sein. Nur die beiden Statuen der Brüder Humboldt auf der anderen Seite der Straße Unter den Linden bleiben heute Abend im Halbdunkel.

Seit Tagen holen Studenten Bücher aus den Bibliotheken. Die Werke stehen auf einer „Schwarzen Liste“, die ein 29-jähriger Bibliothekar zusammengestellt hat. Sie gelten als einem „undeutschen Geist“ entsprungen und dem „volksbewussten Denken und Fühlen“ entgegengesetzt. Auch der Börsenverein des Deutschen Buchhandels hat die Liste veröffentlicht und die Buchhändler zum Aussortieren aufgefordert. Allein in Berlin sind so rund 500 Tonnen Bücher zusammengekommen. Etliche Lastwagenladungen sind nun, begleitet von einem Fackelzug aus Studenten, Professoren und uniformierten Angehörigen der SA, in einer langen Prozession über effektvolle Umwege von der Universität zum Opernplatz gefahren worden. Zehntausende säumen die Straßen, jubeln und klatschen.

Es regnet in Strömen. Die am Morgen auf dem Opernplatz aufgerichteten Holzscheite, auf denen die Bücher der unerwünschten Autoren brennen sollen, lassen sich bei der Nässe nicht anzünden. Doch die Feuerwehr rückt an, verschüttet Benzin, entzündet es und erzeugt damit die gewünschten lodernden Flammen. Nach einer genau festgelegten Choreografie treten nun Studenten an den Scheiterhaufen. Jeder sagt einen der in ganz Deutschland einheitlichen Sprüche auf. Als Dritter tritt ein schmächtiger Jüngling ans Mikrofon.

> *Gegen Gesinnungslumperei und politischen Verrat. Für Hingabe an Volk und Staat! Ich übergebe der Flamme die Schriften von Friedrich Wilhelm Foerster.*

Nachdem es das gesagt hat, wirft er einen kleinen Stapel Bücher ins Feuer.

Der Philosoph und politische Publizist Friedrich Wilhelm Foerster ist heute vergessen. Er hat kein so berühmtes Werk hinterlassen wie viele seiner Autorenkollegen, welche – in den Worten des amerikanischen Historikers David Clay Large – „die Ehre hatten, in der Auswahl vertreten zu sein“, die von den Studenten, Professoren, SA-Männern und Burschenschaftern den Flammen übergeben wurde.

Sigmund Freud zum Beispiel ist heute noch Richtschnur für eine große Zahl von Psychotherapeuten. Auf Karl Marx beruft sich ein wesentlicher Teil aller Politiker weltweit. Ohne Albert Einstein wäre die Physik des 20. Jahrhunderts nicht denkbar. Heinrich Heine gilt als einer der größten Dichter des 19. Jahrhunderts und ist ebenso Schulstoff wie die Romanautoren Heinrich und Thomas Mann, die einen vor den Nationalsozialisten unbehelligten Arbeitsplatz erst im kalifornischen Küstenort Pacific Palisades fanden.

Und Erich Kästner, der unerkannt beobachtete, wie seine eigenen Bücher verkokelten, erfreut immer noch junge Leser mit den Jugendbüchern „Emil und die Detektive" oder „Das fliegende Klassenzimmer". Die Liste der Autoren, deren Werke auf dem Opernplatz verbrannt wurden, ließe sich noch lange fortsetzen. Sie läse sich wie ein Who is Who der wissenschaftlichen und kulturellen Elite der damaligen Zeit.

An den christlichen Friedensaktivisten Friedrich Wilhelm Foerster erinnert sich zwar heute keiner mehr, doch gehörte er damals zu den größten Staatsfeinden der Nationalsozialisten. Als Hitler, seine NSDAP und ihre Koalitionäre Ende Januar 1933 mit dem demokratischen Mandat der Mehrheit der Deutschen auf legale Weise die Macht übernommen hatten, zählte Foerster zu den allerersten, denen die deutsche Staatsbürgerschaft aberkannt wurde. Und von den neun sogenannten „Feuersprüchen" der deutschen Studenten bei den Bücherverbrennungen wurde einer ganz allein Foerster gewidmet.

Der 1869 geborene Sohn des Astronomen Wilhelm Julius Foerster verließ Deutschland unmittelbar nach seiner Ausbürgerung 1933, lebte zunächst in Frankreich, dann in den USA und verbrachte schließlich seine letzten Lebensjahre in Kilchberg bei Zürich. Immer wieder hatte er vor den Nationalsozialisten gewarnt, zuletzt noch in seiner Schrift „Die tödliche Krankheit des deutschen Volkes". Als solche betrachtete Foerster die Überzeugung seiner Zeitgenossen, Deutschsein sei das Höchste und Heiligste, das es im Universum gebe.

Die Inkubationszeit dieser deutschen Krankheit sah Foerster allerdings schon in den 1860er Jahren einsetzen. Er wäre wohl auch nicht auf die Idee gekommen, die Hitlerzeit als „Zivilisationsbruch" oder „Barbarei" zu bezeichnen, wie es heute Mode ist. Denn erstens bediente sich das Regime neuester

Technik und würde seine Jubelfeiern und seine Mordpläne mit der gleichen hochmodernen industriellen Effizienz organisieren. Und zweitens knüpfte man 1933 gezielt an ältere deutsche Traditionen an.

So griff die Bücherverbrennung ganz bewusst ein Ritual auf, das national gesinnte studentische Burschenschafter schon auf ihrem Wartburgfest 1817 inszeniert hatten. Und mit der Veröffentlichung der „Zwölf Thesen wider den undeutschen Geist", welche die Deutsche Studentenschaft – die Dachorganisation der Allgemeinen Studentenausschüsse – am 12. April 1933 überall an den Universitäten anschlug, stellte sich die Nazijugend geschickt in die Tradition eines Martin Luther. Man kann es drehen und wenden, wie man will: Der Nationalsozialismus war eben auch eine Studentenbewegung, ein neuer Jugendkult, befeuert von einer naiv-romantischen Lust an Krawall und Umsturz.

Die Mahnungen Friedrich Wilhelm Foersters hatten nicht umsonst immer den politisch Verantwortlichen gegolten. Wenn Jugendlichen nach Randale zumute ist und eitle Professoren sich am Katheder mit radikalen Sprüchen gefallen, ist das ja halb so wild, so lange es in Politik und Wirtschaft das Gegengewicht klar denkender und besonnen handelnder Entscheidungsträger gibt. Aber daran fehlte es in Deutschland seit Jahrzehnten.

In seinem Buch „Christentum und Klassenkampf" bestritt Foerster schon 1905, dass man mit Hass und Propaganda zu irgendeinem politischen Fortschritt kommen könne. Nationalistischer Rassenhass und bolschewistischer Klassenhass machten da für ihn keinen großen Unterschied. Im Ersten Weltkrieg versuchte Foerster dann, die Deutschen noch vor der totalen Katastrophe für die Friedensvorschläge des amerikanischen Präsidenten Woodrow Wilson zu gewinnen. Dieser Pfarrerssohn aus Virginia hielt einen „Frieden ohne Sieg" für möglich. Doch Foersters Auftritte vor großen Auditorien, während derer er für Waffenstillstand, Verständigung und Friedensschluss warb, waren vergeblich. Für die Nationalisten wurde er nun endgültig zum „Verräter", der seinen Landsleuten die „Hingabe an Volk und Staat" madig machte.

Im Februar 1931 – es hatten im Jahr zuvor schon rund 6,5 Millionen Deutsche die NSDAP gewählt – skizzierte Foerster in einem Aufsatz ein außenpolitisches Gegenprogramm zur Politik der Nationalsozialisten. Er schrieb:

> *Was wäre die eigentliche Grundlage einer deutschen Außenpolitik? Zweifellos die zentrale Lage Deutschlands und alles, was wesentlich und unveränderlich daraus folgt. Nämlich dass ein solches Volk der Mitte verloren ist, wenn es sich zum Zentrum einer bloßen Machtkonkurrenz machen wollte, statt zu begreifen, dass jede solche Politik stets zur Einkreisung führen und einen Zustand der chronischen ökonomischen Krise bringen muss. Also: Die deutsche Außenpolitik muss auf Föderation mit der gesamten Nachbarschaft ausgehen ... War Deutschland von jeher schon durch seine zentrale Lage auf enge Symbiose mit der Nachbarwelt und eine vermittelnde Rolle zwischen Ost und West angewiesen, so ist es durch die riesige Entwicklung seiner Exportindustrie mehr als je von einem guten Verhältnis zur übrigen Welt abhängig geworden, so dass es allein schon durch sein Interesse an der Sicherstellung des Weltmarkts durch politische Stabilisierung Europas zu einer pazifistisch orientierten Außenpolitik geführt werden müsste.*

Friedrich Wilhelm Foerster ist heute vergessen. Aber im Gegensatz zu den Hetzparolen der Extremisten sind seine Gedanken immer noch so aktuell wie im Jahr 1931.

00:40

Wie ein Feuerball am Himmel

Der Zeppelin „Hindenburg“ verbrennt bei der Landung in den USA

Eine Minute am 6. Mai 1937

Das größte Fluggerät der Welt hat Verspätung. Schon morgens um acht Uhr hätte LZ 129 „Hindenburg“ – ein Zeppelin, fast so groß wie das legendäre Passagierschiff „Titanic“ – auf dem Flugfeld von Lakehurst bei New York eintreffen sollen. Den ganzen stürmischen, unbeständigen Tag über herrscht gespannte Erwartung. Zwar fliegen Zeppeline seit sieben Jahren im Linienverkehr von Frankfurt am Main über den Atlantik, doch die gigantische „Hindenburg“ ist neu und eine Sensation. Filmkameras sind aufgebaut, Radioreporter sitzen an ihren Mikrofonen. Sie müssen bis zum frühen Abend warten und sind reichlich enttäuscht von der sonst sprichwörtlichen deutschen Pünktlichkeit.

Luftschiffkapitän Ernst Lehmann macht das Wetter Sorgen. Ein Gewitter mit heftigem Wind und starkem Regen hängt über New Jersey. Eine Stunde lang versucht der Kapitän, das Gewitter zu umfahren. Dann entschließt er sich doch zur Landung. Die 36 Fahrgäste haben unterdessen keinen Grund zur Ungeduld. Auf ihrer dreitägigen Reise in 300 Metern Höhe haben sie den Luxus eines Kreuzfahrschiffs genossen: Einzelkabinen, ein verglastes Promenadendeck, eine Bibliothek und ein Speisesaal, in dem auf weiß gedeckten Tischen Ente mit Rotkohl serviert wird – so lässt es sich aushalten.

Majestätisch schwebt das riesige Luftschiff auf das Flugfeld zu. Aus 60 Metern Höhe werden Landeseile herabgeworfen. Dutzende Helfer sollen den Zeppelin an den Landemasten ziehen. Dann plötzlich ein gewaltiger Feuerball am Heck des Zeppelins! Die Stimmen der Radioreporter überschlagen sich vor Entsetzen. Rasend schnell breitet sich das Feuer nach vorne aus, zerfrisst die Hülle wie das Papier einer brennenden Zigarette. Die Flammen sind so groß und hoch, als brenne ein ganzer Häuserblock Manhattans. Das Luftschiff neigt sich nach hinten und sinkt und brennt und brennt und sinkt. In Panik laufen die Männer des Bodenpersonals um ihr Leben. Bloß weg hier! Nach 34 Sekunden ist vom größten Luftschiff aller Zeiten nur noch ein glühendes Aluminiumgestänge auf dem Flugfeld übrig.

Auf der A 13 von Berlin nach Dresden kommen Autofahrer irgendwann, in einer öden, verlassenen Gegend, an einem Schild vorbei, auf dem „Tropical Islands“ geschrieben steht. Es ist eines jener großen, braunen Hinweistafeln, auf denen sonst an Bundesautobahnen auf historische Stadtkerne, mittelalterliche Dome oder barocke Schlösser aufmerksam gemacht wird. Ein ausländischer Besucher, der keine deutschen Zeitungen liest, könnte den Hinweis auf die „Tropeninseln“ inmitten staubiger Äcker und struppiger Kiefernwälder für einen dummen Scherz halten.

Doch ein malaysischer Konzern hat hier in der Niederlausitz allen Ernstes – und mit dem Segen der brandenburgischen Landesregierung – eine Industriehalle, in welcher der Eiffelturm liegend Platz finden würde, mit Palmen und Planschbecken bestückt und in ihrer ganzen Höhe von 107 Metern auf 28 Grad aufgeheizt. Das künstliche Tropenparadies hat an Wochenenden 24 Stunden geöffnet – wer einmal den Eintritt bezahlt, kann bleiben, so lange er will. Doch wer will das?

Die Menschen in dieser Region wollen Arbeit. Und die sollte es hier, in der größten freitragenden Halle der Welt, auch geben. 60 Jahre nach der Katastrophe von Lakehurst, bei der 13 Passagiere und 22 Besatzungsmitglieder starben, wollten mutige Manager, ideenreiche Ingenieure und über 50 000 begeisterte Kleinaktionäre in Deutschland noch einmal ein Luftschiff bauen, wie es die Welt noch nicht gesehen hatte. Weniger, um die Welt zu beeindrucken, als um mit der „Leichter-als-Luft-Technologie“ ein Transportmittel zu schaffen, dessen Ökobilanz gegenüber einem Frachtjumbo ungefähr so ausgesehen hätte wie die eines Solarmobils im Vergleich zum Porsche Cayenne.

Doch der „CargoLifter“ wurde in die Pleite getrieben, noch bevor er abheben konnte. Und damit wurde der Geschichte der deutschen Luftschifffahrt ein Kapitel hinzugefügt, das sich ganz ähnlich liest, wie all die vorherigen. Immer sind Begeisterung, Mut und Visionen ebenso im Spiel gewesen wie Rückschläge, Pleiten, Katastrophen.

Den ehemaligen Offizier Ferdinand Graf von Zeppelin nahm keiner so recht ernst, als er potenziellen Investoren im Jahr 1894 seine Entwürfe für LZ 1 – das erste „Luftschiff Zeppelin“ – vorlegte. Irgendwie trieb er dann selbst Geld auf. Und als am 2. Juli 1900, abends um acht Uhr, vor 12 000 Zuschauern am Ufer des Bodensees zum ersten Mal ein Zeppelin in die Lüfte stieg, da sprang ein Funke über. Von nun an würde es unter den technikverliebten Deutschen begeisterte Zeppelinfans geben. Ja, der Zeppelin würde für Jahrzehnte so etwas wie eine fixe Idee sein, ein völkerverbindendes Symbol gemächlich dahinsurrender Fortbewegung, von dem ein vielleicht doch typisch deutscher Idealismus sich wegtragen ließ. Da machte es auch nichts, dass der Jungfernflug nach 18 Minuten mit einer Notlandung geendet war.

Unter anderem mit einer Lotterie finanzierte Graf Zeppelin seine nächsten Luftschiffe. Nach weiteren Notlandungen kam es 1908 in Echterdingen bei Stuttgart während eines Reparaturstopps zur ersten Brandkatastrophe: Zeppelin Nummer vier riss im Sturm aus der Verankerung, trudelte in einen Obstbaum und ging in Flammen auf.

Wie reagierte die Öffentlichkeit? Statt Häme gab es Spendenaufrufe. Die Deutschen spendeten damals unglaubliche sechs Millionen Mark, damit der Graf weitermachen konnte. An den Orten der Notlandungen und Unfälle stellte man unterdessen „Zeppelinsteine" zum Gedenken auf.

Auch der Missbrauch des Zeppelins als Kriegsgerät im Ersten Weltkrieg konnte die Begeisterung nicht stoppen. Nach dem Tod des Grafen Zeppelin 1917 übernahm mit Hugo Eckener ein Mann die Führung der „Deutschen Luftschifffahrts-AG", der das Potenzial der Technologie erkannte. Trotz der Schwierigkeiten durch den Deutschland in seiner Handlungsfähigkeit einschränkenden Friedensvertrag von Versailles begann die große Zeit der Zeppeline.

Nachdem das erste große Luftschiff der 1920er Jahre als Reparation an die Amerikaner abgeliefert war, stieg 1928 das legendäre LZ 127 „Graf Zeppelin" erstmals in den Himmel. Mit diesem Luftschiff umrundeten die Deutschen 1929 die Erde und richteten 1930 den ersten – absolut zuverlässigen – Linienflugdienst über den Atlantik ein.

Mit der Machtübernahme der Nationalsozialisten wurde Luftfahrtminister Herrmann Göring der Herr über die Zeppeline. Er ließ Hakenkreuze an den Heckflossen anbringen, war aber im Übrigen – wie auch Hitler – kein Freund der Luftschiffe. Für den Krieg, den die Nazis planten, war der friedliche Gleiter kein geeignetes Fluggerät. Aber der Zeppelin war zu populär, um diese Technologie sang- und klanglos zu beerdigen, das wussten die propagandaversessenen Machthaber. So konnte das LZ 129 „Hindenburg" 1936 als größtes Luftschiff aller Zeiten seinen Liniendienst aufnehmen.

Und dann kam Lakehurst. Die Ursache der Katastrophe wurde nie vollständig geklärt. Die „Hindenburg" war jedenfalls mit brennbarem Wasserstoff gefüllt und nicht mit dem unbrennbaren Edelgas Helium, über das die Amerikaner inzwischen verfügten. Nach langer Abwägung hatte man sich aus technischen, betriebswirtschaftlichen und politischen

Gründen für die weniger sichere Variante entschieden. Und Pech gehabt.

Hugo Eckener setzte nach dem Unfall noch alles daran, mit Helium weiterzumachen. Aber Göring nutzte den Kriegsausbruch, um 1940 dem ungeliebten Zeppelin den Garaus zu machen. Die übrig gebliebenen Luftschiffe wurden verschrottet, die Produktions- und Wartungshallen gesprengt.

Carl Freiherr von Gablenz, Nachfahre des Mitgründers der Lufthansa und ehemaliger Vorstandschef von „CargoLifter", gerät noch heute ins Schwärmen, wenn er sich erinnert, wie er einmal in der weltgrößten freitragenden Halle einen heliumgefüllten Testballon samt tonnenschwerer Last mit einer Hand angeschoben hat. Das ist eben das Faszinierende an den „Leichter-als-Luft"-Fluggeräten: Man benötigt minimale Energie, um damit vom Fleck zu kommen. Im Zeichen des Klimawandels kein unwesentlicher Aspekt.

Der über die seiner Meinung nach fahrlässig herbeigeführte Insolvenz enttäuschte, aber nicht verbitterte Carl von Gablenz scherzte mir gegenüber einmal, es sei doch schon ein Fortschritt, dass man den Zeppelin jetzt nicht mehr mit einer Katastrophe, sondern „nur" noch mit einer Pleite in Verbindung bringe. Für ihn und all die anderen Zeppelinfans ist diese Geschichte nämlich noch lange nicht zu Ende.

00:41

Die schönen Tage am Wannsee sind vorbei

Martha Liebermann schluckt Schlaftabletten, um der Deportation nach Auschwitz zu entgehen

Eine Minute am 5. März 1943

Berlin, Pariser Platz 7. Der Briefbogen trägt noch die alte Adresse. „Wennse reinkommen, gleich links", pflegte Max Liebermann den Weg zu ihm nach Hause in schnodderigem Berlinisch zu beschreiben. Tatsächlich brauchte man nur das Brandenburger Tor zu durchschreiten, dann ein paar Schritte nach links zu gehen – schon stand man vor der Tür zu Atelier und Wohnung des Malers und seiner Familie. Damals, in der großen Zeit, als Max Liebermann ein gefeierter Künstler und Präsident der Preußischen Kunstakademie war.

Jetzt gehört das Haus neben dem Brandenburger Tor genauso dem nationalsozialistischen Staat wie das Sommerhaus der Liebermanns am Wannsee. Max Liebermann ist seit acht Jahren tot. Seine Witwe lebt im Tiergartenviertel. Immer und immer wieder versuchen die Nazis, von der 85-Jährigen noch mehr Geld, Wertpapiere und Schmuck zu erpressen. Die Begründungen kommen stets maschinenschriftlich, amtlich und korrekt. Alles hat seine Ordnung, alles fußt auf geltendem Recht. Darauf legt man Wert in Hitlers Staat.

Dieser Brief dagegen ist mit dunkler Tinte in einer flüchtigen Schrift geschrieben. Die Verfasserin scheint wenig Zeit gehabt zu haben.

> *Verehrter, lieber Herr Alenfeld, ich bin ganz durcheinander! Die Bank hat nicht mal die kleine Summe gezahlt, ohne einen*

freundlichen Besuch wäre ich ohne Geld. Dazu macht man mir von allen Seiten Angst wegen Abtransport. Ich erwarte Sie sehnlich. Bitte, bitte Antwort,
Ihre dankbare Martha Liebermann.

Erich Alenfeld, ehemalige Führungskraft der Commerzbank und Mitglied der Bekenneden Kirche, macht sich sofort auf den Weg. Seit auch Martha Liebermanns Wohnung mit einem „Judenstern" gekennzeichnet und sie in finanziellen Angelegenheiten entmündigt ist, versucht der selbst von den Nazis Drangsalierte zu helfen, so gut er kann. Doch heute kommt er zu spät. Martha Liebermanns Wohnung ist leer.

Die Männer der Gestapo, die am frühen Morgen des 5. März in diese Wohnung eindringen, treffen die Bewohnerin bewusstlos an. Neben ihr liegt eine leere Packung des Schlafmittels Veronal. Die Nazis packen sie auf einen dreirädrigen Lieferkarren und bringen sie damit in das Jüdische Krankenhaus. Dort sind die Korridore voll von Menschen mit Schlafmittelvergiftung. Die Ärzte wissen nicht, was sie tun sollen. Wen sie retten, der wird sofort nach Auschwitz deportiert. Martha Liebermann lassen sie schlafen.

Der Wannsee glänzt im Sonnenlicht. Auf der Terrasse des Sommerhauses von Max und Martha Liebermann stehen Tische und Stühle. Große Sonnenschirme spenden Schatten. Eine sanfte Brise weht vom See heran, über den großen Garten mit der Birkenallee, die der Künstler so oft gemalt hat. Vom Salon, durch die verglaste Flügeltür, kommen immer wieder Leute nach draußen und suchen einen der letzten freien Plätze. Sie tragen Tabletts mit Latte macchiato und Kirschkuchen vom Biobäcker. Die meisten waren schon im ersten Stock und haben die Ölgemälde bewundert. Nachher werden sie durch den Museumsshop gehen. Aber noch können sie sich von diesem Garten nicht lösen. Sie wollen einfach nur den Blick auf den Wannsee genießen. Sie sind Gäste. Gäste der Liebermanns.

Max Liebermann war einer der wenigen Deutschen, die den französischen Impressionismus von Anfang an begeistert aufnahmen. Aus Nationalstolz lehnte die Mehrheit diese Kunstrichtung strikt ab und wollte keine Bilder von Monet, Cézanne, Pissaro oder Signac in deutschen Museen hängen sehen. Liebermann sammelte die schönen Franzosen, genau wie sein langjähriger Freund Alfred Lichtwark, der Leiter der Hamburger Kunsthalle.

Obwohl Liebermann Professor und Juror für die Ausstellungen der Preußischen Kunstakademie war, sagte er sich 1899 vom Geschmack der Staatskünstler los und gründete zusammen mit Walter Leistikow die „Berliner Secession". Die Künstler dieses Kreises, deren Stil manchmal auch als „deutscher Impressionismus" bezeichnet wird, wurden zu den Wegbereitern der modernen Malerei im Kaiserreich. Lovis Corinth und Max Slevogt zählten ebenso dazu wie Lesser Ury, der im Kontrast zum Fabrikantensohn Liebermann in verlotterten Verhältnissen am Nollendorfplatz hauste.

Max Liebermann heiratete 1884 mit 37 Jahren Martha Marckwald. Im Jahr 1909 beschlossen die Liebermanns, sich zusätzlich zur ererbten Residenz am Pariser Platz ein Sommerhaus zu bauen. Dafür erwarben sie eines der letzten freien Seegrundstücke in der Villenkolonie Alsen. Sie entstand damals am südlichen Ufer des Wannsees und galt bald als beste Wohnlage der Hauptstadt. Gemessen an den örtlichen Verhältnissen fiel das Gebäude eher schlicht aus. Der Garten sollte im Vordergrund stehen und mit dem Haus eine Einheit bilden.

Die Nachbarn der Liebermanns wurden der Verleger Carl Langenscheidt und der AEG-Direktor Johann Hamspohn. Gegenüber zogen der Verleger Ferdinand Springer und der Arzt Ferdinand Sauerbruch ein. Viele einflussreiche Leute, die sich hier am Wannsee niederließen, waren jüdischer Herkunft.

Ihre Familien waren vor mehreren Generationen aus Gebieten östlich der Oder nach Berlin gekommen – so wie die Liebermanns aus Märkisch Friedland – und hatten es mit ihren Ideen und ihrem Fleiß zu Wohlstand gebracht. Diese Schicht verlieh dem von Adel und Militär dominierten Kaiserreich einen guten Teil seiner Bürgerlichkeit.

Im Jahr 1938, drei Jahre nach dem Tod von Max Liebermann, musste Martha Liebermann das Haus am Wannsee verlassen. Die Nationalsozialisten leiteten den Zwangsverkauf ein, schlugen den Erlös von 160 000 Mark der Staatskasse zu und überließen Haus und Grundstück der Deutschen Reichspost zur Nutzung.

Auch die einen Steinwurf entfernte Villa Marlier, ebenfalls auf einem Seegrundstück gelegen, befand sich bald nicht mehr in privaten Händen. Das repräsentative Gebäude mit der Anschrift Am Großen Wannsee 56–58 diente vielmehr als Gästehaus des Sicherheitsdienstes der SS. Am 20. Januar 1942, im Jahr vor der geplanten Deportation von Martha Liebermann, lud der Chef der Sicherheitspolizei und des Sicherheitsdienstes, SS-Obergruppenführer Reinhard Heydrich, ein gutes Dutzend Spitzenleute des Verwaltungsapparats, der NSDAP und der SS hierher zu einer Besprechung ein. Gegenstand war die sogenannte „Endlösung der Judenfrage".

Mit diesem Begriff belegte das Naziregime die beabsichtigte Ermordung von rund 11 Millionen Juden, die Hitler und seine Gefolgsmänner beschlossen hatten. Zunächst hatte man die Juden lieber zur Auswanderung gedrängt. Das war lukrativer, denn bevor ein Deutscher jüdischen Glaubens das Land verlassen durfte, fiel sein Vermögen dem Fiskus zu. Langsam hatten die Nationalsozialisten nun den Eindruck, dass der Wohlstand der jüdischen Mitbürger abgeschöpft war und es nichts mehr zu holen gab.

Am 31. Juli 1941 hatte Heydrich von Reichsmarschall Herrmann Göring den Auftrag zur Planung von Deportation und Tötung der europäischen Juden bekommen. Das Ziel der kurzen Besprechung in der Villa am Wannsee war es, die reibungslose Zusammenarbeit aller an dem Vernichtungsplan beteiligten Dienststellen sicherzustellen. Im Anschluss war ein gemeinsames Sektfrühstück vorgesehen.

Im Protokoll der Konferenz am Wannsee heißt es:

Unter entsprechender Leitung sollen nun im Zuge der Endlösung die Juden in geeigneter Weise im Osten zum Arbeitseinsatz kommen. In großen Arbeitskolonnen, unter Trennung der Geschlechter, werden die arbeitsfähigen Juden straßenbauend in diese Gebiete geführt, wobei zweifellos ein Großteil durch natürliche Verminderung ausfallen wird. Der allfällig endlich verbleibende Restbestand wird, da es sich bei diesem zweifellos um den widerstandsfähigsten Teil handelt, entsprechend behandelt werden müssen, da dieser, eine natürliche Auslese darstellend, bei Freilassung als Keimzelle eines neuen jüdischen Aufbaues anzusprechen ist.

Die Bürokraten vermieden das Wort Tötung und sprachen lieber von „entsprechender Behandlung" oder auch „Sonderbehandlung". Bald würde sie für Juden auch ohne vorherigen Arbeitseinsatz vorgesehen sein.

Das Haus der Liebermanns diente nach 1945 dem Städtischen Krankenhaus Wannsee als chirurgische Abteilung. Erst 1951 wurde es an die Tochter von Max und Martha Liebermann zurückgegeben, die in den USA lebte und keinesfalls nach Deutschland zurückwollte. Sie verkaufte es dem Berliner Senat, der es Wassersportlern zur Verfügung stellte. Auch als sich ein Verein gegründet hatte, der hier ein Museum und eine Gedenkstätte zu Ehren Max Liebermanns einrichten wollte, verlängerte der Senat lieber den Pachtvertrag mit einem Taucherclub.

Erst nach langen, zähen Verhandlungen konnte die Max-Liebermann-Gesellschaft das Haus ab 2002 liebevoll restaurieren und in ein Museum umwandeln. Eine Auflage war, dass alles ausschließlich aus privaten Spenden finanziert würde. Dem deutschen Staat, der einst das Vermögen der Liebermanns eingezogen hatte, war ihr Andenken an diesem Ort keinen Cent wert.

00:42

Ein Leben für den Tod

General Erwin Rommel wird in seinem Auto von Tieffliegern angegriffen

Eine Minute am 17. Juli 1944

Röhrend schlängelt sich der große, schwarze Wagen über die kleine Straße in der ländlichen Normandie. Es ist ein viertüriges Cabriolet der Auto Union, mit chromblitzendem Kühlergrill und glänzenden Stoßstangen. Das Verdeck ist zurückgeschlagen, die Sommersonne wärmt die Insassen. Es wäre das perfekte Auto für eine Spazierfahrt über die Champs-Elysées in Paris. Doch die Scheinwerfer des Wagens tragen schwarze Kappen mit schmalen Schlitzen. Und das Kennzeichen „WH“ weist das Auto als Dienstwagen des Heeres der deutschen Wehrmacht aus. Niemand fährt spazieren in diesen Tagen in Frankreich. Es herrscht Krieg. Die Deutschen haben ihn in das Nachbarland getragen, und sie wollen ihn gewinnen, auch jetzt noch, wo sich die Übermacht der Briten und Amerikaner auf dem Atlantik zusammenballt.

General Erwin Rommel sitzt auf dem Beifahrersitz, aufrecht wie immer, die Mütze auf dem Kopf, den Blick geradeaus. Er ist unterwegs, hier, südöstlich von Caen, beim Dorf Livarot, um seine Truppen zu inspizieren. Der „Atlantikwall“, wie die deutschen Militärs es nennen, steht – und doch plagen Rommel, den Oberbefehlshaber im Westen, seit Wochen Zweifel. Soll man sich mit den Briten und Amerikanern nicht lieber gütlich einigen? Und sich dann ganz auf den Kampf an der „Ostfront“ konzentrieren?

Rommels Fahrer ist ein junger Mann namens Daniel. Stolz sieht er aus. Stolz, dieses große Auto und diesen großen General fahren zu dürfen. Wäre kein Krieg, vielleicht würde er eine Lehre machen, irgendwo in Deutschland. Vielleicht würde er sich verlieben in diesem Sommer. – Plötzlich Flugzeuge, von hinten, lärmend, tief, rasend schnell kommen sie näher. Rommel dreht sich um. Er blickt den Fliegern genau entgegen. Sieht die Propeller, die Bomben, die Bordkanonen. Sein Blick ist überlegen. Überlegen und verächtlich.

Dann übertönen Explosionen den Fluglärm. Eine Geschossgarbe trifft die linke Hälfte des Wagens. Eine Sprenggranate zerfetzt dem jungen Daniel die komplette linke Schulter, taucht das Fahrzeuginnere in Blut. Mit einem sterbenden Fahrer am Steuer schlingert das Auto gegen einen Baum am rechten Straßenrand. Rommel erleidet einen dreifachen Schädelbasisbruch. Das Auto prallt zurück und schleudert in den linken Straßengraben. Rommel wird auf die Straße katapultiert und bleibt 20 Meter hinter dem Wagen liegen.

Wie möchten Sie sterben?" Diese Frage hatte der französische Schriftsteller Marcel Proust zu friedlicheren Zeiten in jenen berühmten Fragebogen aufgenommen, den er seine literarischen Freunden als Gesellschaftsspiel ausfüllen ließ Und wenn auch ein deutscher Wehrmachtsgeneral wahrscheinlich nicht so unbefangen die Fragen eines Pariser Dandys beantwortet hätte, wie es später Bundeswehrgeneräle für eine große deutsche Tageszeitung taten, so wird doch auch Rommel – vielleicht – wie jeder Mensch über seinen eigenen Tod nachgedacht haben. Und es mag sein – auch wenn wir es nicht wissen –, dass der Fliegerangriff in der Normandie Rommels Vorstellung von einem ihm gemäßen, einem „soldatischen" Tod noch einigermaßen nahe gekommen wäre. „Todesverachtend", so berichten Zeugen aus seiner Wagenkolonne, habe er den herannahenden Jagdbombern entgegengeblickt.

Doch General Erwin Rommel, der von der nationalsozialistischen Kriegspropaganda wie kein anderer zum Helden stilisierte Befehlshaber zunächst des Afrikacorps, später der deutschen Truppen im Westen, starb anders. Obwohl der französische Arzt, der ihn behandelte, dem bewusstlosen Rommel keine Chance mehr gab, überlebte er.

Drei Monate später, am 14. Oktober 1944, ist Rommel zu Hause bei seiner Familie in Heidenheim. Der General befindet sich auf dem Weg der Genesung. Da bekommt er Besuch aus Berlin – der Chefadjutant Adolf Hitlers, weitere Offiziere, SS-Leute. Inzwischen sind die Amerikaner in der Normandie gelandet und haben den deutschen „Atlantikwall" überrollt.

Nach einem kurzen Gespräch steigt Rommel mit mehreren Offizieren in einen Opel. Kurz hinter Herrlingen hält der Wagen auf offener Strecke. Die Offiziere lassen Rommel allein im Auto, machen einen kurzen Spaziergang. Auf dem Rücksitz des Opel schluckt Rommel die Zyankalikapsel, die ihm die Offiziere zugesteckt haben. Zyankali verwandelt Magensäure in Salzsäure. Diese frisst sich durch die Magenwand und ergießt sich anschließend in die Bauchhöhle.

Nach zehn Minuten kehren die Offiziere zum Auto zurück. Der SS-Mann, der das Auto gefahren hatte, wird sich später erinnern: „Ich sah Rommel hinten im Wagen sitzen, offenbar im Sterben, besinnungslos, in sich zusammengesunken, schluchzend, nicht röchelnd oder stöhnend, sondern schluchzend. Die Mütze war ihm heruntergefallen. Ich richtete ihn noch auf und setzte ihm die Mütze wieder auf."

Erwin Rommel gehörte zu jenen Teilnehmern des Ersten Weltkriegs, die in der bürgerlichen Gesellschaft der Weimarer Republik nie ihren Platz fanden. Zu sehr hatten die vier Jahre eines nie dagewesenen, totalen Krieges alte Werte zerstört, aber auch soziale Grenzen verwischt. Nach 1918 blieb Rommel immer Berufssoldat. Und die meisten Soldaten sehnten sich nach einem weiteren Krieg. Dieser würde die „Revanche" für die Niederlage von 1918 sein, für die man „feige Demokraten" verantwortlich machte. Und diesmal würde Deutschland siegen und endlich zu seiner verdienten Größe wachsen.

Wie die meisten Angehörigen der Reichswehr war Rommel früh von Adolf Hitler begeistert gewesen. Der selbst ernannte „Führer“ versprach, dem Militär wieder einen „Ehrenplatz im Staat“ einzuräumen. Und für den schwäbischen Kleinbürger Rommel war Hitler sicherlich eine Symbolfigur für sozialen Aufstieg. Nicht mehr allein die ostelbischen Junker, sondern die begabtesten Männer aus dem Volk würden im „Dritten Reich“ an den Schaltstellen der Macht sitzen. „Hitler weiß, was das Beste für uns ist“, schrieb Rommel in einem Brief an seine Frau.

Als der neue Krieg schließlich da war, beschränkte sich der Berufssoldat Rommel mit seiner Weltsicht und seinem Urteil ganz auf militärische Fragen. Was die SS im Gefolge der Wehrmacht in den von Deutschland besetzten Gebieten tat, wusste er genau. Und ignorierte es. Schuld an den Missständen im Nationalsozialismus waren doch die „Parteibonzen“. Die Wehrmacht blieb „sauber“. – So dachten viele. So denken einige heute noch.

Für Rommels Gewissensruhe wirkte sich günstig aus, dass er seine Truppen während des Krieges in West- und Südeuropa und vor allem in Afrika kommandierte. Hier war der Zusammenhang zwischen Kriegführung und Völkermord weniger offensichtlich als in Osteuropa. Er ließ sich zumindest leichter verdrängen. Außerdem hatte Rommel so etwas wie Narrenfreiheit. Seine Erfolge sprachen für sich. Die Propaganda brauchte ihn als Helden. Tatsächlich behandelte er Gefangene fairer als andere Wehrmachtsgeneräle. Und er weigerte sich, in den von ihm besetzten Gebieten Juden zur Deportation aussondern zu lassen.

Zur Krise im Verhältnis zu Hitler kam es, als der Krieg nicht mehr zu gewinnen war. In Afrika besiegten die Briten unter Bernard Montgomery die Wehrmacht. Der Sieg der Westalliierten in Frankreich war nur noch eine Frage der Zeit. Rommel versuchte Hitler zum Einlenken im Westen zu bewegen. Der Diktator wies das empört zurück. „Durchhalten“ war gegen Kriegsende seine Lieblingsvokabel. Bis er sich in seinem Bunker das Leben nahm.

Drei Tage nach Rommels Verletzung in der Normandie – er liegt noch im Koma – scheiterte ein Bombenanschlag auf Hitler. Fatal für Rommel sollte sich auswirken, dass die Attentäter um Graf Stauffenberg und Ludwig Beck Rommel, der als Pragmatiker galt, mit dem man reden konnte, ohne sein Wissen in die Planungen für eine Zeit nach Hitler einbezogen hatten. In den Folterkellern der Gestapo sagten sie dann, Rommel sei auf ihrer Seite. Ein Missverständnis. Rommel wollte den Frieden im Westen, Hitler nicht. Doch Rommel stand treu zu seinem Eid auf Hitler. Als er von dem Attentat erfuhr, war er empört und dankte Gott für die Rettung des „Führers".

Hitler selbst wusste nicht mehr, was er von Rommel halten sollte. Schließlich überzeugten die Neider und Feinde, die der nationalsozialistische Medienstar Rommel in der Wehrmachtsführung hatte, Hitler, seinen Vorzeigegeneral fallen zu lassen. Hitler ließ Rommel eine Zyankalikapsel überbringen, deklarierte seinen Tod öffentlich als Heldentod und ließ ihm ein pompöses Staatsbegräbnis ausrichten.

00:43

Das Komplott der Konservativen

Im Hauptquartier Adolf Hitlers in Ostpreußen explodiert eine Bombe

Eine Minute am 20. Juli 1944

Es ist heiß. Weil der Bunker gerade umgebaut wird, findet die mittägliche Lagebesprechung in einer Baracke statt. In wenigen Minuten wird Hitler die Berichte seiner Offiziere erwarten. Oberst Claus Schenk Graf von Stauffenberg bittet den „Führer“, ihn noch einmal kurz zu entschuldigen. Er wolle sein durchgeschwitztes Hemd wechseln. Hitler ist einverstanden. Stauffenberg geht gemeinsam mit seinem Adjutanten Oberleutnant Werner von Haeften hinaus. Ohne fremde Hilfe kann sich der Offizier nicht mehr umziehen. Bei einem Tieffliegerangriff in Tunis vor 15 Monaten hat er das linke Auge, die rechte Hand und zwei Finger der linken Hand verloren. Eigentlich ist er dienstunfähig. Aber er hat erfolgreich darum gebeten, weiter der Wehrmacht angehören zu dürfen.

Oberst Graf von Stauffenberg will seinen „Führer“ und Oberkommandierenden heute töten. Am frühen Morgen sind er und Haeften auf dem Flugplatz Rangsdorf südlich von Berlin mit zwei Kilo Sprengstoff in der Aktentasche ins Flugzeug gestiegen. Pünktlich konnten sie bei Rastenburg in Ostpreußen landen. Hier hat Hitler sein Hauptquartier – er nennt es „Wolfsschanze“ – aufgeschlagen. Im zerbombten Berlin lässt sich der „Führer“ schon lange nicht mehr blicken.

In einem Nebenraum öffnen Stauffenberg und Haeften die Aktentasche. Alles muss schnell gehen. Die Besprechung wurde überraschend eine halbe Stunde vorverlegt. Ein weiteres Mal darf der Anschlag nicht verzögert werden. Sonst scheitert die

„Operation Walküre". Stauffenberg und seine Vertrauten wollen die Macht übernehmen. Gut zehn Minuten brauchen die englischen Säurezünder bis zur Explosion. Mit einer eigens für seine Behinderung konstruierten Zange schärft Stauffenberg das erste Kilo Sprengstoff. Dann wird er gestört. Oberfeldwebel Werner Vogel kommt herein und bittet um Beeilung. Stauffenberg kann die zweite Kilobombe nicht mehr scharf machen. Aber statt sie trotzdem in die Aktentasche zu packen, damit die Explosion des ersten Kilos sie mitzündet, lässt er sie zurück.

Im Besprechungszimmer stellt Stauffenberg die Aktentasche so nah wie möglich bei Hitler ab. Kurz darauf holt ihn Haeften noch einmal aus dem Raum. Ein wichtiger Anruf aus Berlin, sagt er. Hitler ist genervt. Er setzt die Besprechung ohne Stauffenberg fort. Die Tasche ist im Weg. Einer der 23 Offiziere schiebt sie unter den schweren Eichentisch in der Mitte des Raums. Sekunden später eine Detonation. Die Fenster fliegen aus der Baracke. Chaos bricht aus. Stauffenberg und Haeften entkommen aus dem streng bewachten Wald. Sie reisen zurück nach Berlin. Sie halten Hitler für tot. Sie irren sich.

Im Jahr 1968 wurde nach einer kontroversen politischen Diskussion der Artikel 20 des Grundgesetzes der Bundesrepublik Deutschland um folgenden Satz ergänzt:

> *Gegen jeden, der es unternimmt, diese Ordnung zu beseitigen, haben alle Deutschen das Recht zum Widerstand, wenn andere Abhilfe nicht möglich ist.*

Welche Ordnung ist „diese Ordnung"? Was darf nicht beseitigt werden? Die ersten 19 Artikel der Verfassung beschäftigen sich mit den Grundrechten. Dazu zählen beispielsweise das Recht auf Leben, die freie Entfaltung der Persönlichkeit, die Versammlungsfreiheit oder die Berufsfreiheit. Schon diese Grundrechte, die jedem Einzelnen von der staatlichen Gemeinschaft zugesichert werden, sind nach Ansicht von Rechtsexperten nicht bloß „subjektive“ Ansprüche, sondern auch „objektive“ Werte, mit denen die Verfassung alles staatliche Handeln auf ein Menschenbild verpflichtet, in dem das Individuum niemals das Objekt bloßer Willkür der jeweils Herrschenden sein darf.

Auf den Grundrechtsteil folgt dann Artikel 20 als die grundsätzlichste Rechtsnorm der staatlichen Ordnung. In seinen kurzen Sätzen sind gewissermaßen die „Grundsätze des Grundgesetzes“ festgelegt. Demnach ist die Bundesrepublik „ein demokratischer und sozialer Bundesstaat“. Diktatur und Monarchie sind damit ausgeschlossen. Der Schutz des Schwächeren und ein menschenwürdiges Dasein für alle werden garantiert.

„Alle Staatsgewalt geht vom Volke aus“, heißt es weiter. „Sie wird vom Volk in Wahlen und Abstimmungen ausgeübt.“ Jede staatliche Macht muss durch Wahlen legitimiert sein. Keine einzelne Partei oder gesellschaftliche Gruppe allein darf Gesetzgebung, Rechtsprechung und vollziehende Gewalt an sich ziehen. Gleichermaßen sind alle diese drei Gewalten „an Gesetz und Recht gebunden“. Willkürakte einzelner Amtsträger ohne Rechtsgrundlage widersprechen immer der Verfassung.

Diese Ordnung ist es, die das Grundgesetz niemanden mehr in Frage stellen lässt. Wer trotzdem versucht, die Grundrechte, die Demokratie oder den Rechtsstaat abzuschaffen, soll ausdrücklich mit dem Widerstand der Bürger rechnen müssen. Die Einfügung von 1968 ist ein rechtssystematisch sehr problematischer Satz, den viele Staatsrechtler bis heute ablehnen. Aber sie ist so etwas wie ein politischer Appell mit Verfassungsrang.

Über den „Tyrannenmord“ und das Widerstandsrecht gegen einen pflichtvergessenen Herrscher wurde schon in der Antike philosophiert. Die Unabhängigkeitserklärung der USA und die Dokumente der Französischen Revolution enthalten Passagen zu diesem Thema. In der Weimarer Verfassung von 1919 fehlte so etwas. Doch heute ist klar: Wenn noch einmal ein Diktator kommt, sollen Demokraten sich wehren. Und wenn andere Mittel nicht helfen, dann sollen sich Demokraten auch dadurch wehren, dass jeder Einzelne sich widersetzt.

Claus Schenk Graf von Stauffenberg war kein Demokrat. Er und seine konservativen Mitstreiter aus Militär, Adel und Bürgertum wollten Hitler beseitigen, SS und Gestapo entmachten und die NSDAP auflösen. Aber Stauffenberg wollte ausdrücklich keine Demokratie nach westlichem Vorbild errichten. Das Volk sollte weiter seinen eigenen, seinen „deutschen" Weg gehen. Es sollte autoritär geführt werden. Nur eben von besseren Führern.

Stauffenberg war sofort nach seinem glänzenden Abitur 1926 in die Reichswehr eingetreten. Er gehörte zu jenen romantischen Schwärmern und nationalen Mystikern seiner Generation, die germanische Sagen über alles liebten und sich an den schwülen Gedichten eines Stefan George berauschten. Es muss eine eigenartige Faszination von Heldentum gewesen sein, die den hochbegabten, sensiblen und etwas kränklichen Literaturfreund Stauffenberg in die Offiziersschule führten.

Als Hitler 1933 Reichskanzler wurde, gehörte Stauffenberg zu jenen Konservativen, die dies ausdrücklich begrüßten. Während Sozialdemokraten und Liberale um die Erhaltung der Republik kämpften, war vor allem das katholische Zentrum uneinig. Die einen engagierten sich im „Reichsbanner Schwarz-Rot-Gold" gemeinsam mit Sozialdemokraten und Liberalen für die Demokratie. Die anderen, allen voran Franz von Papen, unterstützten Hitler – nicht zuletzt, weil sie die freizügige Weimarer Kultur für dekadent hielten und sich Hoffnung auf eine moralische Erneuerung machten. Stauffenberg hatte damals keine Berührungsängste mit den Organisationen der Nationalsozialisten. Und als der von vielen Militärs lange erwartete Krieg ausbrach, tat er das, was er für seine Pflicht hielt.

Claus Schenk Graf von Stauffenberg war kein Demokrat, aber er war auch kein skrupelloser Technokrat, kein sorgloser Mitläufer, kein kühl berechnender Opportunist. Die Verbrechen, die nicht allein Himmlers SS beging, sondern in die auch „seine“ Wehrmacht verstrickt war – und sei es nur als Wegbereiter des Grauens – lasteten schwer auf dem Gewissen des süddeutschen katholischen Adeligen. Noch bei der Invasion in Polen 1939 hatte er sich abschätzig über die Osteuropäer und die östlichen Juden geäußert, sie alle als „Pöbel“ bezeichnet. Seit den Feldzügen des Deutschen Ordens im Mittelalter hatten sich die Deutschen im Osten Europas immer als überlegene „Herrenmenschen“ gefühlt.

Aber Menschen vernichten wie Insekten? Einige, darunter Generalfeldmarschall Erwin Rommel, konnten bestens verdrängen, was sie an Verbrechen mitbekamen. Für eine solche Kaltblütigkeit war Stauffenberg zu sensibel, zu mitfühlend, zu moralisch. Er quälte sich. Er hatte einen Treueid auf den „Führer“ geleistet und war gleichzeitig Teil einer Mordmaschine geworden. Ein Zitat von ihm aus dem Jahr 1944 wurde berühmt:

> *Es ist Zeit, dass jetzt etwas getan wird. Derjenige allerdings, der etwas zu tun wagt, muss sich bewusst sein, dass er wohl als Verräter in die deutsche Geschichte eingehen wird. Unterlässt er jedoch die Tat, dann wäre er ein Verräter vor seinem eigenen Gewissen.*

Allerdings – es war *nicht* Zeit. Auch nicht höchste Zeit. Es war längst zu spät. Die „Operation Walküre“ wurde ein völliger Fehlschlag. Zwar war die Wehrmacht die einzige Organisation, die gegen Hitler noch etwas auszurichten imstande gewesen wäre. Doch die wenigsten Offiziere waren zu klaren Entscheidungen und konsequentem Handeln fähig. Der Krieg war verloren, das wussten alle außer Hitler und seiner Parteiclique. Viele der schlimmsten Verbrechen waren schon geschehen. Wie jetzt den eigenen Hals retten? Das trieb die Mehrheit um. Es war nicht die Zeit für Widerstand. Die war 1933 gewesen, als die Demokratie auf dem Spiel stand.

00:44

Der Untergang

Drei sowjetische Torpedos treffen das mit Flüchtlingen überfüllte Kreuzfahrtschiff „Wilhelm Gustloff“

Eine Minute am 30. Januar 1945

Auf diesem Schiff sollen alle gleich sein. Im Jahr 1937 ist bei Blohm & Voss in Hamburg die „Wilhelm Gustloff“ vom Stapel gelaufen. Der Auftraggeber ist die Organisation „Kraft durch Freude“ gewesen. Sie veranstaltet Erholungsurlaube für die „Volksgenossen“. Und auf diesem hoch modernen, über 200 Meter langen Kreuzfahrtschiff sollen Besatzung und Passagiere, Arbeiter und Angestellte, Proletarier und Bürger unterschiedslos denselben Komfort genießen. Außenkabinen, fließendes kaltes und warmes Wasser, Tisch, Sofa und Kleiderschrank für jedermann.

Am 30. Januar 1945 hat die „Gustloff“ das nördlich von Danzig gelegene Gotenhafen verlassen und ist Richtung Rügen ausgelaufen. Kreuzfahrten macht das Schiff schon lange keine mehr. Seit Ausbruch des Krieges im Herbst 1939 ist es ein Lazarettschiff. Und jetzt hat Großadmiral Dönitz das „Unternehmen Hannibal“ angeordnet. Denn die Rote Armee rückt vor. Millionen Deutsche östlich der Oder müssen sich in Sicherheit bringen.

Man hat irgendwann aufgehört zu zählen, wie viele Menschen an Bord gedrängt sind. Anfangs hat es noch Schiffskarten gegeben. Nur Frauen mit mindestens drei Kindern sollten mitkommen. Dann ist der Ansturm immer größer geworden. Hals über Kopf haben die Menschen ihre Häuser verlassen. Manche haben nur einen Koffer dabei. Andere nicht einmal das. Sind 6000 Menschen an Bord? Oder über 10 000? Niemand weiß es genau. Überall sind Männer, Frauen, Kinder, Greise, Soldaten, Schwestern, Verletzte.

Das Schiff hat tiefes Wasser erreicht und ist auf Kurs. Das Torpedoboot „Löwe“ gibt Geleitschutz. Ein größeres Begleitschiff ist kurzfristig ausgefallen. Vier Kapitäne sind an Bord. Einer davon hat vorgeschlagen, sicherheitshalber in küstennahem Gewässer zu bleiben. Wegen der sowjetischen U-Boote. Sie schießen Torpedos auch auf gekennzeichnete Lazarettschiffe. Und wer würde eine Havarie überleben, bei eisiger Luft- und Wassertemperatur? Doch ein anderer Kapitän hat sich durchgesetzt. Es geht über das offene Meer.

Um 21.08 Uhr feuert das sowjetische U-Boot S 13 aus 700 Metern Entfernung drei Torpedos ab. Sie schlagen nacheinander im Vorschiff, unterhalb des Schwimmbads und im Maschinenraum ein. Das Licht geht aus. Nach einer Stunde ist von der „Gustloff“ nichts mehr zu sehen.

Der Untergang des Passagierschiffs „Wilhelm Gustloff“ gilt als die größte Schiffskatastrophe aller Zeiten. Keiner kennt die genaue Zahl der Opfer. Die Schätzungen bewegen sich zwischen 5500 und 9000 Toten. Die meisten waren Frauen und Kinder. Für die Rote Armee zählte ein deutsches Leben jetzt ungefähr so viel wie zuvor für den Sicherheitsdienst der SS ein jüdisches oder polnisches. Auf alles, was sich bewegte, wurde gefeuert. Das Ziel des Vorrückens hieß Berlin.

Viel zu spät hatten die deutschen Behörden und Militärs damit begonnen, die Menschen aus den Gebieten östlich der Oder zu evakuieren. Die Gauleiter in Ostpreußen, Westpreußen und Pommern glaubten ihre eigenen Propagandasprüche. „Kein Russe wird jemals ostpreußischen Boden betreten!“, hieß einer davon. Doch seit dem Sommer 1944 drang die Rote Armee immer weiter nach Westen vor.

Mit der Januaroffensive Anfang 1945 überstürzten sich dann

die Ereignisse. Eine Flucht über den Landweg schien angesichts der schnell vorrückenden Front riskant. Etwa eine halbe Million Menschen schaffte es trotzdem, sich auf diese Weise in Sicherheit zu bringen. Rund zweieinhalb Millionen wurden zeitgleich im Rahmen der „Operation Hannibal“ über die Ostsee aus dem Kriegsgebiet evakuiert. Die Zielhäfen hießen Kiel, Flensburg oder Kopenhagen – je weiter im Westen, desto besser.

Schätzungsweise zwei Millionen Zivilisten schafften es nicht. Sie starben, als russische Soldaten ihre Wohngebiete erreichten oder sie auf der Flucht einholten. Unter diesen Opfern sind allein etwa 200 000 Frauen, von denen man annimmt, dass sie in der Folge von Vergewaltigungen durch Rotarmisten umgekommen sind.

Für die Flucht der Menschen über die Ostsee setzte die deutsche Marine in der ersten Jahreshälfte 1945 über 1000 Schiffe ein. Alles war vertreten – Kreuzfahrtschiffe, Lazarettschiffe, Handelsschiffe, Fähren, Schnellboote – und nahezu pausenlos im Einsatz. Neben der „Wilhelm Gustloff“ versenkten sowjetische U-Boote auch die „Steuben“ und die „Goya“. Durch russische Fliegerbomben wurde am 3. Mai die „Cap Arkona“ getroffen und sank ebenfalls. An Bord hatten sich Tausende KZ-Häftlinge befunden.

Die Ostseehäfen, von denen die Flüchtenden abreisten, waren vollkommen überfüllt. Die Menschen waren nicht selten in langen Trecks von ihren Bauernhöfen hierher gekommen. Sie hatten tagelang nichts gegessen. Nun stellten sie fest, dass sie sich auch von ihrer letzten Habe, die sie auf Pferdewagen mitgeführt hatten, trennen mussten. Auf den Schiffen war dafür kein Platz. Es war schwierig genug, überhaupt wegzukommen. Bald ging es nur noch ums nackte Überleben. Sowjetische Jagdbomber konnten jederzeit schon an den Kaimauern den Tod bringen.

War jede militärische Operation während des Krieges in oft monatelanger Arbeit des Generalstabs geplant worden, so gab es für den Abtransport der Flüchtlinge fast überhaupt keine

Planung. In den Oberkommandos von Kriegsmarine und Heer hatte niemand jemals ein solches Szenario durchgespielt. Man hatte sich auf den „Endsieg" der deutschen Wehrmacht eingestellt und rechnete mit nichts anderem.

So gab Großadmiral Karl Dönitz der „Operation Hannibal" zwar einen pathetischen Namen. Tatsächlich bestand sie größtenteils aus Improvisation sowie dem Versuch, das Chaos so gut es ging zu beherrschen. Konteradmiral Conrad Engelhardt wurde dafür zum „Seetransportchef Ostsee" ernannt und mit umfangreichen Vollmachten ausgestattet.

Das Unglücksschiff „Wilhelm Gustloff" hätte eigentlich „Adolf Hitler" heißen sollen. Doch der „Führer" ordnete die Taufe nach dem Namen eines Mannes an, den die Nationalsozialisten als einen ihrer „Märtyrer" verehrten. Der Bankkaufmann Wilhelm Gustloff war kurz nach dem Ersten Weltkrieg in den Schweizer Kurort Davos übergesiedelt, weil er an Tuberkulose litt. Er blieb in der Schweiz, trat aber 1929 der deutschen NSDAP bei und baute ab 1932 eine Schweizer Auslandsorganisation der Partei auf. Ihr schlossen sich bis 1936 über 5000 antisemitisch gesinnte Schweizer an. In diesem Jahr wurde Gustloff in Davos von dem Sohn eines Rabbiners erschossen.

Nach den drei Torpedotreffern hatte nur eine Minderheit an Bord der „Wilhelm Gustloff" noch eine Überlebenschance. Auf dem mehrfach überbelegten Schiff standen nicht annähernd genügend Rettungsboote zur Verfügung. Hinzu kam, dass in Gotenhafen etliche Rettungsboote zur anderweitigen Verwendung von Bord gebracht und durch untaugliche kleine Ruderboote ersetzt worden waren. Die einzige Hoffnung waren jetzt andere Schiffe, die noch Menschen aufnehmen konnten. Von der Kommandobrücke wurden Leuchtraketen abgefeuert, um Hilfe herbeizuholen.

Das Torpedoboot „Löwe", das die „Gustloff" begleitet hatte und selbst schon mit Flüchtenden überfüllt war, konnte einige hundert retten. Auch das Torpedoboot „T 36" konnte noch hunderte Menschen lebend bergen. Alle anderen Schiffe kamen zu spät, um jeweils mehr als etwa 30 bis 40 Menschen lebendig aus Ruderbooten und von improvisierten Flößen zu ziehen.

Wer einmal ins Wasser gefallen war, hatte ohnehin kaum mehr Chancen. Bei einer Lufttemperatur von minus 18 Grad und einer Wassertemperatur von zwei Grad Celsius dauerte es ungefähr sieben bis acht Minuten, bis der Körper in eine Starre fiel, auf die rasch der Tod folgte. Insgesamt überlebten nur etwa 1200 Menschen die Katastrophe.

Nach dem Torpedotreffer im Maschinenraum war auf dem ganzen Schiff das Licht ausgefallen. Nur eine schwache Notbeleuchtung blieb. Augenzeugen berichteten später, dass unmittelbar vor dem restlosen Versinken der „Gustloff" plötzlich noch einmal die Schiffsbeleuchtung ansprang. Das Schiff, mit dem Adolf Hitler den Deutschen „Kraft durch Freude" schenken wollte, ging in voller Festbeleuchtung unter.

00:45

Zwischen Affen und Giraffen

Im Bonner Museum Koenig tritt der Parlamentarische Rat feierlich zusammen

Eine Minute am 1. September 1948

Die Tiere sind zur Seite geräumt. Dort, wo sonst ausgestopfte Prachtexemplare kleine wie große Besucher ins Staunen versetzen, stehen heute einmal Menschen im Mittelpunkt. Der Lichthof des Zoologischen Museums Alexander Koenig ist ein rechteckiger Saal über mehrere Etagen, mit einer großzügigen, loggia-ähnlichen Empore und einer Kuppel aus undurchsichtigem Glas. Der Prachtbau hat als einziger größerer Innenraum der Universitäts- und Rentnerstadt Bonn den Weltkrieg fast unbeschadet überstanden. Und so ist es ausgerechnet das unlängst von den Siegermächten des Krieges aus der Geschichte getilgte Preußen, das mit seiner Repräsentationsarchitektur den Rahmen des heutigen Tages bietet.

Gut zur Hälfte ist der Saal in dichten Reihen bestuhlt. Hier haben Männer – und ganz wenige Frauen – in schwarzer Festtagskleidung mit frisch gestärkten weißen Kragen Platz genommen. Es sind die von den Parlamenten der westdeutschen Länder gewählten 65 Mitglieder eines Gremiums, das ab heute eine vorläufige Verfassung ausarbeiten soll. Zwischen ihnen sitzen die Ministerpräsidenten der Westländer, Vertreter der christlichen Kirchen, Wirtschaftsbosse, Kulturschaffende sowie Militärs aus den USA, Großbritannien und Frankreich. Auf der Empore tummeln sich zahlreiche Journalisten.

Gleich wird das Städtische Sinfonieorchester Bonn, das im hinteren Teil des Saales seine Plätze eingenommen hat, Beethoven intonieren. Christian Stock, Sozialdemokrat und Ministerpräsident von Hessen, wird die zwei kleinen Stufen zum blumengeschmückten Rednerpult in der Saalmitte emporsteigen. Und er wird den versammelten Christdemokraten, Sozialdemokraten, Liberalen, Kommunisten, Bischöfen, Theaterintendanten, Armeegenerälen sowie den Affen, Giraffen, Adlern, Geiern, Schlangen und Karnickeln ankündigen, dass Deutschlands Westteil sich ab heute eine neue staatliche Ordnung geben wird.

Der Zoologe, Abenteurer und leidenschaftliche Trophäensammler Alexander Koenig starb im Jahr 1940. Zwei Dinge werden für den Erben eines wohlhabenden Zuckerhändlers zu Lebzeiten kaum vorstellbar gewesen sein. Einmal, dass nicht mal ein Jahrzehnt nach seinem Ableben seine Heimatstadt Bonn eine der wenigen noch einigermaßen verschonten Siedlungen innerhalb einer Trümmerwüste sein würde. Und dann, dass ausgerechnet in dem säulengeschmückten Museum, das Koenig seit 1913 in einem Villenviertel im Süden Bonns, an der Straße nach Godesberg, für seine zoologische Sammlung hatte errichten lassen, einmal so etwas wie eine Staatsgründung stattfinden könnte.

Denn zumindest war dies der Auftakt zur Gründung eines neuen Staates, wenn auch halbherzig und unter vielen Vorbehalten. Nur Vertreter aus der amerikanischen, britischen und französischen Besatzungszone saßen im zoologischen Museum. In der sowjetischen Zone machte man sich zeitgleich daran, einen zweiten, einen sozialistischen deutschen Staat zu gründen. Unglücklich zwischen den Fronten lag der Westteil Berlins – seit dem 24. Juni blockierte die rote Armee den Zugang dorthin. Die Teilstadt wurde fast komplett aus der Luft versorgt.

Nach der Kapitulation der deutschen Wehrmacht im Mai 1945 hatte es unter den Politikern der ehemaligen Kriegsgegner Deutschlands hitzige Debatten gegeben, wie es mit dem bezwungenen Brandstifter nun weitergehen sollte. Die Deutschen waren unterdessen zu sehr mit der Gegenwart beschäftigt, um sich viele Gedanken über ihre staatliche Zukunft zu machen.

Hatte man eben noch einen Joseph Goebbels im Berliner Sportpalast zugejubelt, man finde auch den totalsten aller totale Kriege eine gute Idee, so kümmerte man sich nun lieber ums alltägliche Überleben als um Politik. Und war vielleicht insgeheim froh, dass Militärs einem bis auf Weiteres die Verantwortung abnahmen. Die Folgen des Naziterrors, Flucht und Vertreibung, Kriegsgefangenschaft, Hunger und Wohnungsmangel – das alles versetzte das Land in einen Ausnahmezustand, in dem jeder, so gut er konnte, zum Überlebenskünstler wurde.

Es waren hochrangige Politiker und Militärs der Vereinigten Staaten und Großbritanniens, die bald nach Kriegsende beschlossen, Deutschland Schritt für Schritt seine Selbstständigkeit und politische Handlungsfähigkeit zurückzugeben. Bei den Franzosen mussten die Angelsachsen da viel Überzeugungsarbeit leisten. Zu tief waren die Wunden aus der jahrhundertelangen Feindschaft zwischen Deutschland und Frankreich, zu stark wirkte die Demütigung der deutschen Besetzung Frankreichs während des Krieges nach, als dass man sich in Paris etwas anderes hätte vorstellen können als ein für immer von den Siegermächten abhängiges Deutschland. Und Russland? In Moskau konnte man es gar nicht abwarten, zumindest den Ostteil Deutschlands in die sowjetische Machtsphäre einzugliedern.

Als die Westalliierten im Juli 1948 in London tagten, setzten sich Briten und Amerikaner mit ihrem Bestreben durch, den von ihnen verwalteten Westteil Deutschlands rasch zu einem neuen Staat zu machen. Schon seit Ende 1946 hatte es in den westlichen Zonen sukzessive Landtagswahlen gegeben. Im ehemaligen IG-Farben-Haus in Frankfurt, jetzt Hauptquartier der US-Armee, teilten die Alliierten den neuen Ministerpräsidenten der Länder ihre Pläne mit. Und die lauteten: Eine verfassunggebende Versammlung für einen Staat soll einberufen werden, der Staat muss zwingend föderalistisch sein – also den Ländern gegenüber der Zentrale viel Macht einräumen –, eine Volksabstimmung soll die neue Verfassung bestätigen und die Alliierten wollen diese schließlich genehmigen.

Die Ministerpräsidenten berieten sich daraufhin vom 8. bis 10. Juli 1948 in einem Koblenzer Hotel mit dem assoziationsreichen Namen „Rittersturz“. Und sie quälten sich. Grundsätzlich schien es ihnen nicht verkehrt, was die Alliierten planten. Deutschland sollte wieder handlungsfähig werden. Aber ein westdeutscher Teilstaat? Hieß das nicht, den Osten Deutschlands für Freiheit und Demokratie verloren geben? Die Spaltung des Landes besiegeln?

Im Prinzip duldeten die Alliierten keinen Widerspruch. Das wusste man. Aber immerhin rangen die Ministerpräsidenten den Besatzern einige kleine Programmänderungen ab: Keine Volksversammlung, sondern nur ein von den Länderparlamenten gewählter Rat. Keine Verfassung, sondern nur ein sogenanntes „Grundgesetz“. Und auch keine Volksabstimmung. Damit wollten die Politiker betonen, dass es nur um eine Übergangsregelung ging und die Frage nach der Zukunft ganz Deutschlands offen blieb.

Nachdem eine Expertenkommission auf der Insel Herrenchiemsee die nötigen Vorarbeiten geleistet hatte, trat der „Parlamentarische Rat“ schließlich im Bonner Museum Koenig zusammen und begann seine Diskussionen noch am selben Tag in der Pädagogischen Akademie, dem späteren Bundeshaus. Als Ergebnis der langen Gespräche trat am 24. Mai 1949 das „Grundgesetz für die Bundesrepublik Deutschland“ in Kraft.

Es sollte Bestand haben, bis eines Tages eine echte Volksversammlung eine „richtige“ Verfassung beschließen würde. Das ist bis heute nicht geschehen. Nach dem Beitritt der DDR zur Bundesrepublik nach Grundgesetzartikel 23 am 3. Oktober

1990 wurde das Bonner Provisorium zur gesamtdeutschen Konstitution. Man mag das als Halbherzigkeit und verpasste Chance beklagen. Aber vielleicht ist es für eine staatliche Gemeinschaft einfach schwer möglich, sich in Friedens- und Wohlstandszeiten, ohne Not und Gefahr, ohne massiven Druck von außen, ohne Abgründe des Irrsinns vor Augen, in eine komplett neue Verfassung zu bringen.

00:46

In unnütz toller Wut

Auf Anordnung der Staatsführung der DDR beginnt die Sprengung des Berliner Schlosses

Eine Minute am 7. September 1950

Das Alte soll weg. Und das Älteste soll als Erstes weg. Abrissdirektor Kurt Liebknecht hat Dynamitladungen dort verteilt, wo vor fast genau 500 Jahren die Geschichte eines Profanbaus begonnen hatte, der als kulturell bedeutendster im protestantischen Teil Europas gilt. Der Ostflügel hier am Spreeufer soll diesen Mittag um halb eins in sich zusammensacken. Schon jetzt befindet er sich nicht im allerbesten Zustand. Bomben habe größere Löcher gerissen, das Dach ist kaputt, in vielen Räumen hat es gebrannt. Doch gemessen daran, wie der Großteil Berlins nach den Luftangriffen des Krieges aussieht, steht das gesamte Schloss trutzig da wie immer.

Diese ältesten Teile, zur Marienkirche hin, haben nie so glatt und eindrucksvoll ausgesehen wie die barocken Fassaden des Baumeisters Andreas Schlüter an den „Linden" und am Kupfergraben. Hier besitzt das Schloss viele Erker und Türmchen. Hier hat es keinen Bauplan eines einzigen Architekten gegeben, sondern alles ist über die Jahre zusammengewachsen: Der „Grüne Hut", ein Turm, der noch aus der mittelalterlichen Stadtbefestigung stammt. Die Erasmuskapelle von 1465. Das Haus der Herzogin, flankiert von zwei runden Ecktürmen, erbaut um 1590 nach Plänen von Rocco von Lynar. Die „Braunschweigische Galerie" und der Wohnflügel des „Großen Kurfürsten" aus dem 17. Jahrhundert.

Von einem Balkon auf der anderen Seite des Schlosses hat 1918 der Onkel des Abrissbeauftragten Liebknecht, der damalige Führer der Kommunisten, die Sowjetrepublik ausgerufen. Doch er und seine Anhänger haben sich zunächst nicht durchsetzen können. Jetzt hat die Rote Armee den Ostteil Berlins besetzt und eine kommunistische Regierung an die Macht gebracht. Ihr Chef Walter Ulbricht hat entschieden, das Schloss sprengen zu lassen.

Pünktlich um 12.30 Uhr lassen mehrere dumpfe Schläge die Spreeinsel erzittern. Heller Staub quillt aus der untersten Etage des Schlosses und verteilt sich über abgesperrte Straßen. Bis Ende Dezember wird das komplette Schloss zerstört sein. Das heißt – fast. Das Portal mit dem Balkon, auf dem Karl Liebknecht Geschichte machte, soll der Nachwelt unbedingt erhalten bleiben.

Demokraten brauchen keinen Schlösser. Auch Kommunisten brauchen sie nicht. Obwohl die Moskauer Erben der Oktoberrevolution sich im Kreml der Zaren pudelwohl fühlten. Oder sich ein rumänischer KP-Chef namens Nicolae Ceauşescu in Bukarest einen Palast errichten ließ, der im Wortsinn peinlich bemüht war, sämtliche europäischen Königsschlösser zu übertreffen. Nein, die moderne Gesellschaft, egal ob freiheitliche Demokratie oder gelenktes Ameisenvolk, braucht Schlösser wirklich nicht mehr. Aber soll man die vorhandenen Prunkbauten deshalb dem Erdboden gleichmachen?

Die Kulturschaffenden im von der Sowjetunion verwalteten Ostteil Berlins waren sich 1950 einig: Nein! Auf gar keinen Fall! Einhellig forderten Künstler, Museumsleute, Denkmalbehörde und Akademie der Wissenschaften, das in zwei schweren Bombenangriffen beschädigte Berliner Schloss instandzusetzen. Sicher, die meisten von ihnen befürworteten eine neue Gesellschaft. Sie wollten ihren Beitrag zum Aufbau des Sozialismus leisten. Aber sie kamen nicht auf die Idee, den Abbau von Kunstschätzen als eine Voraussetzung dafür zu betrachten.

Auch der Architekt Hans Scharoun verlangte die Reparatur des Schlosses. Wie kaum ein anderer verbindet sich der Name des gelernten Schiffbauingenieurs mit der Abkehr von der preußischen Staatsarchitektur mit ihren Freitreppen und rechten Winkeln. In den 1960er Jahren schuf er mit der Berliner Philharmonie und der neuen Staatsbibliothek an der Potsdamer Straße zwei der innovativsten Gebäude des 20. Jahrhunderts. Aber der überzeugte Sozialist wollte nur dort bauen, wo Platz war, wo zumindest Altes unwiederbringlich zerstört war. Das kulturelle Erbe zu schleifen hätte er sich nicht angemaßt.

Unter statischen, städtebaulichen oder finanziellen Gesichtspunkten bestand ebenfalls kein Grund, das Berliner Schloss abzutragen. Schon die Dauer der Sprengarbeiten von über drei Monaten und der Einsatz von 13 Tonnen Sprengstoff machen deutlich, wie viel noch erhalten war. Nämlich fast alles: die Grundsubstanz, die tragenden Mauern, die Treppenhäuser. Gut, der Mittelflügel, der die beiden großen Innenhöfe teilte, war zur Hälfte eingestürzt. Es gab viele Löcher. Auch waren die meisten Innenräume ausgebrannt.

Doch Schloss Charlottenburg im Westen der Stadt war unvergleichlich stärker beschädigt worden. Und niemand wollte es abreißen. Heute kursieren in den Medien zahlreiche Schwarzweißfotografien des „kriegszerstörten" Schlosses, die in Wirklichkeit während der Abrissphase entstanden sind und deshalb ein falsches Bild vermitteln. Aufnahmen des Schlosses aus der unmittelbaren Nachkriegszeit sind rar. Die Menschen hatten damals andere Sorgen, als Gebäude zu fotografieren.

Die Kosten für eine Instandsetzung des Schlosses wurden Ende der 1940er Jahre auf 30 Millionen Mark geschätzt. Kein Pappenstiel. Aber das Gebäude hatte 1210 Räume! Und der Bedarf an Nutzfläche war in der zu 70 Prozent zerbombten Innenstadt riesengroß. So plante denn die moskautreue Staatspartei SED zunächst die Wiederherstellung des Schlosses und wollte hier Regierungsbüros und kulturelle Einrichtungen unterbringen. Schon im Jahr 1946 hatten in provisorisch reparierten Teilen des Schlosses wieder Ausstellungen und Konzerte stattgefunden. Man zeigte „Moderne französische Malerei“ und machte Teile der noch erhaltenen Bestände des Kunstgewerbemuseum der Öffentlichkeit zugänglich.

Im Frühjahr 1950 drangen aus Kreisen der SED dann plötzlich widersprüchliche Angaben zur Zukunft des Schlosses. Erstmals stand ein Abriss im Raum. Zuerst hatte der Ost-Berliner Magistrat die Beseitigung des Westflügels ins Spiel gebracht. Kurz darauf hieß es in einer Regierungserklärung der DDR: „Aus kulturellen Gründen soll der um das Westportal gelegene Teil des Schlosses erhalten bleiben. Der übrige Teil wird ... abgetragen werden.“

Dann sprach Staats- und Parteichef Walter Ulbricht am 22. Juli 1950 ein Machtwort. Das Schloss musste weg! Komplett! Der kleine Mann mit dem Spitzbart hatte sich auf die politische Position festgelegt, im Schloss das „Symbol des preußischen Absolutismus“ zu sehen. Und so ganz falsch lag er da ja nicht!

Bloß wurden durch den geplanten Abriss Architekten und Künstler wie Andreas Schlüter, Eosander von Göthe, Georg Wenzeslaus von Knobelsdorff, Carl von Gontard, Carl Gotthard Langhans, Friedrich Wilhelm von Erdmannsdorff, Peter Josef Lenné, Karl Friedrich Schinkel oder Friedrich August Stüler gewissermaßen in Sippenhaft für ihre Auftraggeber aus dem Haus Hohenzollern genommen. Alle diese Stars der Kunstgeschichte hatten am Bau des Schlosses mitgewirkt. Wie bei den Ringen eines alten Baums hatte jede Epoche das Ihre hinzugefügt. Und stets war es das Beste gewesen, das diese Zeit ästhetisch zu bieten hatte.

An die Stelle des gesprengten und abgeräumten Schlosses sollte – nein, kein „Palast der Republik“ treten. Diese Idee wurde erst viele Jahre später geboren. Walter Ulbricht wünschte sich ein Aufmarschgelände. Im Sommer 1950 verkündete er: „Das Zentrum unserer Hauptstadt, der Lustgarten und das Gebiet der jetzigen Schlossruine, sollen ein Demonstrationsplatz werden, auf dem Kampfwille und Aufbauwille unseres Volkes Ausdruck finden können.“

Pünktlich zum großen Aufmarsch am 1. Mai 1951 war es so weit. Zwischen Werderschem Markt und Altem Museum erstreckte sich eine topfebene Freifläche, auf der nicht mal mehr ein Grashalm die Werktätigen am Marschieren im Gleichschritt hinderte. Dort, wo der älteste Teil des Schlosses gestanden hatte, befand sich eine gewaltige, beflaggte Tribüne für die Staats- und Parteiführung. Das Ganze sah aus wie ein sehr kostenbewusster Nachbau des Nürnberger Reichsparteitagsgeländes der NSDAP.

Allein, die Stimmen der Ost-Berliner, die in den kommenden Jahren einen Wiederaufbau des Schlosses wünschten, rissen nicht ab. Und das, obwohl vom Schloss nichts mehr übrig geblieben war. Irgendwann räumte auch Walter Ulbricht ein, der Abriss sei vielleicht doch nicht die beste Lösung gewesen.

Selbst Ulbrichts Nachfolger Erich Honecker, der Bauherr des „Palasts der Republik“, sagte in den 1980er Jahren in einer Runde von Spitzenfunktionären der SED, er hätte am liebsten das Schloss zurück. Nicht, dass der Kommunist auf seine alten Tage zum Hohenzollernfan geworden wäre. Aber er sah eben wie alle anderen, dass die zahlungskräftigen Touristen aus dem Westen zu den Prachtbauten der Vergangenheit pilgerten und nicht zu den Betonklötzen der „sozialistischen Moderne“.

00:47

Deutschland, ein Wunderland

Helmut Rahn schießt das Tor zum Fußball-Weltmeistertitel

Eine Minute am 4. Juli 1954

In der Eckkneipe in Steele ist es brechend voll. Hier, in dem Essener Arbeiterviertel, wird er nur „der Boss“ genannt. Und doch empfinden die Männer, die an der Theke stehen und Export vom Fass trinken, diesen Boss als einen von ihnen. Helmut Rahn ist ja auch keiner der Bosse aus ihren Fabriken. Rahn ist Mittelfeldspieler bei Rot-Weiß.

Draußen sind die Straßen wie leergefegt. In der Kneipe starren alle den Rundfunkempfänger auf einem Regalbrett hinter der Theke an. Als ob es dort das Endspiel auch zu sehen gäbe. Aber es gibt erst wenige tausend Fernsehgeräte in Deutschland.

Die Atmosphäre ist aufs Äußerste gespannt. Die Nerven liegen blank. Die Ungarn sind die haushohen Favoriten gewesen. In der Vorrunde haben sie gegen Deutschland 8:3 gewonnen. Auch jetzt haben sie ratzfatz in Führung gelegen. 2:0 nach der achten Minute. Doch dann zwei Ausgleichstreffer! Morlock in der 10. und Rahn in der 19. Minute.

Sechs Minuten noch zu spielen jetzt, und immer noch 2:2. Aus dem Radio tönt die schnarrende Stimme des Reporters Herbert Zimmermann. Unverkennbar noch die alte Reichsrundfunkschule.

Eine Fußball-Weltmeisterschaft ist alle vier Jahre, und wann sieht man ein solches Endspiel, so ausgeglichen, so packend? Jetzt Deutschland am linken Flügel durch Schäfer. Schäfers Zuspiel zu Morlock wird von den Ungarn abgewehrt. Und Bozsik, immer

wieder Bozsik, der rechte Läufer der Ungarn am Ball. Er hat den Ball verloren, diesmal gegen Schäfer, Schäfer nach innen geflankt ... Kopfball ... Abgewehrt. Aus dem Hintergrund müsste Rahn schießen ... Rahn schießt! ...
Tor! Tor! Tor! Tor! – Tor für Deutschland!

Mit jedem der „Tor"-Rufe des Reporters scheint eine ungeheuere Energiewelle anzuwachsen, die sich dann in der Kneipe entlädt. Der Jubel der Arbeiter dringt bis auf die Straße, mischt sich mit den Begeisterungsschreien aus tausenden anderen Lokalen, Küchen, Wohnstuben, Polizeiwachen, Krankenhäusern. Dann wird es ganz still. Noch viereinhalb lange Minuten. Jetzt darf nichts mehr passieren in Bern. Endlich ruft die Stimme aus dem Radio:

Aus! Aus! Aus! Aus! Das Spiel ist aus! Deutschland ist Weltmeister!

In den 1950er Jahren kamen Wunder in Westdeutschland groß in Mode. Noch nie waren so viele Katholiken nach Lourdes gepilgert. Beinahe täglich fuhren Sonderzüge mit Gläubigen, darunter viele Kranke mit der Hoffnung auf Heilung, von deutschen Bahnhöfen in Richtung Südfrankreich ab. Gleichzeitig schrieben die Deutschen zwischen Flensburg und Garmisch ihren schnell wachsenden Wohlstand – mit Volkswagen „Käfer", Nierentisch und Italienurlaub – einem phänomenalen „Wirtschaftswunder" zu. Und schließlich wurde die westdeutsche Fußball-Nationalmannschaft auch noch Weltmeister. Prompt bezeichnete man das Endspiel als das „Wunder von Bern".

Was hatte es mit allen diesen Wundern bloß auf sich? Zu den Wundern von Lourdes möchte ich mich hier nicht äußern. Erstens fanden die Erscheinungen der Bernadette Soubirous in der Grotte von Massabielle nicht in den Fünfzigern, sondern schon im 19. Jahrhundert statt. Zweitens bin ich selbst katholischer Christ und glaube an Dinge, die andere Zeitgenossen für Mittelalter halten. Dies ist nicht der Ort, Ihnen das zu erklären.

An das „Wirtschaftswunder“ haben wohl alle einmal geglaubt, die so etwa ab Mitte der 1960er Jahre in Westdeutschland zur Schule gegangen sind. Die Westdeutschen waren unsagbar fleißig und diszipliniert, erzählten einem stolze Lehrer, deshalb brummte die Wirtschaft und sprudelten die Gewinne. Vollbeschäftigung! Wohlstand für alle!

Erst in jüngerer Zeit kratzen Historiker am bonbonfarbenen Lack dieser Wunderwelt. Während der Zeit des Nationalsozialismus, so sagen sie, hatten die Deutschen eine hocheffiziente Kriegswirtschaft aufgebaut. Befehl und Gehorsam, Zwangsarbeit und die wirtschaftliche Ausbeutung der besetzten Nachbarstaaten hatten wesentlich dazu beigetragen.

Diese Strukturen waren nach dem Ende des Zweiten Weltkriegs nicht einfach wie weggepustet. Trotz beträchtlicher Zerstörungen ließ sich an vieles nahtlos anknüpfen. So wurde aus dem „KdF-Wagen“ der „Käfer“. Die IG Farben wurde zu Agfa und Hoechst. Und im Ruhrgebiet goss man nun den Stahl statt für Panzer und Geschütze für den Hochhaus- und Schiffbau in aller Welt.

Eine verlässliche Konstante waren hingegen die Führungskräfte. Unter den Industriellen und Spitzenmanagern der 1950er Jahre war der Anteil ehemaliger Mitglieder der NSDAP, sagen wir, überdurchschnittlich hoch. Doch wie gesagt – es ist der eine oder andere Historiker, der das alles heute so interpretiert. Selbstverständlich dürfen Sie weiter an das Wirtschaftswunder glauben. Ich persönlich halte es mit den Wundern von Lourdes ja ganz ähnlich.

Bleibt noch das „Wunder von Bern“. Die behäbige Schweizer Bundesstadt war als Gnadenort bisher wenig aufgefallen. Nun sollte sich hier, nach Meinung einer Reihe ernst zu nehmender Geschichtswissenschaftler, die „wahre Geburtsstunde der Bundesrepublik“ ereignet haben. Moment mal! Es war doch nur ein Fußballspiel. Oder etwa nicht?

„Man hatte das Gefühl, wieder in die Völkervereinigung

aufgenommen zu werden. Man hatte das Gefühl, dass man einem wieder Respekt entgegenbringt. Das hat uns gut getan," erinnert sich ein späterer Präsident des Deutschen Fußball-Bundes, der baden-württembergische Unionspolitiker Gerhard Mayer-Vorfelder, an den Sommer 1954.

Die Fans im Berner Wankdorfstadion hatten bei der Siegerehrung die deutsche Nationalhymne gesungen. Sie sangen „Deutschland, Deutschland über alles", die erste Strophe des Deutschlandlieds. Der Deutsche Bundestag hatte kurz zuvor beschlossen, dass nur noch die dritte Strophe – „Einigkeit und Recht und Freiheit" – gesungen werden sollte. Das hatte sich noch nicht herumgesprochen. Und die Unkenntnis war wohl niemandem vorzuwerfen.

Dennoch hatte dieses „Deutschland, Deutschland über alles", gegrölt von einer Menschenmenge, im Ausland, keine zehn Jahre nach dem Ende des Naziregimes, etwas Trotziges, Vorlautes, jedenfalls ganz und gar nicht Selbstverständliches. „Wir sind wieder wer" – auf diese Formel brachte man später das Gefühl, das hier hochkam. Und ein Gefühl schien gefehlt zu haben. Verfassung, Demokratie, Menschenrechte – alles ja ganz nett. Aber was war das alles ohne ein Gemeinschaftsgefühl? Ohne etwas, worauf man als Deutscher stolz sein konnte?

Jetzt lag für viele Aufbruch in der Luft. Zukunftsoptimismus. Niemand hatte ernsthaft vor, sich mit den Verbrechen des Nationalsozialismus näher auseinanderzusetzen. Kaum jemand bereute, weggeschaut zu haben, als Nachbarn verschwanden und nicht mehr wiederkamen. Aber da war doch ein Unbehagen gewesen, all die Jahre danach. Jetzt schien es vielen wie weggeblasen. Und endlich musste man nicht mehr nur alles Amerikanische gut finden. Auch die „deutschen Tugenden" galten wieder etwas. „Mannschaftsgeist, Einordnung in das Kollektiv, Fleiß, Siegeszuversicht und vor allem Disziplin, Disziplin, Disziplin" – so beschrieb der damalige Bundestrainer Sepp Herberger diese nationalen Tugenden.

Und es war doch nur ein Fußballspiel! Wirklich! Aber was heißt hier „nur“? Fußball bedeutet nun einmal große Gefühle. Ist das politisch? Nein. Und ja. Denn Fußball bedeutete damals und erst recht heute, mit Begeisterung ins Stadion zu ziehen statt mit Hurra aufs Schlachtfeld. Fußball bedeutet Fair Play statt Gladiatorenkampf. Fußball bedeutet den Sieg des Spieltriebs über den Tötungstrieb. Fußball ist ein Wettstreit für friedliebende Menschen.

Zu viel Pathos, meint da einer? Dem sage ich: Die WM 2006, ja, das war ein Grund für Pathos. Wer es für die blanke Selbstverständlichkeit hält, dass so viele Menschen aus ganz unterschiedlichen Ländern derart friedlich miteinander ausgelassen waren wie im Sommer 2006 in Deutschland, der hat keine Ahnung von der Geschichte dieses Landes. Dem ist nicht zu helfen.

00:48

Baguette oder Brötchen?

Nach dem Beitritt des Saarlands zur Bundesrepublik wird in Saarbrücken die deutsche Fahne gehisst

Eine Minute am 1. Januar 1957

Seit der Sekundenzeiger um Mitternacht die Zwölf überschritten hat, gehört das Saarland zur Bundesrepublik Deutschland. Die Menschen in Saarbrücken, Sankt Ingbert und Saarlouis haben sich ein „frohes neues Jahr" gewünscht. Und zwei Drittel von ihnen, insbesondere die Mitglieder des „Heimatbundes", haben noch einen weiteren Grund zu feiern. Denn in einer Volksabstimmung im Oktober 1955 haben sie sich gegen ein europäisch verwaltetes und damit für ein bundesdeutsches Saarland ausgesprochen.

Die älteren Saarländer, die sich noch lebhaft an die ähnliche Situation des Jahres 1935 erinnern können, haben auf den Dörfern auch diesmal vom „Anschluss" gesprochen. Und diesen Anschluss sollen sie nun haben. Auch wenn es noch auf Jahre beim französischen Franc als Währung bleiben wird und französische Zöllner an der Grenze zwischen Rheinland-Pfalz und dem Saarland kontrollieren werden.

Man erwartet am heutigen Neujahrstag Bundeskanzler Konrad Adenauer. Er kommt mit einem Sonderzug aus der Bundeshauptstadt Bonn und nimmt an einem Festakt im Saarbrücker Stadttheater teil. Eingerahmt von der Musik Ludwig van Beethovens wird er von einem „Tag großer und reiner Freude für alle Deutschen" sprechen. Obwohl er andere Vorstellungen von der politischen Zukunft des Saarlands gehabt hat. Obwohl er gehofft hat, die Saarländer würden dem „europäischen Saarstatut“ zustimmen. Das Stadttheater wird bald in „Staatstheater“ umbenannt werden.

Doch zunächst gilt es, die schwarz-rot-goldene Fahne zu hissen! Dazu haben sich an dem trockenen, eisfreien Januartag einige Herren in dunklen Wintermänteln vor dem klassizistischen Bau des Ministerpräsidiums versammelt. Hubert Ney, nach dem Rücktritt der alten, pro-europäischen Regierung neuer Ministerpräsident des Saarlands, tritt an ein schlichtes, hölzernes Rednerpult. Es ist mit einem schwarz-rot-goldenen Tuch umwickelt.

Gleich wird man die Fahne der Bundesrepublik in die Höhe ziehen. Und daneben die neue Fahne des zehnten westdeutschen Bundeslands Saarland. Nun fühlt man sich an der Saar endlich unzweifelhaft deutsch.

Die jüngere Geschichte des Saarlands“, schrieb der saarländische Historiker Gerhard Paul 1989, „ist geprägt durch die Entwicklung der Region zu einem der führenden Industriereviere Europas und die nationale Frage. Sie beherrschte fast 150 Jahre lang das Verlangen und die Hoffnungen der Menschen. Das Interesse an Demokratie blieb demgegenüber zweitrangig.“

Seit Napoleon um 1800 das lockere Bündnis selbstständiger deutscher Regionen überrollt hatte, rückte für viele Deutsche die nationale Frage in den Mittelpunkt ihres politischen Interesses. Die Region an der Saar, die um 800 im Herzen des Frankenreichs Karl des Großen gelegen hatte, war zum Brennpunkt nationaler Konflikte geworden, je mehr die Erben der Franken – Frankreich und Deutschland – sich auseinander entwickelten und ihre eigenen nationalen Interessen definierten.

Mit dem Wiener Kongress 1815 war das Saarland größtenteils Preußen zugeschlagen worden. Nach dem Ersten Weltkrieg stand es dann unter dem Mandat des Völkerbunds – der Vorgängerorganisation der Vereinten Nationen – und war stark französisch beeinflusst. Bis Adolf Hitler das Saarland im Jahr

1935 nach einer von großem Propagandaaufwand begleiteten Volksabstimmung „heim ins Reich“ holte, wie es in der Sprache der Nationalsozialisten hieß.

Bei der Frage, wie es nach dem Zweiten Weltkrieg weitergehen sollte, spielten nicht nur Fahnen und Hymnen, sondern vor allem auch Kohle und Stahl eine Rolle. Für die nach wie vor wesentlich auf der Montanindustrie basierenden Volkswirtschaften sowohl Deutschlands als auch Frankreichs waren die örtlichen Gruben und Hütten ein Objekt der Begierde.

Johannes Hoffmann, der erste saarländische Regierungschef nach 1945, wollte als Saarländer am liebsten weder zu Deutschland noch zu Frankreich gehören. Der Christdemokrat, der 1941 vor den Nazis nach Brasilien geflohen und 1947 von den französischen Besatzern um Rückkehr gebeten worden war, hielt die Zeit für gekommen, den Nationalstaat zu überwinden. Die Mehrheit der Mitglieder seiner ersten Regierung kam direkt aus der Emigration oder aus Internierungslagern. Voller Grauen erinnerten sie sich an die Heim-ins-Reich-Euphorie von 1935.

„Unsere Zukunft heißt Europa“, bekannte Hoffmann deshalb. Nach seiner Vorstellung sollte das Saarland ein europäisches Sondergebiet, ein Zentrum gemeinsamer europäischer Institutionen und eine Drehscheibe des deutsch-französischen Handels werden.

Auch Bundeskanzler Konrad Adenauer schwebte eine Lösung der „Saarfrage“ auf europäischer Ebene vor. Er brachte eine „internationale Saarbehörde“ ins Spiel, um den Konflikt zwischen Frankreich und der jungen Bundesrepublik zu entschärfen. Frankreichs Außenminister Robert Schuman und sein Berater Jean Monnet hatten daraufhin die Idee einer „Europäischen Gemeinschaft für Kohle und Stahl“ im Saarland. Diese „Montanunion“ wurde später tatsächlich verwirklicht und bildete die Keimzelle der heutigen Europäischen Union. Das unmittelbare Problem an der Saar löste man so aber nicht.

Deshalb legte im Herbst 1952 ein unparteiischer Dritter einen ausgearbeiteten Plan vor. Der Niederländer Marinus van Naters wollte das Saarland einem europäischen Kommissar unterstellen. Nach einigem Hickhack unterstützten Frankreich und die Bonner Regierung Adenauer den Plan. Anders als früher im Kaiserreich gaben sich jetzt die Sozialdemokraten besonders national gesinnt und wetterten gegen die angebliche Preisgabe des Saarlands an Frankreich. Und die FDP schlug vor, Frankreich das Saarland einfach abzukaufen – so wie einst der amerikanische Außenminister William Henry Seward den Russen Alaska abgekauft hatte. Doch für Scheckbuchdiplomatie reichte der Kontostand in Bonn noch lange nicht.

Man einigte sich schließlich auf ein europäisches Saarland. Unter der Bedingung, dass die Mehrheit der Saarländer dem zustimmte. Diese Volksabstimmung hatte Frankreich gefordert. Und bald ging der Wahlkampf los. Nun rief in Bonn der Christdemokrat Adenauer die Saarländer auf, für ein europäisiertes Saarland zu stimmen, während sich die CDU an der Saar gemeinsam mit den Sozialdemokraten und den wiedererstarkten Nationalkonservativen zu einem „Heimatbund" zusammenschloss, der mit schrillen nationalen Tönen gegen das „Saarstatut" wetterte. Mit Erfolg. Bei der Volksabstimmung stimmten 67,7 Prozent gegen ein europäisches Saarland. Das wurde als Votum für einen Beitritt zur Bundesrepublik gedeutet, dem sich nun auch Frankreich nicht mehr widersetzen wollte.

Heute kommt in Deutschland kaum noch jemand auf die Idee, den Nationalstaat in Frage zu stellen. Auch die europäische Euphorie ist verpufft. „Brüssel" ist für viele zum Inbegriff bürokratischer Erstarrung und einer fragwürdigen Verteilungspolitik mit der Gießkanne geworden. In den kommenden Jahren wird es zum Nationalstaat kaum eine realistische Alternative geben. Das Gegenteil zu behaupten wäre vollkommen weltfremd.

Wird dennoch die Nation, wie wir sie heute kennen, für alle Zeiten die einzige Möglichkeit bleiben, Demokratie zu organisieren? In einem Internetforum fand ich kürzlich folgenden – hier stark gekürzten – Beitrag:

Ich bin Bürger der Demokratischen Union Ratelon. Dort bin ich Parteivorsitzender der Freien Demokraten Ratelon. Wenn Sie Interesse haben, schauen Sie doch mal in Ratelon vorbei!
MfG Andreas B.

Mittlerweile gibt es eine ganze Reihe solcher Internetrepubliken. Bis jetzt ist das nur ein Spiel, sicher. Aber bis jetzt hat auch noch kaum jemand darüber nachgedacht, was die weltweite Vernetzung über das Internet in Zukunft an Möglichkeiten demokratischer Selbstbestimmung eröffnen könnte. Die „Drei-Elemente-Lehre" des österreichischen Staatsrechtlers Georg Jellinek, die jeder Jurastudent kennenlernt und nach der „Staatsvolk", „Staatsgewalt" und „Staatsgebiet" jeden Staat ausmachen, stammt jedenfalls aus einer Zeit, als demokratische Abstimmungen noch durch das Erheben des Schwertes stattfanden. Und Zeiten können sich ändern.

Auch im Saarland haben sich die Zeiten geändert. Die legendäre Völklinger Hütte ist stillgelegt. Kohle und Stahl sind heute für unsere Wirtschaft nahezu bedeutungslos und ein Milliardengrab für Subventionen. Das Saargebiet gehört zu den ökonomischen Schwächlingen Europas. Johannes Hoffmanns Idee einer Drehscheibe des Handels mit gemeinsamen europäischen Institutionen hat eine benachbarte Region aufgegriffen – das Großherzogtum Luxemburg. Dort erwirtschaftet man inzwischen das höchste Pro-Kopf-Einkommen nicht nur Europas, sondern der Welt. Das Saarland hat seinen Anschluss bekommen und doch den Anschluss verloren.

00:49

Ein Sonntag auf dem Lande

Bundeskanzler Konrad Adenauer trifft Präsident Charles de Gaulle

Eine Minute am 14. September 1958

Es ist eine Landschaft, wie sie die Franzosen lieben. Mag einer auch noch so stolz auf Paris und seine Kulturschätze sein, so möchte er doch an einem Sonntagnachmittag nirgendwo anders sein als im „tiefen Frankreich“, wie man die ländlichen Regionen im Hexagon liebevoll nennt. Hier in Lothringen ist das Land leicht hügelig, weite Felder erlauben einen ausgedehnten Blick, der im rechten Moment wieder auf einen kleinen Mischwald trifft. Dazwischen schlichte, aber ursprüngliche Dörfer mit Kirchen aus hellem Feldstein.

Ein solches Dorf, in dieser Landschaft, ist auch das Ziel der Männer in dem großen, schwarzen Mercedes 300 mit deutschem Nummernschild, der über die schmalen Straßen des Départements Haute-Marne rauscht. Es ist der Dienstwagen von Bundeskanzler Konrad Adenauer. Der ist mit dem französischen Staatspräsidenten Charles de Gaulle in dessen Haus in Colombey-les-Deux-Églises verabredet – die erste persönliche Begegnung der beiden Staatsmänner. Mit im Auto sind nur der deutsche Außenminister von Brentano und Ministerialdirektor Carstens.

„Der Alte“, wie man den Bundeskanzler in Bonn gern nennt, wenn er gerade nicht in Hörweite ist, hatte überhaupt keine Lust auf diesen Sonntagsausflug. Er kommt aus dem Urlaub am Comer See, hat die Rückreise ins Rheinland in Baden-Baden unterbrochen, und ist nun auf dem Weg zu einem Mann, den er für einen Nationalisten und Feind der Deutschen hält. Den Besuch wollte er so kurz und unauffällig wie möglich gestalten. Doch schon auf der Fahrt ist Adenauer angenehm überrascht. Überall erkennen Dorfbewohner den Kanzler aus dem Land, das noch vor 15 Jahren Kriegsgegner war. Und überall grüßen sie ihn äußerst freundlich.

Der Kies knirscht unter den Rädern, als der Mercedes den Vorplatz von „La Boisserie“, dem Haus de Gaulles in Colombey erreicht. Es ist ein großzügiges, zweistöckiges Landhaus, efeubewachsen, mit einem Türmchen an der linken Seite. Vor dem Haus ein großer, gepflegter Rasen, unmittelbar dahinter ein Wäldchen. Zögernd steigt der Gast aus. Da kommt ihm der groß gewachsene Hausherr schon entgegen. „Guten Tag, Herr Bundeskanzler“, sagt er freundlich – und auf Deutsch.

Es gibt Situationen, da schmilzt plötzlich das Eis zwischen zwei Menschen. Und wenn das Eis zwischen Politikern zweier Staaten schmilzt, die sich bislang spinnefeind waren, dann ist da manchmal die Chance zu einer historischen Versöhnung und zu einem Neubeginn. Solch ein seltener Moment war vielleicht diese Begegnung, an einem Sonntag auf dem Lande, in Colombey-les-Deux-Églises. Und dieser Nachmittag blieb nicht folgenlos. Keine fünf Jahre später wurde in Paris der Vertrag über die deutsch-französische Zusammenarbeit unterzeichnet. Das als „Elysée-Vertrag“ bekannt gewordene Dokument sah regelmäßige Treffen und Beratungen der Regierungen beider Länder vor. Heute ist das eine Selbstverständlichkeit. In der immer noch gefühlten Nachkriegszeit war das ein großer und ein schwieriger Schritt.

Mit größter Skepsis hatte der Bundeskanzler aus dem Rheinland die Wahl des ehemaligen Generals Charles de Gaulle zum französischen Staatspräsidenten beobachtet. Einen „Überheblichkeitskomplex“ habe dieser Franzose, mokierte sich Adenauer im Kreis seiner Vertrauten. Und gegenüber dem amerikanischen Botschafter David Bruce erklärte Adenauer offen, er gedenke keine „Pilgerfahrt nach Paris“ zu unternehmen. Will sagen: vor dem vermeintlich selbstherrlichen Generalissimus in die Knie zu gehen wie ein armes Sünderlein am Bußaltar.

Und dann die Begrüßung auf Deutsch. Die Herzlichkeit des Gastgebers. Die persönliche und entspannte Atmosphäre in dem reizvoll gelegenen Landhaus des Staatspräsidenten. Adenauer und de Gaulle entschieden kurzerhand, ihr ohnehin kleines Gefolge auf Besichtigungstour in die nächste Stadt, nach Chaumont, zu schicken. Die Herren Minister, Botschafter und Staatssekretäre bekamen Anweisung, sich vor dem Abendessen nicht mehr blicken zu lassen. Dann zogen sich der deutsche und der französische Staatschef in die Bibliothek zurück. Nur ein Dolmetscher war noch mit dabei, der aber nur zeitweise gebraucht wurde, weil de Gaulle genug Deutsch und Adenauer genug Französisch verstand, um den Gedanken des jeweils anderen zu folgen.

Was in dem recht intimen Raum, zwischen Bücherregalen und mit Blick in den Garten, besprochen wurde, ist durch das Protokoll des Dolmetschers sowie die Memoiren der beiden Staatsmänner ziemlich detailreich, wenn auch nicht widerspruchsfrei überliefert. Fest steht, dass Adenauer während dieser zweieinhalb Stunden zwischen vier und halb sieben seine Meinung über den Franzosen komplett änderte. Aus tiefstem Misstrauen wurde Zuneigung, aus Distanz Herzlichkeit. Und man wird ohne große Übertreibung feststellen dürfen, dass bis zum Abendessen die Weichen für die deutsch-französische Politik des nächsten halben Jahrhunderts gestellt wurden.

Eine Tagesordnung gab es dazu nicht – man sprach sich einfach aus, „von Mensch zu Mensch“, wie de Gaulle sagte. Adenauer tastete sich vor. Europa müsse sich zusammenschließen, meinte er, um sich neben den Supermächten USA und Sowjetunion behaupten zu können. Wobei die Sowjetunion für ihn längst keine sozialistische Gesellschaft mehr sei, sondern eine „asiatische Diktatur“.

Präsident de Gaulle versicherte Adenauer zunächst einmal, Frankreich fühle sich von Deutschland nicht länger bedroht. Mehr noch, das heutige Deutschland – West – sei für Frankreich geradezu der ideale Partner. Und die beiden Länder sollten Vorreiter sein für ein vereintes Europa, das einmal auch – hier erschrak Adenauer – Polen, die Tschechoslowakei, Ungarn und Rumänien umfassen würde. Das sich abzeichnende Europa der Sechs könne nur ein Anfang sein.

Zwar waren Adenauer die Visionen de Gaulles eine Nummer zu groß, doch zeigte er sich begeistert über die Idee einer engen deutsch-französischen Zusammenarbeit. Wahrscheinlich nicht zuletzt wegen der Aufwertung, die der jungen, durch die Folgen von Krieg und Nationalsozialismus belasteten Bundesrepublik dadurch zuteil werden würde. Präsident de Gaulle hatte bereits eine Erklärung vorbereitet, die er nach dem Treffen verbreiten wollte und in der es hieß: „Wir glauben, dass die vergangene Gegnerschaft ein für allemal überwunden sein muss und dass Franzosen und Deutsche dazu berufen sind, im guten Einverständnis zu leben und Seite an Seite zu arbeiten."

Nach dem Treffen fuhr Adenauer geradezu euphorisch nach Bonn. Dabei hatte sich an den Interessengegensätzen zwischen Deutschland und Frankreich nichts geändert: Deutschland war für eine Europäische Gemeinschaft mit starken gemeinsamen Institutionen, während Frankreich den Nationalstaat keineswegs beschneiden wollte. Bonn wollte die volle staatliche Souveränität Deutschlands, Paris den Erhalt der Kontrollrechte der Alliierten zwischen Flensburg und Garmisch. Die Deutschen waren für eine starke NATO unter der Führung der USA, die Franzosen wollten aus dem transatlantischen Bündnis austreten und sich auf eigene Atomwaffen verlassen. Alle diese Streitpunkte waren nicht aus der Welt. Aber man hatte sich vorgenommen, miteinander zu reden. An gemeinsamen Lösungen zu arbeiten. Regelmäßig. Auf einer persönlichen Ebene. Das war das Entscheidende.

00:50

„Ich war lediglich ein Werkzeug“

Adolf Eichmann wird in Argentinien ergriffen und nach Israel gebracht

Eine Minute am 11. Mai 1960

Der Mann nennt sich Ricardo Klement. Wie jeden Morgen verabschiedet er sich von seiner Frau und seinen Kindern und macht sich auf den Weg zur Arbeit. Vor dem Haus in der Via Garibaldi in San Fernando, einem unauffälligen Vorort von Buenos Aires, steigt er in einen Mercedes. Er fühlt sich wohl in Argentinien. Und er fühlt sich sicher. Nach kurzer Fahrt will er am Schreibtisch im Lastwagenwerk González Catán von Daimler-Benz Argentina sein. Sein Vorgesetzter dort heißt Mohn, ist ein ehemaliger deutscher Offizier und schätzt den Mitarbeiter als pünktlich, fleißig und korrekt. Klement wird am Abend nicht mehr nach Hause zurückkehren. Am 22. Mai, um 7.35 Uhr Ortszeit, wird er mit einer Maschine der El Al in Israel landen. Ricardo Klement heißt in Wirklichkeit Adolf Eichmann. Bis 1945 ist er SS-Obersturmbannführer und Leiter des Referats IV B 4 beim Reichssicherheitshauptamt gewesen.

William Mosetti, der Generaldirektor von Daimler-Benz Argentina, wird seinen Angestellten Klement schon am nächsten Tag bei der Rentenversicherung endgültig abmelden. Mosetti ist langjähriger Mitarbeiter des US-Geheimdienstes CIA. Er weiß alles über Klement alias Eichmann. Er weiß auch, was mit ihm geschehen wird. Im Vorstand von Daimler-Benz in Stuttgart sitzt der ehemalige SS-Untersturmführer Hanns Martin Schleyer. Auch er weiß einiges, was die meisten Deutschen nicht wissen. Manches davon weiß auch Mosetti. In Bonn ist Hans Globke, der Verfasser des juristischen Kommentars zu den Nürnberger „Rassegesetzen", Staatssekretär im Bundeskanzleramt. Eichmann weiß sehr viel über Globke. Die CIA hat versprochen, dass nichts von diesem Wissen an die deutsche Öffentlichkeit gelangen wird.

Lothar Hermann ist ein gebrochener Mann. Der Sozialdemokrat hat in Nazideutschland als „Halbjude" gegolten, ist im Konzertrationslager Dachau inhaftiert gewesen und dort schwer gefoltert worden. Nach 1945 ist er nach Argentinien ausgewandert. Seine Tochter hat einen der Söhne von Adolf Eichmann kennengelernt. Seitdem weiß Hermann, wo Eichmann ist. Hermann hat den hessischen Generalstaatsanwalt Fritz Bauer informiert. Bauer hat die israelische Regierung eingeschaltet. Herrmann hat dann Kontakt zu Mosetti aufgenommen.

Herrmann und eine Gruppe seiner Freunde überwältigen Eichmann. Sie bringen ihn nach Uruguay und halten ihn dort zehn Tage lang versteckt. Danach fahren sie mit ihm zum internationalen Flughafen von Punta del Este und setzen ihn in eine Maschine der El Al.

Das Reichssicherheitshauptamt wurde unmittelbar nach dem Ausbruch des Zweiten Weltkriegs im September 1939 von dem „Reichsführer SS" Heinrich Himmler gegründet. Unter dem Dach der Behörde an der Berliner Wilhelmstraße – deren Überreste heute Teil der Gedenkstätte „Topografie des Terrors" sind – arbeiteten rund 3000 Mitarbeiter von Sicherheitspolizei und Sicherheitsdienst der SS. Die Aufgabe des Reichssicherheitshauptamts war es, überall im Deutschen Reich und den von Deutschland besetzten Gebieten gegen alle zu Gegnern des Regimes erklärten Personen mit militärischer Gewalt vorzugehen.

Adolf Eichmann, Sohn eines Buchhalters aus Solingen, trat noch vor der Machtübernahme Hitlers der NSDAP und der SS bei. Im Oktober 1934 wurde er auf eigenen Wunsch in den berüchtigten Sicherheitsdienst der SS aufgenommen. Innerhalb des späteren Reichsicherheitshauptamts betraute ihn sein Vorgesetzter Reinhard Heydrich mit der Organisation der Vertreibung von Juden aus Deutschland.

Ab 1941 war Eichmann Referatsleiter im Reichssicherheitshauptamt und dort für die gesamte Planung und Abwicklung der Deportation von 11 Millionen europäischer Juden zuständig. Am 20. Januar 1942 nahm er an der Wannseekonferenz teil und schrieb deren Protokoll. Eichmann organisierte nicht nur die Transporte in die KZ, sondern besuchte auch regelmäßig alle größeren Vernichtungslager. Er beobachtete dort den Ablauf der Ermordung von Juden, um diesen Prozess dann an seinem Schreibtisch in Berlin zu optimieren.

Nach dem Ende des Zweiten Weltkriegs wurde Eichmann zunächst von der US-Armee verhaftet. Ihn gelang es aber unter ungeklärten Umständen, aus dem Internierungslager für Kriegsverbrecher zu entkommen. Anschließend verstecke er sich fünf Jahre lang unter falschem Namen in der Lüneburger Heide. Im Jahr 1950 wanderte er ungehindert nach Argentinien aus. Bei allen diesen Aktionen konnte er auf ein funktionierendes Netzwerk von ehemaligen Angehörigen der SS und ihren Sympathisanten in allen Kreisen der deutschen Bevölkerung zurückgreifen.

Eichmann trat in seiner neuen Heimat unter dem Namen Ricardo Klement selbstbewusst auf. In Argentinien hatten sich eine Reihe ehemaliger Nationalsozialisten angesiedelt. Nach einiger Zeit fand Eichmann in dem neu gegründeten Lastwagenwerk von Daimler-Benz Arbeit. Der Stuttgarter Konzern, in dessen Vorstand drei ehemalige Mitglieder der NSDAP beziehungsweise der SS saßen, investierte nach Berichten argentinischer Zeitzeugen rund 100 Millionen US-Dollar – nach heutiger Kaufkraft etwa eine Milliarde Euro – in Argentinien. Das Geld kam aus der Schweiz und war während des Zweiten Weltkriegs von Daimler-Benz dort angelegt worden. Woher das Kapital ursprünglich stammte, ist nicht öffentlich bekannt.

Ein Freund hatte Simon Wiesenthal, dem Leiter des Wiener Dokumentationszentrums jüdischer Verfolgter des Naziregimes, schon 1952 aus Argentinien geschrieben: „Ich sah dieses elende Schwein Eichmann, er lebt in der Nähe von Buenos Aires.“ Doch zunächst wurden weder der Staat Israel noch der Jüdische Weltkongress noch die CIA noch die österreichischen Behörden auf Wiesenthals Drängen hin aktiv.

Die genauen Umstände der Ergreifung Adolf Eichmanns acht Jahre später sind bis heute nicht restlos aufgeklärt. Das möchte ich hier betonen. Die Darstellung in diesem Buch richtet sich nach den Recherchen der deutschen Journalistin Gaby Weber, die ihre Erkenntnisse nach jahrelanger Detektivarbeit im Jahr 2006 veröffentlicht hat.

Lange hatte es geheißen, der israelische Geheimdienst Mossad habe Eichmann in Argentinien aufgespürt und entführt. Von Seiten der israelischen Regierung ist diese Darstellung nie bestätigt worden. Aber ehemalige Agenten des Mossad brüsteten sich Jahre später in ihren Memoiren mit der Entführung Eichmanns. Sie schmückten die Geschehnisse zu einem Krimi aus, verstrickten sich dabei aber in Widersprüche. So soll Eichmann beispielsweise mit einem Direktflug von Buenos Aires nach Israel gebracht worden sein. Mit der damals von der El Al eingesetzten Maschine vom Typ Bristol Britannia war es jedoch gar nicht möglich, eine so weite Distanz nonstop zurückzulegen. Der Mossad wird Eichmann wohl erst in Punta del Este in Empfang genommen haben.

Lückenlos dokumentiert ist hingegen der Prozess gegen Adolf Eichmann, der zwischen dem 11. April und dem 15. Dezember 1961 vor dem Jerusalemer Bezirksgericht stattfand. Hunderte Überlebende der Konzentrationslager traten als Zeugen auf. Das internationale Medienecho war gewaltig. Die fast tägliche Berichterstattung auch in Deutschland sorgte dafür, dass erstmals Einzelheiten der nationalsozialistischen Verbrechen von einer breiteren Öffentlichkeit wahrgenommen wurden. Den Jüngeren in Deutschland wurde mehr und mehr bewusst, welche Schuld die Generation ihrer Eltern auf sich geladen hatte.

Im Zuge der sogenannten „Auschwitz-Prozesse“ in Frankfurt zwischen 1963 und 1965 sollte sich jener Bewusstwerdungsprozess bei der jungen Generation fortsetzen und vertiefen. Diese Verfahren gegen Verantwortliche des Naziregimes gingen auf die Tätigkeit des hessischen Generalstaatsanwalts Fritz Bauer zurück, der schon an der Ergreifung von Adolf Eichmann mitgewirkt hatte.

Das Urteil gegen Adolf Eichmann lautete Tod durch den Strang. Es wurde durch ein Berufungsgericht bestätigt und am 1. Juni 1962 vollstreckt. Bis heute blieb es in Israel – dem einzigen freiheitlich-demokratischen Rechtsstaat im Nahen und Mittleren Osten – bei dieser einen Hinrichtung.

Eichmann räumte während des Prozesses menschliches Versagen ein, hielt sich aber im juristischen Sinn für unschuldig. Er habe die ihm im Reichssicherheitshauptamt übertragenen Aufgaben gemäß der damals geltenden Dienstvorschriften korrekt erledigt. „Ich war lediglich ein Werkzeug in der Hand stärkerer Mächte und stärkerer Kräfte“, erklärte er in seinem Schlusswort. Er hatte sich in ein Kollektiv eingeordnet, dessen Willen er zu vollziehen glaubte. Er sah nicht, wie man einen Einzelnen dafür zur Verantwortung ziehen konnte.

00:51

Gegen die Wand

An der Berliner Mauer wird Peter Fechter von Grenzsoldaten der DDR erschossen

Eine Minute am 17. August 1962

Er hat die Mauer erreicht und bleibt reglos vor ihr stehen. Peter Fechter erleidet einen Schock. Sie schießen. Damit kann er nicht umgehen. Er war nicht im Krieg. Er war nie an der Front. Er ist erst 18. Noch schießen sie vorbei. „Los, mach doch!", brüllt sein Arbeitskollege Helmut Kulbeik. Die Mauer ist nur gut zwei Meter hoch und aus griffigen Hohlblocksteinen. „Los jetzt, komm!", schreit Kulbeik seinen Freund an. Doch der steht nur da. Reglos. Stumm. Starrt vor die Wand. Kulbeik springt an der Mauer hoch, klettert nach oben, zwängt sich durch den zwischen Moniereisen gespannten Stacheldraht. „Komm!", ruft er noch einmal. Dann lässt er sich auf die andere Seite fallen. Sie schießen wieder. Sie schießen mit Gewehren auf Peter Fechter. Kugeln durchbohren seinen Körper. Er sinkt zusammen.

Peter Fechter und sein gleichaltriger Freund Helmut Kulbeik sind Mauerergesellen. Gerade werden sie für den Umbau eines wilhelminischen Prachtbaus zum Staatsratsgebäude der DDR eingesetzt. Schon seit Mai planen sie, Ost-Berlin zu verlassen. Ihre Familien wissen das nicht. Der Grenzstreifen zwischen dem sowjetischen Sektor und den Westsektoren ist seit dem 13. August 1961 mit Mauern und Stacheldraht abgeriegelt. Die Grenzsoldaten haben von der Partei- und Staatsführung der DDR den Befehl, auf jeden zu schießen, der die Grenze überwinden will. Fechter und Kulbeik haben an der Zimmerstraße, nahe beim Checkpoint Charlie der US Army, eine Stelle ausgemacht, an der die Mauer leicht überwindbar scheint. Sie sind aus dem Fenster einer Schreinerei gesprungen, haben einen Stacheldrahtzaun überwinden können und sind die 20 Meter zur Mauer gerannt.

Es ist viertel nach zwei am Mittag. Peter Fechter liegt zusammengekrümmt direkt neben der Mauer. Der sandige Boden hinter seinem Rücken ist von Blut durchtränkt. „Hilfe!", ruft Peter Fechter. „Helft mir doch!" Auf der Ostseite drängen sich Menschen. Sie werden von Grenzsoldaten vertrieben. Auf der Westseite erscheinen Polizisten und Journalisten. Sie klettern auf Leitern und machen Fotos von Fechter. Ein Polizist wirft ihm Verbandmull zu. „Helft mir doch!" Eine halbe Stunde ist vergangen. „Nicht unser business", sagt ein amerikanischer Soldat am Checkpoint Charlie. West-Berliner rasen vor Wut. „Mörder!", brüllen sie Richtung Osten. „Helft ihm endlich!", herrschen sie die Polizisten und GIs an. Nichts geschieht. Nach einer endlosen dreiviertel Stunde tragen Grenzsoldaten der DDR Peter Fechter weg. Er verblutet.

In der Staatsbibliothek zu Berlin an der Potsdamer Straße hängt in der ersten Etage, direkt am Ende der großen Eingangstreppe, eine kupferne Gedenktafel. Auf dem schmalen, länglichen Rechteck steht eingraviert: „La liberté de Berlin, c'est aussi la nôtre – Valéry Giscard d'Estaing, 29. Oktober 1979". Wie das mit Gedenktafeln so ist, gehen fast alle achtlos an ihr vorbei. Wenn ich an meinen Büchern arbeite, bleibe ich immer mal wieder vor der kleinen Metallplatte an der rauen Betonwand stehen. Was für ein Satz! „Die Freiheit Berlins ist auch unsere Freiheit" – gesprochen von einem französischen Staatspräsidenten.

Dieser Satz bedeutet: Die Menschenrechte sind unverfügbar. Es zählt nicht zu den „inneren Angelegenheiten" von Staaten, dem Individuum ein Recht auf Leben zu gewähren oder auch nicht. Es ist nicht die Aufgabe von Regierungen, darüber zu befinden, welchen Lebenstraum ein 18-Jähriger verwirklichen darf und welchen nicht. Und es ist nicht der Sinn von Politik, Mauern zwischen Menschen zu errichten.

Die Berliner im französischen, britischen und amerikanischen Sektor hatten zwischen 1961 und 1989 das Glück, überall in der westlichen Welt Freunde zu haben, die in der Freiheit Berlins auch ihre eigene erkannt haben. Valéry Giscard d'Estaing, Edward Heath, James Baker und viele, viele andere wollten sich nie damit abfinden, dass mitten in Europa von Staats wegen auf Menschen geschossen wurde, die innerhalb derselben Stadt von einer Straße in die nächste gehen wollten.

Als Peter Fechter in der Mittagssonne des 17. August 1962 an der Berliner Mauer in seinem Blut lag, fühlte sich niemand für die Freiheit des 18-jährigen Maurergesellen zuständig. Jedenfalls niemand, der ein Amt bekleidete, eine Uniform trug und den Auftrag hatte, für Recht und Ordnung zu sorgen. Die Berliner in beiden Hälften der Stadt, die einfachen Leute auf der Straße, hätten ohne zu zögern das getan, was die Menschlichkeit gebietet. Sie hätten Peter Fechter geholfen, seine Blutungen gestillt, ihn so schnell wie möglich in ein Krankenhaus gebracht. Aber die Männer in den Uniformen, mit ihren Funkgeräten und Gewehren, mit ihren Stahlhelmen und ihren Jeeps, ließen das nicht zu.

Viele Grenzsoldaten der DDR waren genauso jung wie Peter Fechter. Sie hatten Angst. Sie sollten schießen. Auch auf Unbewaffnete. Auch auf Menschen, die nur noch reglos dastehen. Das hatten ihnen ihre Offiziere eingebläut. Mal in freundlichem Ton, mal schreiend – je nachdem. Was auf Befehlsverweigerung stand, konnte sich jeder ausmalen. Unehrenhafte Entlassung, Prozess, Haft unter unmenschlichen Bedingungen. Und immer würden die Familien mitbestraft. Wie schon bei den Nazis.

Auch aus dem Westen wurde scharf geschossen. Nur drei Tage zuvor, am 14. August, war Rudi Arnstadt, ein junger

Grenzsoldat der DDR, an der „Zonengrenze“ von einem Grenzschützer der Bundesrepublik erschossen worden. Als Peter Fechter um Hilfe flehte, legten West-Berliner Polizisten ihre Waffen an und zielten auf die Grenzsoldaten und Volkspolizisten östlich der Mauer. Das Foto des Bildjournalisten Wolfgang Bera vom Abtransport Peter Fechters durch „bewaffnete Organe“ der DDR ging um die Welt. Ganz rechts im Bild ist ein Grenzsoldat zu sehen, kaum älter als der Verblutende. Angst steht ihm ins Gesicht geschrieben. Nackte Panik. Auch für ihn ist das hier die Hölle.

Die Amerikaner hatten ebenfalls Angst. Sie liebten es, ihre Angst mit coolen Sprüchen zu kaschieren. Aber sie hatten Angst vor einem neuen Krieg. Der dritte Weltkrieg würde noch unvorstellbar mehr Zerstörungen bringen als alle Kriege zuvor. Denn es würde ein Atomkrieg sein. Die USA, die Sowjetunion und ihre jeweiligen Verbündeten verfügten inzwischen über Waffen, mit denen sich innerhalb weniger Stunden alles menschliche Leben auf dem Erdball auslöschen ließ. Und die Politiker waren sich sicher: Wenn es zum dritten Weltkrieg käme, dann würde er sich in Berlin entzünden, wo sich die Militärblöcke des Westens und des Ostens in einer einzigen Stadt gegenüberstanden.

Als Peter Fechter von allen Seiten beim Sterben beobachtet wurde, riefen die amerikanischen Soldaten am Checkpoint Charlie ihren Oberkommandierenden General Albert Watson im US-Hauptquartier in Lichterfelde an. Da hatte jemand an der Grenze zum amerikanischen Sektor versucht, die Mauer zu überwinden, und lag nun schwer verletzt auf deren östlicher Seite. Was sollte man tun? Gar nichts, antwortete der General. Standhaft bleiben und einfach gar nichts machen. „Stand fast. Do nothing.“

Es war eine Güterabwägung. Die professionelle Entscheidung eines Offiziers. Lieber einen Mann sterben lassen als riskieren, dass es viel mehr Tote gibt. Lieber gar nichts machen als das Pulverfass Berlin zum Explodieren bringen. Der amerikanische Präsident John F. Kennedy hatte gesagt: „Eine Mauer ist verdammt noch mal besser als ein Krieg." Und ein Mauertoter schien denjenigen, die glaubten, den Krieg schon mit Händen greifen zu können, allemal besser als Millionen Atomtote.

Schließlich wussten auch die West-Berliner Polizisten nicht, was sie tun sollten. Den Mauerstreifen zu betreten war ihnen verboten. Sollten sie sich über dieses Verbot hinwegsetzen? Dann würden die Grenzsoldaten der DDR sie erschießen. Oder etwa nicht? Polizist sein war doch auch nur ein Job. Man wurde zu schlecht bezahlt, um ständig sein Leben zu riskieren. Die Amerikaner sollten was machen! Auf Alliierte durfte nicht geschossen werden. Das würden NVA und Volkspolizei niemals wagen. Obwohl das eine Dreckbande war, da drüben im Osten! Man legte an und zielte, weil man am liebsten zurückgeschossen hätte. Aber man durfte ja nicht.

Peter Fechter war nicht der erste Mauertote und würde nicht der letzte sein. Auch die Umstände seines Todes waren nicht ohne Beispiel. Schon am 9. Dezember 1961 war in Staaken der Student Dieter Wohlfahrt im Mauerstreifen von Kugeln der Grenzsoldaten getroffen worden und nach anderthalb Stunden ohne Hilfe im Stacheldraht verblutet. Da es hiervon aber keine Bilder gab, konnten die Medien auch keine verbreiten. Nicht nur, aber auch durch die Dokumentation der Ereignisse in Bild und Ton wurde Peter Fechter der bekannteste Mauertote. Bis heute steht er stellvertretend für die vielen Dutzend Toten an der Berliner Mauer.

„La liberté de Berlin, c'est aussi la nôtre" – Menschen hatten nicht aufgehört daran zu glauben, dass der Wille frei zu sein am Ende stärker sein würde als jede trennende Mauer. Sie sollten recht behalten.

00:52

„Nazi, Nazi, Nazi!“

Beate Klarsfeld ohrfeigt Bundeskanzler Kurt Georg Kiesinger

Eine Minute am 7. November 1968

Sie ist ganz Dame. Die 29-Jährige trägt ein elegantes Kostüm mit weißen Applikationen. Dazu, der aktuellen Mode entsprechend, ein schickes weißes Kopftuch, das sie am Kinn locker zusammengebunden hat. Ihre sorgfältig frisierten Haare ragen darunter hervor. Sie wirkt zierlich, blickt fast scheu aus ihren dunklen Augen. Sie muss vorsichtig sein, denn sie ist ein Eindringling. Eingeschlichen hat sie sich, in den Bauch der „Schwangeren Auster“, wie die West-Berliner ihre von den Amerikanern gestiftete Kongresshalle nennen. Heute, am letzten Tag des Bundesparteitags der CDU, will sie ein Zeichen setzen.

Beate Klarsfeld möchte zu dem Mann, der dort oben auf dem Podium an einem Tisch steht und Autogrammkarten signiert. Er ist ganz Gentleman. Ein Herr Anfang 60, die silbergrauen Haare sorgfältig zurückgekämmt, in einem dunklen Maßanzug mit weißem Hemd und dezenter Krawatte. Der Parteivorsitzende der Christdemokraten und Bundeskanzler macht in allen Hauptstädten der Welt eine gute Figur. Seine Haltung ist aufrecht, seine Manieren sind tadellos, sein Lachen wirkt lässig und weltgewandt.

„Entschuldigung, ich möchte bitte auch ein Autogramm vom Herrn Bundeskanzler“, sagt Beate Klarsfeld höflich zu den Saalwächtern unten vor dem Podium. Einen Augenblick mustern sie die adrette junge Dame. Es ist jene Frau, die sich vor einem halben Jahr während einer Rede des Bundeskanzlers im Bonner Bundestag auf der Besuchertribüne erhoben hat. Und die dann so lange immer wieder „Kiesinger, Nazi, abtreten!" gebrüllt hat, bis Saaldiener sie abgeführt haben. Aber das wissen diese Sicherheitsleute in Berlin nicht. Sie lassen die junge Frau passieren.

Bundeskanzler Kurt Georg Kiesinger steht gern im Rampenlicht. Geduldig versieht er die Postkarten, auf denen er abgebildet ist, mit seinem Namenszug. Nahezu unbemerkt nähert Beate Klarsfeld sich ihm von hinten. Als der Kanzler sich zu ihr umdreht und die beiden sich frontal gegenüberstehen, schlägt sie ihm mit dem Handrücken ins Gesicht und ruft „Nazi, Nazi, Nazi!". Dabei bleibt sie ganz Dame.

Am Tag nach der Ohrfeige hatte Beate Klarsfeld einen Strauß mit 50 roten Rosen auf dem Tisch stehen und war zu einem Jahr Gefängnis ohne Bewährung verurteilt worden. Die Rosen stammten von dem Schriftsteller und späteren Nobelpreisträger Heinrich Böll. Das Urteil stammte von einem Berliner Amtsrichter, der in einem hektisch anberaumten Verfahren mit Beate Klarsfeld buchstäblich kurzen Prozess machen sollte. Doch der Reihe nach: Was hatte Kiesinger getan, um sich die Ohrfeige einzuhandeln? Und wer ist Beate Klarsfeld?

Anfang 1933 marschierten die Nazis mit brennenden Fackeln durch das Brandenburger Tor und machten damit symbolisch deutlich, dass jetzt, nach ihrer Machtübernahme, mit der Demokratie Schluss sein würde. Kurz nach dem Fackelzug trat der Jurist Kurt Georg Kiesinger in Hitlers NSDAP ein. Da war der streng katholisch erzogene Schwabe 29, exakt so alt wie Beate Klarsfeld bei ihrer Ohrfeige. Niemand zwang ihn, Parteigenosse zu werden. Wohlmeinende Biografen bemerkten später, man müsse verstehen, dass er, der immer auf Harmonie und politischen Ausgleich Bedachte, von der Idee der „Volksgemeinschaft" fasziniert gewesen sei. Aber Hitler sei ihm eigentlich unsympathisch gewesen.

Kiesinger sagte dazu einmal: „Meine Freunde aus der katholischen [Studenten-] Verbindung und ich meinten, man müsse doch irgendwie auf die Entwicklung Einfluss nehmen.“ Das war immer wieder sein Argument, wenn man ihn auf seine Rolle im Nationalsozialismus ansprach. Er habe mitgemacht, um Schlimmeres zu verhindern. Als stellvertretender Abteilungsleiter im deutschen Auslandsrundfunk, der er schließlich bis zum Kriegsende war, habe er stets dafür gesorgt, dass man es mit der judenfeindlichen Hetze nicht zu weit trieb.

Indessen hat Kiesinger nie öffentlich bedauert, dass es immerhin sein Job war, die Zynismen der Massenmörder als die wahrste Wahrheit über Deutschland in alle Welt zu tragen. Weder als Ministerpräsident von Baden-Württemberg noch als Bundeskanzler der ersten großen Koalition zwischen CDU und SPD, zu dem er 1966 gewählt wurde, fand er jemals ein Wort der Selbstkritik.

Heinrich Böll regte sich darüber auf, dass ein unbekümmerter Ex-Nazi Bundeskanzler hatte werden können. Und dass er sich öffentlich als eine Art Widerstandskämpfer darstellte. „Es war Widerstand in einem Sinne, der auch Göring und Himmler zu Widerständlern gemacht hätte“, schimpfte Böll. Denn natürlich habe es „innerhalb der führenden Nazicliquen“ durchaus mal Meinungsstreit gegeben. Widerstand – so was hätte aber anders ausgesehen. „Er fasste alles mit Glacéhandschuhen an – und so hinterließ er sehr wenige Fingerabdrücke“, schrieb Böll über den Propagandabürokraten Kiesinger, dem im Haus des Rundfunks 148 Mitarbeiter unterstanden. Vom millionenfachen Mord an Unschuldigen die ganze Zeit gewusst zu haben hat Kiesinger nie bestritten.

Die 1939 geborene und in Berlin aufgewachsene Beate Klarsfeld hatte dagegen in der Schule kein Wort über den Holocaust gehört, als sie 1960 als Au-pair-Mädchen nach Paris kam. Erst nachdem sie dort ihren späteren Ehemann Serge Klarsfeld kennengelernt hatte, dessen Vater in Auschwitz vergast worden war, erfuhr sie die Wahrheit über das Deutschland ihrer Kindheit.

„Als Kiesinger gewählt wurde, hat kein Mensch über seine Vergangenheit gesprochen. Es war nichts bekannt. Oder man wollte nichts wissen", sagte sie später. In Frankreich veröffentlichte Klarsfeld 1967 einen Artikel, in dem sie Kiesinger seine Nazi-Vergangenheit vorhielt. Sie schreib, dass er für die Deutschen kein gutes Beispiel sein könne. Ihr Job beim deutsch-französischen Jugendwerk wurde ihr daraufhin fristlos gekündigt.

Aber Beate Klarsfeld hatte ihre Lebensaufgabe gefunden. Sie würde untergetauchte Nazis ans Licht bringen. Sie würde die Öffentlichkeit mobilisieren, damit NS-Verbrecher nicht ungestraft davonkommen. Mit Kiesinger fing alles an, doch ihre größten Erfolge kamen später. Gemeinsam mit ihrem Mann enttarnte sie Klaus Barbie, den „Schlächter von Lyon". Oder sorgte für die Verurteilung des für die Deportation von 76 000 Menschen aus Frankreich verantwortlichen Kurt Lischka.

Sie lebte gefährlich. Weil es noch viele gab, die etwas zu verbergen hatten. Und weil sie in arabische Länder reiste und dort das Existenzrecht Israels verteidigte. Einmal erhielt sie eine Briefbombe, ein anderes Mal flog ihr Auto in die Luft. Doch Beate Klarsfeld machte weiter. Im Jahr 2007 drängte sie die Deutsche Bahn, auf ihren Bahnhöfen an die Rolle der Reichsbahn bei der Deportation von Millionen Juden im Dritten Reich zu erinnern.

Sie lässt nicht locker. Mit ihrem Mann hat sie eine Stiftung gegründet, die ihre gemeinsame Arbeit noch lange fortsetzen soll. Im Ausland wurde sie für ihr Engagement mit Auszeichnungen überhäuft. In Frankreich ist sie Ritter der Ehrenlegion. Von deutscher Seite hat sie dagegen nie eine Anerkennung erhalten. Ihre Gefängnisstrafe wurde ein Jahr nach der Ohrfeige in eine Bewährungsstrafe umgewandelt. Das musste reichen.

Im Jahr 2004 veranstaltete das Stuttgarter Staatsarchiv eine Ausstellung über Kurt Georg Kiesinger. Die Ohrfeige? Ja, doch, sie kommt vor. In Gestalt der Titelseite der „Bild"-Zeitung vom 8. November 1968. Eingerahmt von Zeugnissen aus der damaligen DDR. Zu einem davon heißt es im Katalogtext: „Das Schriftstück belegt, dass die DDR-Führung maßgeblichen Einfluss auf die öffentlichen Auftritte von Beate Klarsfeld nahm."

In demselben Ausstellungskatalog des baden-württembergischen Staatsarchivs schreibt der Historiker Philipp Gassert, wenn etwas „erklärungsbedürftig" sei, dann „ ... dass Kiesinger ... entgegen einer weit verbreiteten Annahme im Dritten Reich *keine* große Karriere gemacht hat und die Chancen *nicht* ergriff, die ihm die nationalsozialistische Machtergreifung bot". Vielmehr habe er „Glück gehabt", bei der rundfunkpolitischen Abteilung des Außenamts zu landen. Dagegen habe er „das Pech" gehabt, „in einer Situation Bundeskanzler zu werden, in der sich die westdeutsche Politik polarisierte und den Christdemokraten der Wind kräftig ins Gesicht blies."

Beate Klarsfeld wurde kürzlich gefragt, ob es unter heutigen deutschen Politikern auch jemanden gebe, den sie gerne einmal ohrfeigen würde. „Nein", antwortete sie, „das habe ich mir geschworen, ich werde niemals mehr jemanden ohrfeigen. Außerdem würde das heute auch niemanden mehr interessieren."

00:53

„Was Menschen tun, wenn die Sprache versagt“

Willy Brandt fällt am Mahnmal für den Aufstand im Warschauer Ghetto auf die Knie

Eine Minute am 7. Dezember 1970

Die Stufen sind glatt, nass und kalt. Sie sind aus dunklem Granit, jede einzelne so tief, dass derjenige, der sie erklimmt, erst nach zwei, drei Schritten die nächste erreicht. Die Stufen führen zu einer hellen, glatten, steinernen Wand. Wie ein riesiges Mauerfragment steht diese Wand mitten auf einem Platz. In der Mitte der Wand mit den Stufen auf dem Platz ist ein Bronzerelief. Es zeigt menschliche Körper, heldenhaft die Pose, und doch gebrochen, verzweifelt. Links und rechts neben dem Relief an der Wand, auf der obersten Treppenstufe, stehen zwei Soldaten und präsentieren ihre Gewehre.

Der Platz ist öde. In weitem Abstand umringen ihn graue Hochhäuser in Plattenbauweise. Sie sind in den letzten Jahren hier entstanden. Sie sind das neue Warschau. Das alte Warschau gibt es nicht mehr, es ist zerstört, vollständig. Wären da nicht ein paar Dutzend Menschen, welche die Mauer, das Relief und die Stufen umringen, dann täte sich kaum etwas auf diesem Platz. Keine Händler bieten ihre Waren an. Keine Kinder toben. Keine Musiker spielen Klezmer.

Unter jenen paar Dutzend, die an diesem bedeckten, feuchtkalten Morgen am Mahnmal für den Aufstand im Warschauer Ghetto versammelt sind, fallen die vielen Journalisten auf. Überall am Fuß und an den Rändern der Stufen sind Männer in dunkler Winterkleidung mit Fotoapparaten, Fernsehkameras und Mikrofonen. Etwas weiter weg stehen Männer und Frauen in dicker Kleidung, auch einige Militärs in Uniform, fast alle haben Hüte und Mützen auf.

Da tritt einer aus der Menge hervor und geht die Stufen hinauf. Er trägt einen großen Kranz mit Schleifen in der Farben Schwarz, Rot und Gold vor sich her. Er schreitet bis auf die zweitoberste Stufe und legt den Kranz auf der obersten Stufe ab. Er richtet die Schleifen. Er tritt einen Schritt zurück. Er blickt ernst. Dann fällt er auf die Knie. Auf beide Knie. Er kniet auf den glatten, nassen und kalten Stufen, den Kopf leicht gesenkt. Er verharrt. Kameras klicken, Hälse recken sich. Der da kniet, ist der westdeutsche Bundeskanzler Willy Brandt.

Und dann kniet er", beschrieb der Hamburger Journalist Hermann Schreiber wenige Tage nach dem Kniefall in Warschau diese Szene, „der das nicht nötig hat, und kniet für alle, die es nötig haben, aber nicht knien." Warum hatte Willy Brandt „das nicht nötig"? Weil er nicht mitgemacht hat. Er hat nicht mitgemacht, als Deutsche aller Bildungsschichten anfingen, Männer, Frauen und Kinder zu erschießen, zu vergasen, zu versklaven oder zu Tode zu quälen. Weil sie in den Augen dieser Deutschen aus dem falschen Land kamen, die falschen Eltern hatten, zu dem falsche Gott beteten, die falsche Partei unterstützten oder den falschen Sex hatten. Er hat nicht mitgemacht, als Deutsche aller Bildungsschichten glaubten, ihr Land sei zu klein, und es gelte, sich mit Gewalt die Herrschaft erst über Europa, dann über die ganze Welt zu sichern. Er hat nicht mitgemacht, als Deutsche aller Bildungsschichten einem einzigen Menschen bedingungslos folgen wollten, der ihnen sagte, sie müssten „gehorchen, gehorchen und nochmals gehorchen".

Willy Brandt, geboren 1913 in Lübeck, verließ Deutschland 1933. Er gehörte einer sozialistischen Splitterpartei links der SPD an, die von den gerade an die Macht gekommenen Nationalsozialisten umgehend verboten worden war. Gemeinsam mit seinen Parteifreunden beschloss er, die Nazis aus dem Untergrund zu bekämpfen. Zunächst von Norwegen, während des Krieges schließlich von Schweden aus arbeitete er politisch und journalistisch. Unter Decknamen hielt er sich zeitweise in Deutschland auf, nach der deutschen Besetzung Norwegens geriet er kurz in deutsche Kriegsgefangenschaft. Hätten die Nazis ihn enttarnt, dürfte er das Ende der Hitlerherrschaft kaum erlebt haben.

Warum kniete Willy Brandt, obwohl er das nicht nötig hatte? „Immer wieder bin ich gefragt worden", schreibt der Friedensnobelpreisträger von 1971 Ende der 1980er Jahre in seinen Erinnerungen, „was es mit dieser Geste auf sich gehabt habe. Ob sie etwa geplant gewesen sei." Und er fährt fort: „Nein, das war sie nicht. Meine engen Mitarbeiter waren nicht weniger überrascht als jene Reporter und Fotografen, die neben mir standen, und als jene, die der Szene fern geblieben waren, weil sie Neues nicht erwarteten."

An diesem Tag wollte der deutsche Bundeskanzler in der polnischen Hauptstadt einen Vertrag unterzeichnen, der im Zuge seiner Entspannungspolitik – der sogenannten Ostpolitik – zu einer Annäherung zwischen Westdeutschland und Polen führen würde. Die Kranzniederlegung gehörte da eigentlich nur zum protokollarischen Rahmen. Willy Brandt erinnert sich: „Ich hatte nichts geplant, aber Schloss Wilanow, wo ich untergebracht war, in dem Gefühl verlassen, die Besonderheit des Gedenkens am Ghetto-Monument zum Ausdruck bringen zu müssen. Am Abgrund der Geschichte und unter der Last der Millionen Ermordeten tat ich, was Menschen tun, wenn die Sprache versagt."

Warum kniete Willy Brandt, der das nicht nötig hatte, gerade hier? In kein anderes Land hatten die Deutschen während des Zweiten Weltkriegs mehr Leiden und Tod getragen als nach Polen. Auf heutigem polnischen Gebiet befanden sich die meisten Vernichtungslager. Noch kurz vor Kriegsende befahl Adolf Hitler nach einem Angriff der polnischen Untergrundmiliz die vollständige Zerstörung Warschaus. 150 000 Zivilisten wurden dabei innerhalb weniger Tage getötet.

Zuvor war die jüdische Bevölkerung durch die deutschen Besatzer noch brutaler misshandelt und ermordet worden. Das Warschauer Ghetto wurde auf Befehl des Besatzungskommandanten Dr. Ludwig Fischer am 2. Oktober 1940 errichtet. Die jüdische Bevölkerung aus der gesamten Region wurde gezwungen, in einen von Soldaten hermetisch abgeriegelten Stadtteil umzuziehen. Bald waren es eine halbe Million Menschen, die hier ohne genug zu Essen, mit unzureichenden sanitären Einrichtungen und fast ohne medizinische Versorgung leben mussten.

In den ersten zweieinhalb Jahren des Ghettos starben mehr als 100 000 Menschen, darunter viele Kinder, an Hunger, Kälte und Krankheiten. Im Sommer 1942 deportierten die Deutschen etwa 320 000 Juden in das Vernichtungslager Treblinka. Die Menschen wurden mit Peitschen in Viehwaggons getrieben, bis diese so voll waren, dass niemand sich mehr hinsetzen konnte. Dann begann die tagelange Fahrt. Unaufhörlich schrieen die Eingepferchten um Hilfe, flehten um Wasser, übergaben sich, brachen zusammen, starben. Bei der Ankunft in Treblinka waren viele schon tot. Die Leichen konnten nicht zu Boden fallen, sondern blieben bis zur Öffnung der Waggons an die Lebenden gelehnt. Wer überlebt hatte, wurde kurz darauf vergast.

Im Frühjahr 1943 beschlossen die deutschen Besatzer unter der Leitung von SS- und Polizeiführer Jürgen Stroop, das Ghetto aufzulösen und die verbliebenen rund 70 000 Juden gleich hier in Warschau zu töten. Das traf auf den Widerstand einer jüdischen Guerilla im Ghetto, der es gelungen war, sich heimlich zu bewaffnen. So kam es zum Aufstand, der von der deutschen Übermacht nach einem 27-tägigen Häuserkampf beendet wurde. Die Anführer des Aufstands, allesamt 17- bis 22-jährige Jungs und Mädchen, erschossen sich. Marek Edelmann, einer der wenigen Überlebenden des Aufstands, sagte nach dem Krieg: „Es ging darum, sich nicht abschlachten zu lassen. Es ging nur darum, die Art des Sterbens zu wählen."

Und wer waren schließlich alle die, die es nötig hatten, aber nicht knieten, als Willy Brandt kniete? Sie waren Richter, Lehrer und Professoren. Sie waren Politiker und Unternehmer. Sie waren Journalisten, Ärzte und Generäle. Sie waren zurückgekehrt in ihr altes Leben, oft nach längerer Kriegsgefangenschaft. Sie hatten Karriere gemacht in der demokratischen Bundesrepublik. Sie waren Mörder, Helfer von Mördern und Sprachrohre von Mördern gewesen. Aber sie waren sich keiner Schuld bewusst. Und sie sagten, Willy Brandts Kniefall, das sei ein „Kniefall vor dem Kommunismus in Osteuropa" gewesen. Eine Umfrage des Instituts für Demoskopie in Allensbach ermittelte 1970, dass 48 Prozent der Deutschen die Geste Brandts für „übertrieben" hielten. Unter der Generation der Teilnehmer an Krieg und Vernichtung war es sogar die große Mehrheit.

00:54

Das Fanal des Unbeugsamen

In Zeitz übergießt sich Pfarrer Oskar Brüsewitz mit Benzin und entzündet seinen Talar

Eine Minute am 18. August 1976

Schon sein Auto ist eine Provokation. „Evang. Kirche Rippicha" steht in schwarzen Lettern auf den vorderen Türen des alten, ockerfarbenen Wartburg „Camping". Normalerweise ist es in der DDR staatlichen Organen und den von der Sozialistischen Einheitspartei gelenkten Organisationen vorbehalten, Fahrzeuge zu beschriften, Plakate aufzuhängen oder Transparente zu entfalten. Pfarrer Oskar Brüsewitz hat sich darum noch nie geschert. Und er hat sich mit allen Ärger eingehandelt. Mit den örtlichen Behörden. Mit dem Staatssicherheitsdienst. Mit seiner eigenen Kirchenleitung.

Über Kopfsteinpflaster und staubige Pisten, vorbei an Häusern, die vor dem Zweiten Weltkrieg zuletzt renoviert worden sind, röhrt Brüsewitz mit seinem Zweitakter vom Dorf Rippicha in die Kreisstadt Zeitz. Es ist ein strahlender Sommermorgen und kurz nach zehn schon über 20 Grad warm. Ganz früh ist Oskar Brüsewitz heute aufgestanden, hat im Garten Rosen geschnitten und sie in Vasen überall im Pfarrhaus verteilt. Er hat sich besonders herzlich von seiner Frau und seinen beiden Töchtern verabschiedet. Der älteren Tochter Esther hat er die Luft aus den Reifen ihres Mopeds gelassen und die Ventile versteckt, damit sie ihm nicht folgen kann.

Oskar Brüsewitz parkt seinen Wartburg direkt auf dem Vorplatz der Michaeliskirche. Hier beginnt die neue Fußgängerzone von Zeitz. Viele finden, dass es aufwärts geht in der DDR. Erich Honecker, der Generalsekretär der SED, hat eine rasche Verbesserung der Lebensverhältnisse versprochen. Steht man wirklich noch so schlecht da gegenüber dem „Westen“? Brüsewitz trägt seinen schwarzen Talar. Er holt ein zweiteiliges Transparent aus dem Kombi und positioniert es weit sichtbar auf dem Dachgepäckträger. Eine Hälfte stellt er zunächst falsch herum auf. Dann korrigiert er den Fehler. Er ist sehr nervös.

Funkspruch an alle ... Funkspruch an alle ...
Die Kirche in der D.D.R. klagt den Kommunismus an! Wegen Unterdrückung in Schulen an Kindern und Jugendlichen

Immer mehr Passanten bleiben stehen. Politischer Protest? Mitten in der DDR? Wo die Stasi alles überwacht und jeden, der aufmuckt, sofort verhaftet. Wie kann das sein?

Die Glocken beginnen zu läuten. Brüsewitz holt eine Milchkanne mit 20 Litern Benzin aus dem Auto. Er gießt den Inhalt über seinen Talar. Dann entzündet er ein Streichholz.

Im Sommer 1975 erhielt die 17-jährige Esther Brüsewitz ein Schulzeugnis, wie es sich Eltern erträumen. Egal ob Mathematik, Physik oder Biologie, egal ob Deutsch, Geschichte, Musik oder Sport – überall stand da „sehr gut“. Insgesamt 21 Mal. Eine andere Note kam auf dem Zeugnis nicht vor. Die Dimitroff-Oberschule in Zeitz bescheinigte der Pfarrerstochter aus Rippicha auch in der ausführlichen Bewertung „fleißige und kontinuierliche Arbeit“, „ausgeprägtes Denkvermögen“, eine aufgeschlossene Einstellung gegenüber „Gegenwartsproblemen“ und einen „positiven Einfluss auf das Klassenkollektiv“. Sie war die mit Abstand beste Schülerin im ganzen Landkreis Zeitz.

Esther Brüsewitz wurde dennoch nicht zum Abitur zugelassen. Sie war als Einzige ihrer Klasse zur Konfirmation statt zur „Sozialistischen Jugendweihe“ gegangen. Deshalb sollte sie später nicht das Privileg eines Hochschulstudiums genießen. Die örtlichen Partei- und Staatsorgane wollten unterstreichen, dass Christen in der DDR „nicht erwünscht" – so die SED 1967 –, sondern bestenfalls geduldet waren.

„Der Marxismus-Leninismus ist die wissenschaftliche Weltanschauung der siegreichen Arbeiterklasse!", prangte in riesengroßen Lettern an Schulen der DDR. Christentum und Judentum galten als überwunden. Religion war verpönt. Der Vorsitzende der Ost-Berliner jüdischen Gemeinde war unter Ulbricht „verschwunden" und nie wieder aufgetaucht. Den Christen halfen immerhin noch ihre Kontakte zu den Kirchen in der Bundesrepublik.

Der auf dem Dorf beliebte Vater von Esther Brüsewitz war den Parteiorganen ein besonderer Dorn im Auge. Sie nannten Pfarrer Oskar Brüsewitz einen „Rattenfänger" und ein „feindlich-negatives, klerikales Element". Sie wollten ihn unter Druck setzen, seine ständigen Provokationen zu unterlassen. Er sollte sich endlich wie ein anständiger DDR-Bürger verhalten. Dabei durfte aber auch nicht zu viel Aufsehen erregt werden, denn die DDR bemühte sich gerade um internationale Anerkennung. Sie hatte die „Schlussakte von Helsinki" unterzeichnet und wollte in Westmedien nicht mit Menschenrechtsverletzungen auffallen.

Niemand in der DDR durfte seinen Ausbildungsplatz frei wählen. Esther Brüsewitz bekam von der zuständigen Behörde eine Lehrstelle als Gleisbauarbeiterin angeboten. Diese Demütigung der hochbegabten Pfarrerstochter sollte auch für die Mitglieder der evangelischen Gemeinde von Rippicha ein Warnschuss sein. Wenn ihr euch zu sehr mit der Kirche einlasst, lautete die Botschaft, gefährdet ihr die Zukunft eurer Kinder. Das zeigte Wirkung. Vielen Älteren fehlte es ja wirklich nicht an Mut. Aber wenn es die eigenen Kinder traf? Die Bänke in der Kirche von Rippicha wurden leerer. Langsam begann Oskar Brüsewitz zu resignieren.

Der gebürtige Ostpreuße hatte ursprünglich nie Pfarrer werden wollen. Zunächst lernte Brüsewitz das Schusterhandwerk. Aber im Verlauf der 1960er Jahre ließen dem engagierten Christen die zunehmenden Repressionen des Staates gegen die Kirchen keine Ruhe mehr. Lehrer forderten ihre Klassen auf, christliche Mitschüler zu mobben. Kirchentage wurden von Polizei und Stasi so lange drangsaliert, bis sie praktisch nur noch im Kircheninneren stattfinden konnten. Da wollte Brüsewitz Theologe werden.

Als Pfarrer Brüsewitz 1969 nach Rippicha in die halb verfallene Kirche kommt, packt er erst mal an. Er streicht, tapeziert, verlegt Fliesen, organisiert neue Bänke. Und er beginnt, Hühner, Schafe und Kaninchen zu züchten. Die Dorfbewohner sind beeindruckt. Endlich mal jemand, der nicht bloß ständig von „Aufbau“ schwadroniert, sondern einfach anpackt, ohne auf das Kommando seiner Vorgesetzten zu warten. Man geht wieder in die Kirche. Und kommt in den Genuss der unkonventionellen Predigten des Pfarrers Brüsewitz. Der lässt schon mal eine Stahlkette krachend zu Boden sausen, damit die Leute erleben, wie es sich anhört, wenn Christus die „Fesseln des Todes“ sprengt.

Doch es dauerte nicht lange, dann begann ein zermürbender Kleinkrieg mit den örtlichen Parteiorganen. Der erste Skandal war das Kreuz, das Brüsewitz an seiner Kirche anbrachte. Es war kein herkömmliches Kreuz, sondern bestand aus Neonröhren und war bei Dunkelheit kilometerweit sichtbar. Die Behörden forderten den Pfarrer auf, das „Ding“ zu entfernen, weil es Autofahrer vom Verkehr ablenke und zu viel Energie verbrauche. Brüsewitz weigerte sich.

Und legte nach. Viele Stunden handwerklicher Arbeit brachte er auf, um für die Kinder des Dorfes einen Spielplatz zu gestalten. Dann positionierte er davor ein großes Schild mit der Aufschrift „Evangelischer Kinderspielplatz“. Auch das war eine Provokation. Aber die Kinder kamen in Scharen, und die Kinderfeste wurden zur Institution. Einmal mussten Schulklassen auf Geheiß der SED Pappschilder mit der Aufschrift „25 Jahre DDR“ durch die Dorfstraße tragen. Da stellte sich

Oskar Brüsewitz mit einer Tafel „2000 Jahre Kirche Jesu Christi“ an den Straßenrand.

Pfarrer Oskar Brüsewitz starb vier Tage, nachdem er mitten in Zeitz seine Kleidung entzündet hatte, im Krankenhaus. Seine Haut war zu 85 Prozent verbrannt. Immer wieder wurde er bewusstlos. Der Staatssicherheitsdienst setzte dennoch alles daran, ihn noch zu verhören. Seine Familie durfte den Sterbenden nicht mehr sehen. Währenddessen machte sich in Ost-Berlin Krisenstimmung breit. Man wollte unbedingt verhindern, dass der Fall in die westlichen Medien kam.

Doch die Macht der Stasi, sämtliche Informationen zu kontrollieren, hatte Grenzen. Am 20. August um 16 Uhr berichtete der Deutschlandfunk über die Selbstverbrennung von Oskar Brüsewitz. Eine Schockwelle ging durch die Reihen der Christen in der DDR. Es war letztlich die Geburtsstunde einer kirchlichen Oppositionsbewegung, von der man Ende der 1980er Jahre noch einiges hören würde.

Esther Brüsewitz hat doch noch studiert. Sie ist heute Pastorin in einer Gemeinde in Thüringen. Als Theologin weiß sie, dass die christlichen Kirchen Selbsttötungen unter allen Umständen ablehnen. Aber sie ist trotzdem stolz auf ihren Vater. Der hatte in seinem Abschiedsbrief geschrieben: „Von nun an wird ein Besserer und Stärkerer für euch sorgen.“ Esther Brüsewitz sagte im Jahr 2004 der ostdeutschen Bürgerrechtlerin Freya Klier: „Wenn wir so zurückschauen, können wir die Erfüllung dieses Abschiedsworts bestätigen. Wir haben erlebt: ‚Die auf Gott vertrauen, erhalten neue Kraft‘.“ Dieses Zitat aus dem Buch des Propheten Jesaja hatte Oskar Brüsewitz als riesiges Transparent im Garten des Pfarrhauses von Rippicha aufgestellt.

00:55

„Gefangener der RAF“

Terroristen erschießen vier Begleiter von Hanns Martin Schleyer und entführen den Arbeitgeberchef

Eine Minute am 5. September 1977

Der Überfall ist hoch präzise geplant. Die Täter sind über die Lebensgewohnheiten des Doppelchefs der Bundesvereinigung der Arbeitgeberverbände und des Bundesverbands der Industrie genauestens im Bild. Tags zuvor hat es eine generalstabsmäßige Lagebesprechung der Tätergruppe in einer leerstehenden Kölner Hochhauswohnung gegeben.

Am frühen Morgen ist Arbeitgeberchef Hanns Martin Schleyer von seinem Wohnort Stuttgart mit einem Privatjet der Daimler-Benz AG zum Flughafen Köln-Bonn geflogen. Sein Fahrer Heinz Marcisz hat ihn in einem blauen Mercedes 450 SE abgeholt und zum Gebäude des Verbands gefahren. Ihnen folgt ein 200er Mercedes mit drei Personenschützern der Polizei. Sie heißen Reinhold Brändle, Roland Pieler und Helmut Ulmer.

Schleyer gilt als hoch gefährdet. Eine marxistische Terrororganisation, die sich „Rote Armee Fraktion“ nennt, hat in kurzer Zeit mehrere Anschläge auf Spitzenvertreter von Staat und Wirtschaft verübt. Am 7. April ist Generalbundesanwalt Siegfried Buback erschossen worden. Am 30. Juli dann Jürgen Ponto, der Vorstandschef der Dresdner Bank.

Gegen 16 Uhr ist die Sitzung des Industrieverbands Gesamtmetall zu Ende gegangen. Um 16.25 Uhr hat Schleyer noch einen Telefontermin mit dem rheinland-pfälzischen Ministerpräsidenten Bernhard Vogel. Dann will er kurz in seine Dienstwohnung. Abends ist er in Düsseldorf mit Eberhard von Brauchitsch, der rechten Hand des Industriellen Friedrich Karl Flick, verabredet.

Eine kleine Straße im Stadtteil Braunsfeld hat die RAF zur Falle erkoren. Die beiden Mercedes-Limousinen biegen in die Straße ein. Plötzlich ein weiterer Mercedes im Weg. Ein Paar mit einem blauen Kinderwagen auf der Straße. Dann Schüsse. Die vier Täter feuern 50 Schüsse aus einer Maschinenpistole, 50 Schüsse aus zwei Schnellfeuergewehren und 17 Schrotladungen aus einer Flinte ab. Der 24-jährige Helmut Ulmer und der 20-jährige Roland Pieler schießen noch zurück. Nach einer Minute sind alle vier Begleiter des Arbeitgeberchefs tot.

Hanns Martin Schleyer wird aus dem Auto gezerrt und in einen VW-Bus gezwungen. Eine wilde Fahrt durch Köln endet in einer Tiefgarage. Dort wechseln die Entführer des Fahrzeug und bringen ihr Opfer unerkannt in eine Etagenwohnung im Erftkreis.

Sie waren jung, höchstens 35 Jahre alt, und sie wollten eine radikal andere Gesellschaft. Für das Bürgertum älterer Generationen, hatten sie nur Hohn und Spott übrig. Jetzt würden sie die Macht übernehmen. Sie fühlten sich als Elite einer Bewegung. Sie wollten die Avantgarde sein, die einer großen Idee nötigenfalls mit Waffengewalt zum Durchbruch verhalf. Nicht jeder konnte bei ihnen Mitglied werden. Und wer es nach einer längeren Bewährungsfrist geworden war, musste sich zur bedingungslosen Loyalität gegenüber der Gruppe und ihrer Ideologie bekennen. Schaffte das einer nicht, würde er als Verräter sofort aus der Gemeinschaft ausgeschlossen werden. Der Leitspruch der Organisation lautete: „Unsere Ehre heißt Treue". Die Rede ist von der „Schutz-Staffel". Als überzeugter Nationalsozialist wurde der gerade 18-jährige Hanns Martin Schleyer am 1. Juli 1933 in die SS aufgenommen.

Nach dem Weltkrieg machte Schleyer, der während des Kriegs als SS-Untersturmführer Mitarbeiter des Zentralverbands der Industrie für das „Protektorat Böhmen und Mähren" gewesen war, eine steile Karriere bei Daimler-Benz, schaffte es aber nicht, auf den Sessel des Vorstandsvorsitzenden zu kommen. Nach der Wahl von Joachim Zahn zum Daimler-Chef im Jahr 1971 konzentrierte sich Schleyer deshalb auf die Verbandsarbeit und bekam dort schnell den Ruf eines Hardliners gegenüber den Gewerkschaften. Als er nach seiner Wahl zum doppelten Verbandschef im Fernsehen auf seine nationalsozialistische Vergangenheit angesprochen wurde, bekundete er, auf seine Leistungen in diesen Jahren stolz zu sein.

Damit war Hanns Martin Schleyer der „perfekte" Feind für eine Gruppe von jungen Leuten, höchstens 35 Jahre alt, die eine radikal andere Gesellschaft wollte. Die RAF fühlte sich als Elite einer marxistischen Bewegung. Sie wollte eine Avantgarde sein, die ihrer Idee mit Waffengewalt zum Durchbruch verhalf. Ein Opfer, das noch besser ihren Kriterien für einen hassenswerten Gegner entsprach, hätten sie kaum finden können. In ihren Augen setzte der bundesdeutsche „Kapitalismus" den Nationalsozialismus mit anderen Mitteln fort.

Aber nur in ihren Augen. Und das waren die Augen von Extremisten. Als hätte es die demokratische Entwicklung der Bundesrepublik nicht gegeben, schien sich im Herbst 1977 die politische Gewalt der Weimarer Republik zurückzumelden. Der entscheidende Unterschied war bloß, dass diejenigen, die sich da in Anspielung an die Streitkräfte der Bolschewisten „Rote Armee" nannten, keine SS und keine SA mehr als Gegner vorfanden. Ja, es gab sie, die Menschen, die sich von ihrer Vergangenheit im Dritten Reich nicht eindeutig distanzieren wollten. Aber anders als 1933 hatte niemand von ihnen die Absicht, die Demokratie zu beseitigen.

Dreiundvierzig Tage lang hielt die RAF Hanns Martin Schleyer unter menschenunwürdigen Bedingungen fest. Einen konfliktscheuen Gemütsmenschen, der sich beim Wein in Altherrenrunden wohl fühlte und schon als Jugendlicher kaum dem Bild des nordischen Herrenmenschen entsprochen hatte. Einen Familienvater, der Bildbände über Israel sammelte und sich inzwischen glaubwürdig für das Existenzrecht des demokratischen Staates der Juden einsetzte. „Gefangener der RAF" stand nun auf einem Pappschild, das Hanns Martin Schleyer in eine Kamera halten musste.

Nach diesen 43 Tagen war die Entführung einer Lufthansamaschine nach Mogadischu von der GSG 9, einer Spezialeinheit der Polizei des Bundes, beendet worden. Es hatten sich drei der inhaftierten Terroristen, welche die RAF mit der Entführung Schleyers und der Flugzeugentführung freipressen wollte, im Gefängnis selbst getötet. Die Entführer Hanns Martin Schleyers ermordeten den Arbeitgeberchef daraufhin mit drei Genickschüssen.

„Hier RAF", bellte eine junge Frau in den Telefonhörer, nachdem ein Journalist bei der Presseagentur dpa abgehoben hatte. „Wir haben Hanns Martin Schleyers klägliche und korrupte Existenz beendet", fuhr sie fort. „Herr Schmidt kann ihn in der Rue Peguy in Mulhouse in einem grünen Audi 100 abholen." Die Kälte dieser Worte lässt noch heute erstarren.

Für Bundeskanzler Helmut Schmidt und seine Regierung war die Entführung eine Belastungsprobe ohne Beispiel. Schleyers Angehörige verlangten, auf die Forderungen der Entführer einzugehen und verklagten deshalb die Regierung sogar vor dem Verfassungsgericht. Schmidt blieb standhaft und ließ sich nicht erpressen. Ein historisches Verdienst, das vor dem Hintergrund der Ereignisse der Weimarer Republik, als Demokraten schließlich vor Extremisten kapitulierten, kaum überschätzt werden kann.

Das Thema Terrorismus sollte die Bundesrepublik noch länger in Atem halten. Bis heute – unter dem Vorzeichen des internationalen Terrorismus – stellt sich die Frage, wie Sicherheitsbedürfnis und Freiheitsrechte der Bürger in der Gesetzgebung auszubalancieren sind.

Der Kommunikationswissenschaftler und Publizist Lutz Hachmeister beschließt seine 2004 erschienene Biografie Hanns Martin Schleyers mit diesen Worten:

> *Der Nationalsozialismus war das Böse, gegen das die reine Gesinnung und eine sich selbst genügende Tugend bestehen konnten. Mit dem Mord in namenlosem Gebiet, ausgeführt in Gestapo- und SS-Manier, töteten die Tugendhaften die letzten Irritationen ab, mit denen sie der konkrete Mann Schleyer konfrontiert hatte. Über den Terror der Französischen Revolution hatte Hegel, der Heidelberger Professor, preußische Staatsphilosoph und Säulenheilige des RAF-Gründers Horst Mahler, 1821 gesagt: „Es herrschen nun die abstrakten Prinzipien der Freiheit und der Tugend. Die Tugend hat jetzt zu regieren gegen die vielen, welche mit ihrer Verdorbenheit und ihren alten Interessen oder auch durch die Exzesse der Freiheit und Leidenschaften der Tugend ungetreu sind. Die Tugend ist hier einfaches Prinzip und unterscheidet nur solche, die in der Gesinnung sind, und solche, die es nicht sind."*

Wer will, der findet tatsächlich bei Georg Wilhelm Friedrich Hegel Anhaltspunkte dafür, was SS und RAF letztlich gemeinsam hatten: Es ging immer ums Prinzip. Es ging darum, getragen einer mächtigen Idee zu sein. Es ging um das Gefühl, stets absolut und unanfechtbar auf der richtigen Seite zu stehen.

Doch eine solche Welt aus Schwarz und Weiß existiert nur in den Köpfen von Philosophen, die den Kontakt zur Wirklichkeit verloren haben. Eine solche Welt spukt in den Gehirnen von Revolutionären und Hasspredigern. Eine solche Welt ist nicht die menschliche Welt. Deshalb sollte nicht nur der Januar 1933, sondern auch der Herbst 1977 eine Mahnung an alle Demokraten sein.

00:56

Unterwegs im Zeichen der Versöhnung

Bundespräsident Richard von Weizsäcker legt am Grab von Theodor Herzl in Israel einen Kranz nieder

Eine Minute am 9. Oktober 1985

Es ist windig in den Hügeln von Jerusalem. Die Fotografen freut das, denn so entfaltet sich die mannsgroße israelische Fahne vollständig. Ein einzelner Soldat hält sie in den Wind, das kurzärmelige Hemd zeigt seine angespannten Muskeln, die Schirmmütze schützt seine Augen gegen die intensive Sonne, sein Gesicht wirkt angestrengt und konzentriert. Der Soldat hält die weiße Fahne mit den zwei blauen Streifen und dem großen Davidstern in der Mitte schräg, doch ohne sie zu senken, über einen schwarzen Steinquader. Der massive Block, umrahmt von einer niedrigen Hecke und einem Blumenbeet, ist das Grab von Theodor Herzl.

Vor dem Grab mit dem Soldaten und der Fahne, auf dem windigen, weit und breit unbebauten Hügel steht der deutsche Bundespräsident Richard von Weizsäcker. Der Termin ist Teil seines Staatsbesuches in dem von Juden gegründeten Staat. Und es ist kein Besuch wie jeder andere. Sechs Millionen Angehörige des jüdischen Volkes haben Deutsche während der Zeit des Nationalsozialismus ermordet – und noch Millionen weitere körperlich und seelisch gequält, für den Rest ihres Lebens traumatisiert. Israel, dieser Staat, als dessen geistiger Vater Theodor Herzl verehrt wird, war und ist seit 1948 ihre Hoffnung auf ein Leben in Würde und Freiheit, ein Leben ohne Verfolgung.

Der deutsche Bundespräsident ist hierzulande freundlich,

ja herzlich empfangen worden. Staatspräsident Chaim Herzog und Jerusalems Bürgermeister Teddy Kollek haben ihn begrüßt wie einen alten Freund. Israelis, die ihn an der Klagemauer erkennen, winken, lächeln, sprechen ihn an. Jetzt legt Richard von Weizsäcker einen Kranz am Grab Herzls nieder. Sanft gebeugt in seinem dunklen Maßanzug, wie immer um Stil und Haltung bemüht, lehnt er den Kranz an den Granitquader, ordnet die Schleifen, hält inne.

Wer war Theodor Herzl? Zunächst einmal war der Jurist und Journalist ein typischer Wiener Dandy der Zeit um 1900. Eine Kaffeehausexistenz, ein Gelegenheitsschriftsteller. Und er hatte eine Vision. Doch Visionen, große Pläne, exzentrische Gedanken hatten all die anderen jugendlichen Träumer, Feuilletonisten und Schwadroneure in den Wiener Cafés der damaligen Zeit auch. Herzl, der Jude und gebürtige Ungar, sollte sich von ihnen dadurch unterscheiden, dass seine Vision Wirklichkeit wurde. Zwar nicht zu seinen Lebzeiten, aber Jahrzehnte später.

Die Vision des Theodor Herzl hieß „Der Judenstaat". So nannte er auch ein Buch, das 1896 erschien. Herzl hatte sich mit seiner jüdischen Identität auseinandergesetzt. Und wie es unter Wiener Intellektuellen der damaligen Zeit üblich war, hatte sich das Interesse an der eigenen Person bald auf das Schicksal der Menschen im Allgemeinen – in diesem Fall speziell der Juden – ausgedehnt.

Nun gab es damals unter Europas Juden einigen Hickhack über das Verhältnis von Religion und Volkszugehörigkeit. War das Judentum eine Religion wie andere auch, dann konnte man aus vollem Herzen Jude und gleichzeitig ganz und gar Deutscher, Franzose oder Ungar sein. Bildeten jüdische Religion und jüdisches Volk hingegen eine untrennbare Einheit, dann waren die Juden ein in der Fremde verstreutes Volk, das die Hoffnung nicht aufgeben durfte, eines Tages in ihr heiliges Land zurückzukehren. Der ganze Streit war auch als „Judenfrage“ bekannt – wobei keiner ahnen konnte, wie dieses Wort einmal missbraucht werden würde.

Herzl neigte nun zunächst zu der Position, die Juden sollten sich der österreichischen Gesellschaft möglichst vollständig anpassen. Sie sollten aufhören, eine Sonderrolle spielen zu wollen. Doch in Paris, wo er als Korrespondent der Wiener Tageszeitung „Neue Freie Presse“ einige Jahre verbrachte, riss ihn die Affäre Dreyfus jäh aus seinen Träumen von einem Europa ohne Judenhass. Ein jüdischer Offizier der französischen Armee wurde – zu Unrecht – wegen Geheimnisverrats angeklagt und verurteilt. Da hetzten die französischen Zeitungen gegen die, wie es hieß, „biologisch minderwertige“ jüdische „Rasse“. Und auf den Straßen von Paris erschallten Sprechchöre: „A mort les juifs! – Tötet die Juden!“

Also, sagte sich Herzl, half doch nur Auswanderung. Die Juden sollten ihren eigenen Staat gründen. Am besten in Palästina, zur Not in Südamerika oder Afrika. Und Herzl beließ es nicht bei Gedankenspielen. Er machte sich daran, den „Judenstaat“ konkret zu planen. In seinem Buch entwarf er einen modernen, hoch industrialisierten Musterstaat. Von der Zentralbank über Verfassung und Militär bis hin zur Fahne legte er alles fest. Anfangs von allen belächelt, rief Herzl bald eine jüdische Weltorganisation ins Leben. Um 1900 gehörten ihr schon über 200 000 zahlende Mitglieder an.

Doch 1904 starb Herzl plötzlich im Alter von nur 44 Jahren. Er wurde in Wien beigesetzt, hatte aber in seinem Testament angeordnet, man möge seine Gebeine in den „Judenstaat“ umbetten, sobald dieser Wirklichkeit geworden sei. Das dauerte noch gut 50 Jahre. Im Frühjahr 1948, in einer aufgeheizten Atmosphäre, den Horror des Holocaust noch vor Augen, rief David Ben Gurion den Staat Israel aus.

„Wer über die Verhältnisse im Nahen Osten urteilt“, sagte Bundespräsident Richard von Weizsäcker am 8. Mai 1985, knapp ein halbes Jahr vor seinem Besuch in Israel, vor dem Deutschen

Bundestag, „der möge an das Schicksal denken, das Deutsche den jüdischen Mitmenschen bereiteten und das die Gründung des Staates Israel unter Bedingungen auslöste, die noch heute die Menschen in dieser Region belasten und gefährden."

Die Rede Weizsäckers zum 40. Jahrestag des Kriegsendes gilt als die wichtigste seiner Amtszeit. Ja, vielleicht ist es überhaupt die wirkungsmächtigste Rede eines deutschen Politikers nach 1945. Die „New York Times" druckte sie vollständig ab. Das Manuskript wurde in 13 Sprachen übersetzt und weltweit über zwei Millionen Mal verbreitet. Die Israelische Zeitung „Maariv" kommentierte: „Vielleicht haben Sie Ihrem Volk mehr geholfen, als Sie jetzt ermessen können. Vielleicht haben Sie den Deutschen geholfen, die Lüge hinter sich zu lassen."

Selbst die Grünen, die der Rede im Bundestag demonstrativ ferngeblieben waren, weil sie zu wissen glaubten, dass bei der Rede eines Politikers der CDU zum Kriegsende nur „Heldengedenken" herauskommen könnte, zollten Weizsäcker im Nachhinein großen Respekt. Nur aus München kamen schrille Töne. Der Vorsitzende der CSU und bayerische Ministerpräsident Franz Josef Strauß polterte gegen „die ewige Vergangenheitsbewältigung als gesellschaftliche Dauerbüßeraufgabe."

Was hatte Weizsäcker gesagt? Die Wahrheit. Die Wahrheit über die Verantwortung aller Deutschen für das, was im Dritten Reich geschehen war. Diese Wahrheit war längst bekannt. Aber Richard von Weizsäcker brach mit der langjährigen Angewohnheit deutscher Politiker, sie allenfalls leise anzudeuten. Sie möglichst zu relativieren. Oder sie am besten ganz unter den Tisch fallen zu lassen.

„Der Völkermord an den Juden", sagte der Bundespräsident, „... ist beispiellos in der Geschichte". Und er fuhr fort:

Die Ausführung des Verbrechens lag in der Hand weniger. Vor den Augen der Öffentlichkeit wurde es abgeschirmt. Aber jeder Deutsche konnte miterleben, was jüdische Mitbürger erleiden mussten, von kalter Gleichgültigkeit über versteckte Intoleranz bis zu offenem Hass. Wer konnte arglos bleiben nach den Bränden der Synagogen, den Plünderungen, der Stigmatisierung mit dem Judenstern, dem Rechtsentzug, der unaufhörlichen Schändung der menschlichen Würde? Wer seine Ohren und Augen aufmachte, wer sich informieren wollte, dem konnte nicht entgehen, dass Deportationszüge rollten. Die Phantasie der Menschen mochte für Art und Ausmaß der Vernichtung nicht ausreichen. Aber in Wirklichkeit trat zu den Verbrechen selbst der Versuch allzu vieler, auch in meiner Generation, die wir jung und an der Planung und Ausführung der Ereignisse unbeteiligt waren, nicht zur Kenntnis zu nehmen, was geschah. Es gab viele Formen, das Gewissen ablenken zu lassen, nicht zuständig zu sein, wegzuschauen, zu schweigen.

Die Wahrheit kann wehtun. Und aufwühlen. Nach seiner Rede erhielt Weizsäcker mehr als 60 000 Zuschriften von Bundesbürgern. Viele zustimmend. Viele empört. Doch die Wahrheit baut auch Brücken. Auf dem Rückflug aus Israel saß die Lehrerin Yael Gouri mit in der Präsidentenmaschine. Wegen der deutschen Vergangenheit werde sie dieses Land niemals betreten, hatte sie dem Staatsgast erklärt. Richard von Weizsäcker lud sie nach Deutschland ein. Sie solle sich selbst ein Bild machen, dann urteilen. Und sie sagte spontan zu.

00:57

„Herr Gorbatschow, reißen Sie diese Mauer nieder!“

Ronald Reagan fordert in Berlin den sowjetischen Staatschef zur Maueröffnung auf

Eine Minute am 12. Juni 1987

Eine eigenartige Spannung liegt an diesem bedeckten Sommertag über Berlin. Rund 25 000 Menschen haben sich zwischen Siegessäule und Brandenburger Tor versammelt. Knatternd ziehen amerikanische Militärhubschrauber ihre Kreise. Ein unaufhörliches Geheul von Martinshörnern dringt aus der Ferne durch den Tiergarten. Und eine meterhohe Mauer aus Beton hält die Menschenmenge zurück wie eine Talsperre das Wasser. Diese Mauer ist besprüht mit bunten Graffiti, aber das macht sie nicht schöner. Es ist die Berliner Mauer. Seit 26 Jahren verläuft sie mitten durch die Stadt, teilt sie in zwei Hälften, macht den Westteil für die Bewohner des Ostteils unerreichbar.

Auf der anderen, der östlichen Seite der Mauer, ist es menschenleer. Dort steht das Brandenburger Tor, allein auf einem öden, abgeriegelten Platz. Haushohe Flutlichtmasten können die Leere jederzeit grell erleuchten. Nicht ganz so hoch wie diese Masten ist die Stange, an der eine rote sowjetische Fahne weht. Doch die bunteren Fahnen flattern heute im Westen. Man hat dort ein Podium errichtet, direkt vor der Mauer.

Es ist eine Kulisse wie in einem Fernsehstudio. Deutsche Spitzenpolitiker – Helmut Kohl, Philipp Jenninger, Eberhard Diepgen – sitzen aufgereiht wie die Kandidaten einer Quizshow. Vor ihnen die Farben Schwarz, Rot, Gold. Hinter ihnen die Fahnen der USA, der Bundesrepublik, des Landes Berlin.

Den Abschluss bildet eine hellblaue Wand, wie bei der Blue Box, in der Fernsehmoderatoren seit neuestem sitzen, um sie für den Zuschauer in jede beliebige Umgebung rücken zu können. In der Mitte ist ein Fenster aus Panzerglas angebracht. Die Kameras, die man auf das Rednerpult richtet, werden im Hintergrund die Mauer aufnehmen.

Der Redner trägt einen dunklen Anzug und eine rote Krawatte. US-Präsident Reagan ist Mitte 70, aber er wirkt vital und athletisch. Seine Stimme ist warm, sein Englisch weich und melodiös. Ronald Reagan fordert, den Luftverkehr von und nach Berlin auszubauen. Er spricht über seine Idee „in naher Zukunft" Olympische Spiele „hier in Berlin, im Osten und im Westen" zu veranstalten. Und dann mischt sich plötzlich Wut in seine Stimme. Ja, es ist Wut, mit der er die Worte spricht: „Generalsekretär Gorbatschow, wenn Sie Frieden wollen, wenn Sie Wohlstand für die Sowjetunion und Osteuropa wollen, wenn Sie Befreiung wollen: Kommen Sie an dieses Tor! Herr Gorbatschow, öffnen Sie dieses Tor! Herr Gorbatschow, reißen Sie diese Mauer nieder!"

Die Deutschen mochten Ronald Reagan nicht. Das galt sicher nie für alle Deutschen und bestimmt nicht für die Mehrheit der West-Berliner. Für sie war jeder Besuch eines US-Präsidenten ein großes Volksfest. Auf der Straße des 17. Juni gab es Erbsensuppe, Fassbrause und Bier. An den Antennen der Taxis flatterten blau-weiß-rote Bänder. Die Berliner in Wilmersdorf und Steglitz, in Charlottenburg und Spandau waren aufgewühlt, froh und immer auch ein wenig erleichtert, wenn ein amerikanischer Präsident kam, um ein Versprechen seines Landes zu erneuern. Das Versprechen, die Freiheit dieser Inselstadt so lange zu verteidigen, wie es nötig sein würde.

Die Deutschen mochten Ronald Reagan trotzdem nicht. Das galt mit Sicherheit für die Mehrheit der Publizisten und Intellektuellen, die damals die öffentliche Debatte in Westdeutschland prägten. Es galt erst recht für die Medien der DDR, die Reagan bevorzugt als wild um sich schießenden Schurken aus einem Western karikierten. Und Reagan nicht gemocht zu haben wäre sicherlich untertrieben für diejenigen, die am 12. Juni 1987 den Schöneberger Nollendorfplatz in Brand steckten. Während der US-Präsident seine Rede hielt, loderten hier geparkte Autos und es flogen Flaschen, Steine und Brandsätze auf Polizisten. Die Polizei riegelte den Tiergarten mit einem Stacheldraht ab, der eigentlich für den Einsatz in Kriegsgebieten bestimmt war.

Die Deutschen mögen Ronald Reagan heute immer noch nicht. Noch vor kurzem las man in Rückblicken, seine Rede am Brandenburger Tor sei nur eine „dumme Provokation“ gewesen. Er hätte besser mal abrüsten sollen! Der Regierende Bürgermeister von Berlin war zufällig in Los Angeles, als Ronald Reagan dort im Jahr 2004 an Alzheimer starb – doch zu einem Eintrag in das Kondolenzbuch für den Ehrenbürger der Hauptstadt konnte er sich nicht durchringen.

Als ich mit einem wohlmeinenden und fachlich kompetenten Ratgeber das Konzept dieses Buchs besprach, gab es nur hier und da kritische Kommentare und Änderungsvorschläge. Aber Ronald Reagan an der Berliner Mauer – das schien zu weit zu gehen. „Muss das sein?“, stutzte er. „Lassen Sie den doch weg!“ Jeder andere wäre wohl recht gewesen, vielleicht sogar Helmut Kohl. Aber Reagan? Nein, bitte nicht den! Besser sollte ich doch über Heinrich Böll schreiben und seine Courage, sich vor dem amerikanischen Stützpunkt Mutlangen auf die Straße zu setzen und von der freundlichsten Polizei der Welt wegtragen zu lassen. Der Schriftsteller habe wirklich etwas für den Frieden erreichen wollen. Was ich überhaupt nicht bestreiten will.

Im Sommer 1987 war ich ein blauäugiger, nicht sonderlich gebildeter 17-Jähriger, der in einer unbedeutenden westdeutschen Industriestadt ein anspruchsloses Gymnasium besuchte.

Manches um mich herum verstand ich nicht so recht. Etwa, warum alle Lehrer so schlecht über Ronald Reagan redeten. Ich provozierte diese Lehrer meinerseits gern mit unverschämten Äußerungen. Einmal schrieb ich an die Tafel, das ZK der KPdSU lasse meiner Klassenlehrerin Grüße ausrichten. Das gab richtigen Ärger.

Außerdem verfasste ich Aufsätze, die meine Pädagogen als bemerkenswert gut formuliert, aber inhaltlich unsäglich bewerteten. Nie textete ich das, was verlangt war. Mir machte so was Spaß. Und vermessen wie ich war, hielt ich den Umstand, dass ich mir diese Freiheiten herausnehmen durfte, ohne mir die Zukunft zu versauen oder meinen Vater um seinen Job zu bringen, für eine Folge amerikanischer Außenpolitik der letzten Jahrzehnte. Alle fanden Gorbatschow sympathischer, doch ich war froh, dass wir Westdeutschen mit Ronald Reagan verbündet waren.

Aber was war mit der Invasion in Grenada? Mit der Iran-Contra-Affäre? Was war mit Reagans Luftangriff auf Tripolis? Am Tag nach jenem Bombardement ließen einige Lehrer den Unterricht ausfallen. Wir saßen alle im Kreis, und eine Religionslehrerin stachelte uns eine komplette Schulstunde lang an, unsere Wut auf die Politik Ronald Reagans herauszulassen. Warum hatte ich daran bloß wieder etwas auszusetzen?

Ronald Reagan und der sowjetische Staatschef Gorbatschow kannten sich übrigens persönlich. In seinen Erinnerungen schrieb Reagan:

> *Wenn ich heute zurückschaue, dann ist klar, dass es da zwischen Gorbatschow und mir eine Chemie gab, deren Produkt etwas war, das einer Freundschaft sehr nahe kommt. Er war ein knallharter Verhandler. Er war ein russischer Patriot, der sein Land liebte. Wir diskutierten von den entgegengesetzten Polen des ideologischen Spektrums aus. Aber diese Chemie gab unseren Gesprächen eine Basis aus Menschlichkeit. Da war nie Hass*

oder Feindschaft. Ich mochte Gorbatschow, obwohl er ein leidenschaftlicher Kommunist und ich ein überzeugter Kapitalist war.

Bei einem Besuch Reagans in Moskau ließ Gorbatschow den Gast eine Rede vor Studenten der Moskauer Universität halten. Da saß die künftige Führungselite der Sowjetunion. Der US-Präsident durfte frei seine Meinung äußern, es gab keinerlei Beschränkungen. Unter anderem sagte er:

Einige, auch in meinem eigenen Land, schauen auf das ungeordnet Experimentelle eines freien Markts und sehen nur Verwüstung. Was ist mit all den Unternehmern, die scheitern? Gut, viele scheitern. Besonders die Erfolgreichen. Oft mehrmals hintereinander. Und wenn Sie sie nach ihrem Erfolgsgeheimnis fragen, dann werden sie sagen, dass sie dieses auf ihrem harten Weg langsam entdeckt haben. Ja, dass sie durch anfängliches Scheitern erst auf das Erfolgsrezept gekommen sind. ... Und deshalb können auch die intelligentesten Planer in den Regierungen niemals besser sein als Millionen von Menschen, die Tag und Nacht daran arbeiten, ihre Träume zu verwirklichen.

Die Deutschen mochten Ronald Reagan nicht. Auch deshalb nicht, weil Reagan immer erst den Einzelnen und dann erst den Staat in der Verantwortung sah. Jenen Menschen, die eine klare Vorstellung von der Zukunft und eine realistische Einschätzung ihrer eigenen Kräfte besaßen, traute er vieles, wenn nicht alles zu.

Immerhin: Die Mauer ist weg. Ronald Reagan kam 1990 privat nach Berlin und ging mit seiner Frau Nancy durch das offene Brandenburger Tor. Mehr noch: Er ließ ein Segment der ehemaligen Mauer nach Los Angeles transportieren und stellte es in seinem Garten auf. Er wollte es jeden Tag sehen und sich mit den Deutschen freuen, dass ihr Land nicht mehr geteilt war, dass sie alle die Freiheit hatten.

Denn Ronald Reagan mochte die Deutschen. Nie, so

schrieb er einmal, werde er vergessen, wie 1985 am Hambacher Schloss 10 000 deutsche Schüler „in perfektem Englisch" die amerikanische Hymne „The Star-Spangled Banner" gesungen hätten. In welchem anderen Land hatte er etwas Vergleichbares erlebt? In keinem.

00:58

„Tot sein ist schöner als wie ohne Geld“

Nach einem Medienspektakel misslingt der Polizei der Zugriff auf die Geiselnehmer von Gladbeck

Eine Minute am 18. August 1988

Den Reporter setzen sie an der Raststätte Siegburg ab. Udo Röbel, stellvertretender Chefredakteur der Boulevardzeitung „Express“, ist in der Kölner Fußgängerzone in den blausilbernen BMW 735i mit gelbem niederländischem Kennzeichen eingestiegen. Er hat sich als Lotse angeboten, um dem ortsunkundigen Fahrer Hans-Jürgen Rösner den Weg zur Autobahn 3 in Richtung Frankfurt zu zeigen. Doch selbstlose Hilfsbereitschaft ist das nicht. Auf der Fahrt hat der Journalist Gelegenheit, Rösner und seinen Kumpan Dieter Degowski ausgiebig zu interviewen.

Auch die drei Frauen auf dem Rücksitz der Oberklasselimousine sind für den Reporter, dessen Zeitung mit dem Slogan „Schnell, schneller, Express“ um Leser wirbt, hochinteressant. Die eine heißt Marion Löblich und ist die Freundin von Rösner. Die anderen beiden, zwei Teenager aus Norddeutschland, sitzen nicht freiwillig mit Rösner, Degowski und Löblich im Auto. Sie sind gestern Abend in Bremen in einen Bus der Linie 53 gestiegen und wollten nach Hause. In diesen Bus sind Rösner und Degowski mit geladenen und entsicherten Pistolen gestürmt und haben die Fahrgäste entführt.

Auch jetzt hat Rösner nur eine Hand am Lenkrad. In der anderen ist seine Waffe. Degowski auf dem Rücksitz hält einer der beiden Geiseln, einem hübschen blonden Mädchen, seine Pistole direkt an die Halsschlagader. „Wie fühlt sich das an mit der Waffe am Hals?“, hatte ein Reporter in der Kölner City von ihr wissen wollen. Jetzt hat Udo Röbel solche Fragen „exklusiv" stellen können. An der Raststätte Siegburg verabschiedet er sich höflich. Er muss auf eine weitere Mitfahrgelegenheit nicht lange warten. Dutzende Journalistenkollegen sind dem BMW in ihren Fahrzeugen gefolgt.

Rösner, Degowski, Löblich und ihre beiden jungen Geiseln begeben sich wieder auf die Autobahn. Die A 3 durchschneidet jetzt das Siebengebirge. Die Journalisten behalten den BMW im Blick. Mal bleiben sie hinten, mal fahren sie vorweg, mal gleichauf. Immer die Fotoausrüstung parat. Und dann macht ein Reporter des Bonner „General-Anzeigers" das Foto, das auch alle seine Kollegen gerne gehabt hätten. Er drückt genau in dem Moment ab, als eine gepanzerte Mercedes-S-Klasse der Polizei den BMW überholt und mit voller Wucht rammt. Am nächsten Tag kennt jeder in Deutschland dieses Foto. Nicht veröffentlicht werden Bilder des anschließenden Schusswechsels, bei dem eine der Geiseln stirbt und die andere schwer verletzt wird.

Ich will jetzt durch die Medien sprechen" – mit diesem Satz des Entführers Dieter Degowski begann im Sommer 1988 ein neues Zeitalter in der Massenkommunikation. War es bisher einer schmalen Schicht aus Filmschauspielern, Rockmusikern oder Politikern vorbehalten gewesen, die Medien zu ihrem Sprachrohr zu machen, so würde in Zukunft jeder – auch ein heruntergekommener Krimineller aus dem Ruhrgebiet – in Deutschland zum Medienstar werden können, wenn er sich nur spektakulär genug inszenierte.

Das lag zum einen am technischen Fortschritt. Ende der 1980er Jahre dauerte es auf einmal keine Stunden mehr, bis Bild und Ton technisch und redaktionell so aufbereitet waren, dass sie verbreitet werden konnten. Mittlerweile war es möglich, von jedem Ort in Deutschland binnen kurzer Zeit fast in „Echtzeit" zu übertragen. Und auch bei den Zeitungen verschob sich aufgrund neuer Technologien der Redaktionsschluss immer weiter nach hinten.

Hier begann eine Entwicklung, die heute mit der Handykamera und der Internetplattform „YouTube“ ihren vorläufigen Höhepunkt erreicht hat. Von jedem Ereignis, das irgendeine Sensationsgier befriedigen könnte, kursieren manchmal nur innerhalb von Minuten Videosequenzen im weltweiten Netz. Selbst die eigentlich streng geheime Hinrichtung des irakischen Diktators Saddam Hussein wurde von einem beteiligten Wachoffizier mit dem Mobiltelefon gefilmt und anschließend online gestellt.

Im Jahr 1988 war auch der zunehmende Konkurrenzdruck auf dem westdeutschen Medienmarkt etwas Neues. Da war es jahrelang recht gemütlich zugegangen. Die Zeitungen und Zeitschriften waren in der Hand vieler mittelständischer Verlage gewesen. Plötzlich rollte eine Übernahmewelle durchs Land. Verlagshäuser mauserten sich zu Medienkonzernen.

Am größten war der Wandel bei Radio und Fernsehen. Die durch Zwangsabgaben finanzierten und von politischen Gremien kontrollierten öffentlich-rechtlichen Rundfunkanstalten hatten viele Jahre lang eine Monopolstellung gehabt. Es gab nur drei Fernsehprogramme. Noch Anfang der 1980er Jahre hatten sozialdemokratische Bundestagsabgeordnete gefordert, die Deutsche Bundespost solle den Luxemburger Privatsender RTL mittels Störsendern daran hindern, sein Programm auch in Deutschland zu verbreiten.

Doch die konservativ-liberale Koalition unter Bundeskanzler Helmut Kohl etablierte ein „duales System“ auf dem Rundfunkmarkt. Zwar durften die Privilegien der quasi-staatlichen Sender im Kern nicht angetastet werden, doch gab es nun private Konkurrenz. Wie immer, wenn Monopole halb gebrochen, halb verteidigt werden, kam es zu einer unübersichtlichen Situation, die Übertreibungen Tür und Tor öffnete.

Im Fall des Gladbecker Geiseldramas verschärfte ein weiterer Aspekt die Lage. Die Innenverwaltungen der Länder und die ihnen unterstellten Polizeibehörden waren in der Realität einer Mediengesellschaft noch gar nicht angekommen. Seit Jahren hatte es bei spektakulären Kriminalfällen den immer gleichen Wettstreit zwischen Journalisten und Polizisten gegeben: Die Medienvertreter wollten möglichst viel und möglichst früh erfahren, um darüber berichten zu können. Und die Polizei wollte möglichst viel möglichst lange geheimhalten, um ungestört ihrer Arbeit nachzugehen. In einer Mediengesellschaft war das aber immer weniger möglich. Die Polizei musste lernen, Medien in ihre Strategien mit einzubeziehen, ja sogar ganz gezielt über Medien zu agieren.

So kommt es eben immer dann, wenn sich die Gesellschaft längst stärker verändert hat, als den meisten Menschen auf der rationalen Ebene bewusst ist, leicht zu chaotischen Situationen. Ein Jahr später, im Herbst 1989, würde sich das im anderen Teil Deutschlands noch viel deutlicher zeigen. Doch während sich in der DDR letztlich eine friedliche Revolution abspielte, endete die Gladbecker Geiselnahme als tödliches Chaos.

Niemand rechnet mit einer dramatischen Entwicklung, als am 16. August um 8.04 Uhr ein Notruf bei der Polizei in der Ruhrgebietsstadt Gladbeck eingeht. Ein Arzt gibt an, im Einkaufszentrum Rentfort-Nord, wo sich auch seine Praxis befindet, seien zwei bewaffnete Männer in die Filiale der Deutschen Bank eingedrungen. Die Polizei rückt mit zunächst nur einem Streifenwagen an. Die Beamten parken direkt vor dem einzigen Ausgang des Gebäudekomplexes.

Rösner und Degowski kommen mit einer geringfügigen Beute aus der Bank, entdecken den Streifenwagen, gehen daraufhin wieder zurück in die Bank und nehmen zwei Angestellte als Geiseln. Nun umstellt die Polizei das Gebäude. Die Täter fordern einen sechsstelligen Betrag als Lösegeld sowie ein Fluchtfahrzeug. Schon jetzt kommt ein Hörfunkjournalist auf die Idee, einfach in der Bankfiliale anzurufen. Telefonisch geben die Täter das erste Radiointerview.

Am 17. August verlagert sich das Geschehen nach Bremen. Rösner und Degowski haben geschätzte 400 000 DM und einen Audi 100 erhalten. Sie konnten Rösners Freundin aufgabeln und sind nach Norddeutschland gefahren. In der Hansestadt entführen sie einen vollbesetzten Linienbus, wahrscheinlich um sich durch eine höhere Anzahl von Geiseln taktische Vorteile zu verschaffen.

Zeitweise steigen Fernsehreporter mit in den Bus und filmen das gesamte Geschehen. Rösner und Degowski geben Interviews. „Tot sein ist schöner als wie ohne Geld“, sagt Degowski zu seinen Motiven. Dann, nach einer völlig unkoordinierten Verhaftung von Marion Löblich auf der Toilette einer Raststätte, erschießt Rösner einen 15-jährigen Fahrgast des Linienbusses, um die Freilassung seiner Freundin zu erzwingen.

Am frühen Morgen des 18. August sind die Geiselnehmer mit dem Bus bis in die Niederlande gefahren. Wieder spielen sich chaotische Szenen ab. Nach einem Fluchtversuch der Geiseln und einem Schusswechsel stellt die niederländische Polizei den Tätern schließlich den 7er BMW als neues Fluchtfahrzeug zur Verfügung. Sie nehmen zwei Mädchen aus dem Bremer Bus mit ins Auto und fahren nach Köln.

In Köln parken die Täter ihren Fluchtwagen mitten in der Fußgängerzone. Sie werden umringt von Reportern, Fotografen und Kameraleuten. Augenzeugen beschreiben das, was hier geschieht, als eine regelrechte „Pressekonferenz“. Zwei arbeitslose, vorbestrafte Schwerkriminelle aus dem Ruhrpott sind zu Medienstars geworden. „Big Brother“ ist nicht mehr fern.

00:59

„Nach meiner Kenntnis ist das sofort, unverzüglich"

Politbüromitglied Günter Schabowski verkündet Reisefreiheit für DDR-Bürger

Eine Minute am 9. November 1989

Im Osten nichts Neues, so scheint es. Fahles Kunstlicht erfüllt den fensterlosen Saal des Internationalen Pressezentrums in der Berliner Mohrenstraße. Es ist voll, die Luft ist schlecht. Ein Mann im graublauen Funktionärsanzug vorne auf dem Podium redet seit fast einer Stunde in demselben gleichgültigen Tonfall. Günter Schabowski, 60 Jahre alt, ist seit kurzem Sprecher der Führung der DDR. Weitschweifig, im Bürokratendeutsch hat er von einem Aktionsprogramm der SED und einem neuen Wahlgesetz berichtet. Gelangweilt lümmeln sich die Journalisten in den Sitzreihen. Die ersten packen ihre Sachen. Auch die DDR-Bürger haben von der Übertragung der Pressekonferenz wieder auf Westfernsehen umgeschaltet.

Da erhebt sich ein Mann links vorne in der ersten Reihe. Es ist 18.53 Uhr, als der erfahrene Journalist sagt: „Ich heiße Riccardo Ehrmann, ich vertrete die italienische Nachrichtenagentur ANSA. Herr Schabowski, glauben Sie nicht, dass es ein großer Fehler war, dieser Reisegesetzentwurf, den Sie vor wenigen Tagen vorgestellt haben?"

Politbüromitglied Schabowski ist solche Fragen nicht gewohnt. Er kramt in seinen Unterlagen. Irgendwo hat er den Beschlussvorschlag des Ministerrats vom selben Tag, den Generalsekretär Egon Krenz ihm zugesteckt hat. „Wir haben uns dazu entschlossen", sagt Schabowski tonlos, „heute ... äh ... eine Regelung zu treffen, die es jedem Bürger der DDR möglich macht ... äh ... über Grenzübergangspunkte der DDR auszureisen."

Im Saal wird es unruhig. Ein Reporter ruft: „Bedeutet dies, dass jeder DDR-Bürger jetzt frei in den Westen reisen kann?"

Schabowski atmet flach. Er liest hektisch und nuschelnd vor: „Privatreisen nach dem Ausland können ohne Vorliegen von Voraussetzungen – Reiseanlässe und Verwandtschaftsverhältnisse – beantragt werden. Die Genehmigungen werden kurzfristig erteilt."

„Ab wann?" ruft Riccardo Ehrmann. Und auch ein Kollege möchte wissen: „Ab wann tritt das in Kraft?"

Schabowski gerät ins Stottern: „Das tritt ... nach meiner Kenntnis ist das sofort, unverzüglich."

Sofort, unverzüglich" – das war gut improvisiert, aber es stimmte nicht. In Schabowskis Unterlagen stand der Satz: „Über die Regelungen ist die beigefügte Pressemitteilung am 10. November 1989 zu veröffentlichen." Am Abend des 9. November trug die Beschlussvorlage des Ministerrats noch nicht einmal alle notwendigen Unterschriften.

Aber der Regierungssprecher hatte sich vor der Weltöffentlichkeit vergaloppiert und konnte jetzt nicht mehr zurück. „Gilt das auch für die Übergänge nach West-Berlin?", hakte ein Journalist nach. Mit der Sowjetunion, dem eigentlichen Hausherrn in Ostdeutschland, war noch überhaupt nichts abgestimmt. Aber Schabowski vertraute auf „Glasnost", die neue Politik der Offenheit von Michail Gorbatschow, und sagte dann: „Ja, da steht ‚Berlin West'."

Die Pressekonferenz endete planmäßig um 19 Uhr. Günter Schabowski ließ keine weiteren Fragen zu. Doch da war Riccardo Ehrmann schon am Telefon. „Die Mauer ist gefallen!", sagte er zu seinem Chefredakteur in Italien. Und fügte vorsichtshalber hinzu: „Nein, ich bin nicht verrückt."

In Wirklichkeit stand die Mauer noch. Weiterhin dufte kein

DDR-Bürger ohne Weiteres die Grenze zur Bundesrepublik und nach West-Berlin überschreiten. Aber die Tschechoslowakei hatte ihre Grenze zur Bundesrepublik bereits geöffnet. Seitdem war der Flüchtlingsstrom aus der DDR über Tschechien in die Bundesrepublik auf 500 Menschen pro Stunde angeschwollen. Die Schriftstellerin Christa Wolf rief am 9. November in der SED-Parteizeitung „Neues Deutschland" ihre Mitbürger auf: „Wir bitten Sie, bleiben Sie doch in Ihrer Heimat, bleiben Sie bei uns!" Unterdessen gingen in den Städten der DDR Hunderttausende auf die Straße.

Die neue Führung der DDR hatte nach dem Sturz Erich Honeckers am 18. Oktober durchaus erkannt, dass die Reisefreiheit entscheidend für ihre politische Zukunft sein würde. Ministerpräsident Stoph hatte Innenminister Dickel deshalb beauftragt, ein neues Reisegesetz zu erarbeiten, das dann am 6. November veröffentlicht wurde. Mit einem Visum sollten alle DDR-Bürger für einen Monat im Jahr ins westliche Ausland reisen dürfen.

Die Massen auf der Straße hatten dafür nur Hohn und Spott übrig. „Das Reisegesetz muss weg!", rief ein Redner in Leipzig – und eine halbe Million Menschen applaudierte. Sogar das DDR-Fernsehen brachte kritische Stimmen. Egon Krenz rief Günter Schabowski an und war fassungslos. Da veröffentliche man so ein „grandioses Reisegesetz" und die Leute würdigten das nicht. Schließlich fiel der Gesetzentwurf in der Volkskammer durch.

Danach bekam Krenz einen Anruf des tschechoslowakischen Staatschefs Milouš Jakeš. Wenn die DDR ihre Bürger nicht im Land halten könne, werde die CSSR die Grenze dicht machen. Doch jeder im DDR-Politbüro wusste, was es bedeuten würde, das derzeit einzige Ventil für die Ausreisewilligen wieder zu schließen. Es grassierte die Angst vor Bürgerkrieg.

Am Morgen des 9. November waren deshalb vier Fachexperten des Innenministeriums und der Staatssicherheit damit beauftragt, eine neue Reiseregelung zu entwerfen. Das Quartett war sich schnell einig – wird sich einer der Teilnehmer später erinnern –, eine pragmatische Lösung sowohl für die dauerhaft Ausreisewilligen als auch für diejenigen vorzuschlagen, die „mal eben die Tante besuchen" wollten. Und so formulierte man: „Privatreisen nach dem Ausland können ohne Vorliegen von Voraussetzungen beantragt werden." Wohlgemerkt – beantragt! Niemand hatte die Absicht, die Mauer zu öffnen.

Am Nachmittag stellte Egon Krenz dem Zentralkomitee der SED eher beiläufig die entsprechende Beschlussvorlage für den Ministerrat vor. Man hatte noch vieles andere zu regeln. Und weil die Überschrift missverständlich formuliert war, glaubten alle, es gehe nur um die dauerhafte Übersiedlung der Unzufriedenen. Die Diskussion der Genossen drehte sich um ein paar Nebensächlichkeiten.

In einer Sitzungspause überreichte Krenz dann Schabowski den Entwurf. „Gib das bekannt", sagte er, „das wird ein Knüller für uns." Schabowski, der bei der Sitzung nicht anwesend gewesen war, überflog das Papier. Ihm wurde nicht klar, dass es sich nur um eine Vorlage und keinen gültigen Beschluss handelte. Er wusste aber, dass die Sache heikel war, deshalb wollte er sie erst am Ende der Pressekonferenz erwähnen. Und dann so beiläufig wie möglich.

Viereinhalb Stunden nach Schabowskis „Sofort" strömte eine Menschenmenge am Grenzübergang Bornholmer Straße von Ost nach West. Das ZDF hatte in seiner „Heute"-Sendung erst an sechster Stelle über die Pressekonferenz berichtet. Die ARD brachte dann aber um 20 Uhr die neue Reiseregelung als Spitzenmeldung und blendete dazu „DDR öffnet Grenze" ein. In den „Tagesthemen" um 22.45 Uhr hieß es dann: „Die Tore in der Mauer stehen weit offen." Aber das war gar nicht der Fall.

Die Grenztruppen der DDR hatten keine Befehle und würden an diesem Abend auch keine mehr bekommen. Wer die Grenze aufgrund Schabowskis Aussage passieren wollte, wurde wieder nach Hause geschickt. Doch die Ost-Berliner hatten das Westfernsehen so verstanden, dass sie sofort „nach drüben" durften. Ein Missverständnis. Das dennoch gegen halb zwölf Realität wurde. Als die Massen an der Bornholmer Straße die Absperrungen eindrückten, fürchteten die Grenzer um ihr Leben. Da machten sie die Grenze auf und ließen die Leute durch.

In einem Interview mit dem Berliner „Tagesspiegel" erinnerte sich Günter Schabowski 15 Jahre nach dem Mauerfall an die Pressekonferenz vom November 1989. Damals sei ihm „nichts Spektakuläres" durch den Kopf gegangen. Schließlich habe sich die Regierung von der neuen Reiseregelung versprochen, von Druck entlastet zu werden.

Die Journalisten fragten erstaunt nach: Wirklich keinerlei Gefühlsregungen? „Na ja", räumte Schabowski ein, „es war eine Entscheidung, die in einem solchen Regime zuvor überhaupt nicht denkbar gewesen war. Wir waren von uns selber beeindruckt, weil wir uns zu diesem schwerwiegenden Schritt entschlossen hatten. Die Konsequenzen konnten wir nicht absehen. Wir dachten ja, wir würden uns damit als Reformer präsentieren. Außerdem wollten wir auf keinen Fall die Beziehungen zur Bundesrepublik belasten. Denn wir brauchten ja deren Geld, wir waren ja so gut wie pleite!"

01:00

Wie Phoenix aus der Asche

Bundespräsident Roman Herzog eröffnet das neue Viertel am Potsdamer Platz in Berlin

Eine Minute am 2. Oktober 1998

Mit diesem Andrang hat niemand gerechnet. Am Samstagvormittag sind es bereits über eine halbe Million Menschen – die Einwohnerzahl Stuttgarts. Am Nachmittag werden es noch mehr sein. Die U-Bahnen fahren im Fünf-Minuten-Takt. Doch bald können die gelben Züge der Berliner Verkehrsgesellschaft im neuen Bahnhof „Mendelssohn-Bartholdy-Park" nicht mehr halten. Die Bahnsteige sind überfüllt, nichts geht mehr. Auf der Potsdamer Straße im Westen und der Leipziger Straße im Osten stauen sich zur selben Zeit die Autos kilometerlang. Haben Autofahrer endlich das neue Stadtviertel am Potsdamer Platz erreicht, geraten sie vor den Tiefgaragen in die nächste Schlange. Als sich nichts mehr bewegt, lassen Busfahrer ihre Fahrgäste auf offener Strecke aussteigen.

Nüchtern betrachtet, gibt es wenig Spektakuläres zu sehen. Eine Hand voll Bürohochhäuser, mit denen renommierte Architekten – Renzo Piano, Richard Rogers, Hans Kollhoff und andere – sich leidlich Mühe gegeben haben. Eine Einkaufspassage, wie es sie so oder ähnlich hundertfach auf der Welt gibt. Dazu Kinos, ein paar Hotels und ein Musicaltheater, das neben Hans Scharouns berühmter Staatsbibliothek ein wenig wie dessen verunglückter Klon aussieht. Architekturkritiker äußern sich verhalten bis enttäuscht.

Die Sensation an diesem Wochenende ist nicht die Architektur. Es ist der Ort, an dem sie steht. Oder besser: Die Tatsache, dass an diesem Ort überhaupt wieder etwas steht. Nach

Bombenkrieg und Ruinenabriss verlief fast 40 Jahre lang die Berliner Mauer mitten über den Potsdamer Platz. Berlin war geteilt, so wie Deutschland geteilt war. Aber hier hatte sich die Teilung besonders tief in das Herz der Stadt eingegraben. Hier war nur noch eine weite, öde Brache, wo einst großstädtisches Leben pulsierte.

Plötzlich, keine zehn Jahre nach dem Abriss der Mauer, ist die Stadt wieder da! Größer und – wenn man ehrlich und kein Architekturkritiker ist – auch schöner als je zuvor. Am Freitagvormittag gibt es einen Festakt auf der Alten Potsdamer Straße. Bundespräsident Roman Herzog durchschneidet ein Band. Dann strömen Berliner, Deutsche, Besucher aus allen Ländern.

Inge-Beisheim-Platz" – an solche Namen haben sich alteingesessene Berliner immer noch nicht gewöhnt. Ein guter Freund von mir, gebürtiger Schmargendorfer, also tiefstes West-Berlin, grinst jedes Mal, wenn ich den Namen erwähne. Der kleine, vom Durchgangsverkehr verschonte Platz liegt umstellt von muschelfarbenen Hochhäusern einen Steinwurf von der lärmenden Kreuzung am Potsdamer Platz entfernt, auf dem ehemaligen „Lenné-Dreieck".

Nach einer Frau musste er benannt werden, weil das Parlament des Bezirks Mitte beschlossen hat, dass neue Straßen und Plätze so lange ausschließlich Frauennamen tragen dürfen, bis überall im Herzen der Hauptstadt Gleichstand zwischen Mann und Frau erreicht ist. Den Namen der verstorbenen Ehefrau von Otto Beisheim, Gründer des Handelskonzerns Metro, trägt der kleine Platz offensichtlich deshalb, weil der deutsche Milliardär hier das dicke Geld investiert hat.

Über Otto Beisheim verbreiten politisch sensible Gemüter, er sei im Dritten Reich SS-Mann gewesen. Doch nicht allein dieser Gedanke kann dem Platz die Unschuld nehmen. Das Grundstück gehörte einmal der jüdischen Kaufmannsfamilie Wertheim. Sie wurde von den Nazis enteignet, die gleichnamigen Warenhäuser erhielten „arische“ Besitzer. Erst vor kurzem konnte der Streit zwischen den Erben der Wertheims und Karstadt, dem zwischenzeitlichen Besitzer, um den Verkauf des Geländes an Beisheim beigelegt werden. Helmut Kohl, der Kanzler der Einheit, hatte sich aus eigener Initiative vermittelnd eingeschaltet, weil er um das Ansehen Deutschlands fürchtete.

Formal gehörte das Dreieck zwischen Lennéstraße, Bellevuestraße und Ebertstraße bis 1990 zu Ost-Berlin. Doch es befand sich westlich der Mauer. Zu Zeiten der großen West-Berliner Krawalle um besetzte Häuser in den 1980er-Jahren haben sich „Chaoten“ – so hießen die militanten Besetzer in der FAZ – manchmal auf das „Lenné-Dreieck“ geflüchtet. Hierhin durfte sie die West-Berliner Polizei nicht verfolgen – sowjetischer Sektor! Man erzählt sich heute, DDR-Grenzer und Stasi seien dann über die Mauer geklettert, um die antikapitalistischen Anarchos mit Getränken und Snacks zu versorgen.

Durch das hohe Fenster der kleinen Kaffeebar, in der ich mittags gern sitze, fällt der Blick auf eine Plastik in der Mitte des Inge-Beisheim-Platzes. „Phoenix“ heiße das Kunstwerk, meint Thomas, ein Musikstudent, der hier manchmal den leckeren Kaffee zubereitet. Tatsächlich scheint ein metallisches Gebilde einem Wasserbassin aus schwarzem Stein gen Himmel entfliehen zu wollen. Phoenix aus der Asche. Der mythische Vogel der alten Römer, der sich immer wieder selbst verbrennt, um dann aus der eigenen Asche zu neuem Leben aufzusteigen. Man muss nicht lange überlegen, was dieses Symbol an diesem Ort bedeuten soll.

In den 1920er Jahren war der Potsdamer Platz der verkehrsreichste Europas. Er war der Inbegriff der Weltstadt Berlin, die damals gut vier Millionen Einwohner hatte – deutlich mehr als heute. Hier kreuzten sich Fernbahn, S-Bahn und U-Bahn. Hinzu kamen 26 Straßenbahn- und Omnibuslinien, die an dem Platz hielten und täglich Zehntausende in die Umgebung entließen. Europas erste Verkehrsampel stand mitten auf dem Platz, um Chaos an einem Ort zu verhindern, an dem der Autoverkehr toste wie nirgendwo sonst in Deutschland. Eine Nachbildung der Ampel blinkt heute funktionslos vor sich hin und dient Touristen als Fotohintergrund.

Die Menschen kamen nie allein zum Arbeiten hierher. Da gab es etwa das „Kempinski Haus Vaterland", eine Art Erlebnisgastronomie mit einem Dutzend unterschiedlich gestalteter Säle. Dank Dekoration und entsprechender Musik konnte man sich hier mal wie in Oberbayern, mal wie in Mexiko fühlen – oder sich auf die „Rheinterrassen" setzen, inklusive Loreleypanorama, künstlichem Sonnenschein, stündlichem Gewitter und anschließendem Regenbogen.

Stilvoller ging es im Café Josty oder im Weinhaus Huth zu. Am angrenzenden Leipziger Platz lag das Kaufhaus Wertheim, der modernste Konsumtempel der Welt. Hier standen erstmals nicht mehr Verkäuferinnen hinter Theken, sondern die Kunden konnte zwischen Regalen umherlaufen und die Waren selbst herausnehmen. Und aus dem Vox-Haus, dem legendären Rundfunkhaus in der Potsdamer Straße 10, wurde im Oktober 1923 zum ersten Mal eine „Unterhaltungssendung" über den Äther geschickt.

Sollte dergleichen nach 40 Jahren Ödnis auch nur annähernd wiederentstehen können? Nach Mauer, Todesstreifen, Grenzpatrouillen, bröckelnden Ruinen? Viele waren skeptisch. Als Anfang der 1990er Jahre die Pläne für die Neubauten am Potsdamer Platz bekannt wurden, fürchteten einige eine Geisterstadt. Trotz eines lange diskutierten Masterplans der Architekten Hilmer und Sattler, trotz solcher mächtigen Investoren wie Daimler und Sony. Viele Berliner winkten ab. Es gibt doch den Ku'damm! Oder den Alex. Mehr brauchen wir nicht.

Doch es war, als ob das alte Großstadtleben als homöopathische Information noch vorhanden gewesen wäre. Der Neubau des „Potsdamer Platzes" – wie heute das gesamte Areal genannt wird – wurde eine deutsche Erfolgsstory. Auch wenn nicht jedes Gebäude allen gefällt. Auch wenn zuweilen kritisiert wird, es gebe hier zu viel Privateigentum, zu viel Hausrecht und zu wenig demokratische Öffentlichkeit.

Die Deutschen, schreibt der amerikanische Journalist Eric T. Hansen in seinem Buch „Planet Germany“, seien wie der Popstar Madonna – immer wieder gelinge es ihnen, sich neu zu erfinden. Das ist eine eigenwillige, und doch treffende Charakterisierung, wie sie nur von jemandem stammen kann, der die Dinge von außen betrachtet. Sich neu zu erfinden heißt eigentlich, sich neu zu interpretieren – auf der Grundlage dessen, was schon vorhanden ist, und unter Hinzunahme von etwas, das man anderswo vorfindet.

Der Potsdamer Platz, diese Neuschöpfung mitten in Old Germany, war wohlgemerkt nie der Mittelpunkt des historischen Berlin. Er war ein Einfallstor. Noch um 1800 war hier Stadtrand. Westlich des „Potsdamer Tores“ lagen Felder und Wiesen. Und auch als die Gegend längst bebaut war, im 19. und frühen 20. Jahrhundert, kamen Menschen typischerweise hier an. Sie kamen für einen Tag oder für ein ganzes Leben.

Auch das macht den Potsdamer Platz zu einem besonderen Ort in Deutschland. Er steht symbolisch für ein Land, dessen Stärke es immer war, offen zu sein. Offen für Menschen und ihre Ideen, offen für Impulse, offen für neue Kultur. Und dessen Verderben es stets war, sich abzugrenzen. Menschen zu selektieren und auszusondern. Sich einzumauern. Das Land in der Mitte Europas, das Land mit den vielen Nachbarn, erfindet sich gerade wieder einmal neu. Noch haben es nicht alle gemerkt. Aber am Potsdamer Platz ist es deutlich zu spüren.

Eine Minute zur Literatur

Eine Sammlung historischer Erzählstücke und kommentierender Essays braucht, denke ich, keine Fußnoten mit Literaturzitaten. Sonst müsste auch jeder Roman und jede Tageszeitung einen umfassenden Anhang besitzen. Ohnehin ist die Frage, wie zeitgemäß die Zitiererei noch ist. In einer über das Internet vernetzten Welt, in der über Wikis und Weblogs jeder mit jedem sein Wissen teilt, verwischen sich die Spuren von Texten.

Ich weiß, die Realität sieht oft anders aus. Der altbekannte Anspruch „Das darfst du nicht verwenden, ohne mich zu fragen, denn es stammt von mir" hat seine Steigerung gefunden in der Form von „Das zu verwenden kann ich dir gerichtlich verbieten lassen oder dafür Geld von dir verlangen".

So wurde vor einiger Zeit ein Berliner Lokal, das sich nach einer New Yorker Band „Cibo Matto" genannt hatte, von dem Handelsriesen Tchibo gerichtlich zur Namensänderung gezwungen. Es heißt seit dem Urteil „C. Matto". Tchibo hatte sich in seinen „Namensrechten" verletzt gesehen. Abgesehen davon, dass es nicht klar ist, ob der Durchschnittsdeutsche „cibo" korrekt aussprechen würde – so etwas ist absurd.

Wem gehört die Welt der Sprache und des Geistes? Niemandem. Respektive allen. Soll man jedem Lizenzgebühren zahlen, der einem einen guten Gedanken weitererzählt? Muss ein 50-Jähriger noch seinen Deutschlehrer „zitieren"? Ist auch nur ein einziger Gedanke in diesem Buch wirklich ganz und gar *mein* Gedanke – oder vielmehr das Ergebnis unzähliger Stunden an Lektüre, an aufmerksamem Zuhören, an Gesprächen mit intelligenten Menschen, an immer wieder neuer Verknüpfung tausender Bruchstücke?

Ich habe in diesem Buch immer auch verwendet, was schon andere gesagt haben. Mal schreibe ich das ausdrücklich dazu, mal nicht. Mal setze ich Anführungszeichen, mal nicht. Ich habe auch schon Gedanken aus meinen früheren Büchern anderswo gelesen. Mich stört das nicht. Deshalb mein Vorschlag: Wenn Ihnen irgendetwas aus diesem Buch gefällt, vergessen Sie, „von wem“ es ist. Tragen Sie es in die Welt! Teilen Sie es mit anderen! Und lassen Sie es in möglichst lebendigen Diskussionen kursieren. Das würde mich freuen.

Fünf Sekunden zum Autor

Jan Demas, geboren 1969 in Iserlohn, studierte englische und amerikanische Literatur, Philosophie und Staatsrecht. Er lebt als freier Autor in Berlin.